역사, 다시 써야! 《징비록》이 숨긴 진실, 이제 드러난다!

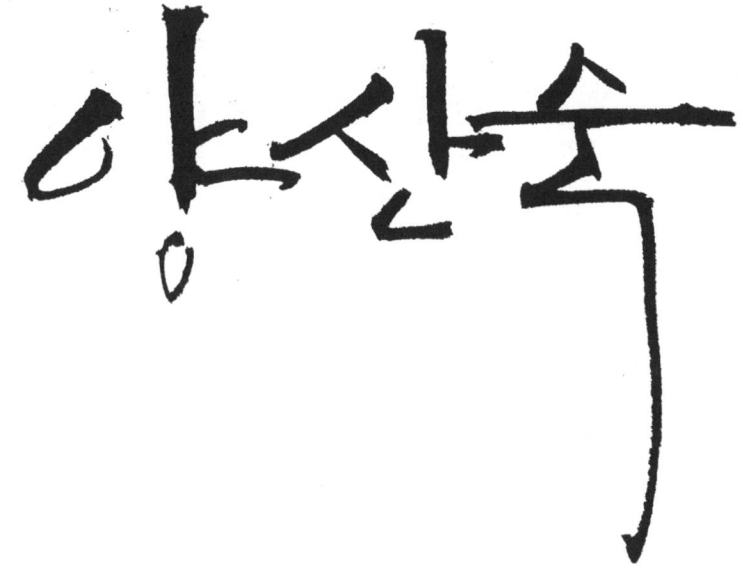

역사 **다시쓰다!** 진짜 징비懲毖의 이름으로…

글 양성현

여러분, 혹시 '충민공 양산숙(梁山璹)'이라는 이름을 들어보셨나요? 낯설게 느껴지신다고요?

그렇다면 '서애 유성룡(柳成龍)'은요? 아마 대부분 고개를 끄덕이며 《징비록》의 저자', '명재상', '이순신을 도운 인물', '난세의 영웅', '백성을 위했던 개혁가' 같은 찬사를 아무런 의심 없이 떠올릴 겁니다. 그의 책 《징비록》은 청소년 권장도서로 선정되고, 수많은 리더십 도서는 그를 "이 시대의 롤모델"로 소개하죠. 유성룡은 마치 의심할 여지 없는 '불멸의 영웅'처럼 우리 역사에 자리 잡았습니다.

하지만 오늘, 저는 감히 묻습니다. "유성룡, 그는 정말 우리가 기억해야 할 영웅일까요?" 이 책은 바로 이 불편한 질문에서 출발합니다. 임진왜란이라는 국가 존망의 위기 속에서, 유성룡은 무능한 군주 선조의 최측근으로 있으면서 과연 어떤 정치를 펼쳤을까요? 그는 정쟁에 몰두했고, 거의 모든 개혁을 가로막았습니다. 양명학의 유입을 차단했고, 율곡 이이 등의 개혁안도 끝내 저지했습니다. 기축옥사 당시엔 조정의 실권자로서 선량한 선비들과 그 가족들을 탄압하고 죽음으로 내몰았습니다. 국난 앞에서도 그는 국가적 대비를 방해했습니다. 6만 명이 희생된 진주성 전투조차 외면했고, 전쟁 중에도 정쟁에만 몰두하며 송강 정철을 또다시 제거하려 했습니다. 이산겸 의병장, 김덕령, 김언욱, 김응회를 포함한 수 많은 의병들이 그의 손에 의해 고문당하고 죽임을 당했습니다. 그리고 마침내, 그 파국의 정점은 이순신의 해임이었습니다. 이는 유성룡과 김홍미 등 유성룡 라인이 자행한 명백한 정치적 폭거였습니다.

반면, 충민공 양산숙은 완전히 달랐습니다. 그는 무명의 유생이었지만, 누구보다 먼저 전쟁을 예견했고, 철저히 대비했으며, 가장 먼저 일어섰습니다.

유성룡이 율곡 이이의 개혁을 가로막을 때, 양산숙은 국경 붕괴와 민심 동요를 직시하며 분노했습니다. 그는 절박한 심정으로 상소를 올렸습니다. "유성룡을 버려야 조선이 산다!" 하지만 이 상소는 "재상을 모욕했다"는 이유로 묵살당했고, 유성룡은 오히려 임금의 귀를 막고 눈을 가려, 조선을 아무런 대비 없이 전쟁으로 끌고 갔습니다. 그 결과는 나라의 파국이었습니다. 조선 인구 60%가 사라진 참극이 벌어집니다. 전쟁이 터진 뒤, 양산숙은 가장 먼저 창의(倡義)했습니다. 곧바로 의주 행재소를 찾아가, 의병과 관군이 어떻게 싸워야 할지를 담은 구체적 전쟁 대책안을 임금에게 보고했습니다. 그의 보고는 절망에 빠진 조정에 희망의 불씨를 되살렸고, 전쟁 분위기를 단숨에 되돌리는 결정적 전환점이 되었습니다. 이후 그는 진주로 달려가 명나라 참전을 도모하며 외교적 돌파구를 마련했고, 전국 전장을 누비며 말이 아닌 행동으로 나라를 지켰습니다. 끝까지 백성과 함께 싸웠고, 결국 죽음으로 자신의 신념을 증명했습니다. 하지만 역사는 그의 이름을 잊었습니다. 그의 공은 기록되지 않았고, 그의 정신은 전해지지 않았습니다.

이 책은 단순한 인물 비교가 아닙니다. 조작된 영웅의 허상을 깨고, 진짜 리더의 이름을 되찾는 기록입니다. 리더란, 위기 앞에서 가장 먼저 행동하는 사람입니다. 리더란, 자신보다 백성을 먼저 생각하는 사람입니다.

이제 우리는 역사를 다시 써야 합니다. 반성 없는 《운암잡록》, 《징비록》 등의 그늘을 넘어, 진짜 징비(懲毖)의 이름으로, 숨겨진 진실과 지워진 이름을 바로 세울 시간입니다.

역사 연표

1542년

국내 역사

- 중종(中宗) 37년

1555

- 을묘왜변

1556

- 송천 양응정,
  왜적 침략 대비 국방전략 제시

유성룡 / 양산숙

● **유성룡 출생**
· 유성룡은 선조의 최측근으로 국정을 주도한 실세였다.
겉으로는 개혁가로 알려졌지만, 실제로는 율곡 이이의 개혁안과 양명학 유입을 막고 정쟁을 주도하며 개혁을 가로막았다. 특히 기축옥사 당시 조정을 파당 정치로 몰아넣었고, 임진왜란 직전까지 군비 확충과 전쟁 대비조차 방해해 국가적 위기를 초래했다.
전쟁이 터지자 가장 먼저 가족을 피난시키며 사적 안위를 챙겼고, 전쟁 중에도 파당 정치를 멈추지 않았다. 광해 세자 책봉과 율곡의 개혁안을 자신이 반대해 놓고, 훗날 뒤늦게 수습하는 '뒷북 정치'로 일관했다. 진주성에서 6만 명이 희생된 전투조차 외면했고, 수많은 의병과 그 가족들을 역모로 몰아 고문하고 죽음으로 내몰았다. 이순신 해임과 체포, 사형 논의까지 이끈 것은 유성룡과 조카사위 김홍미의 정치적 폭주였다.
전쟁 후 그는 『징비록』을 통해 자신의 과오를 감추고 공로를 부풀리는 데 집중했다. 조선 인구 60%가 사라진 국난의 책임자였지만, 끝내 책임을 지지 않았다.

● **송천 양응정, 의병 출전 요청**
· 종형 양달수 · 양달사 의병 출정
· 제자 백광성의 부친 백세례 참전
· 제자 백광훈, 종군 〈달량행〉 집필
· 제자 최경창, 종군 〈을묘난후〉 집필

● **송천 양응정, 양민을 통한 양병책 제시**(중시 시험에서)
· 북방 오랑캐와 남방 왜구 모두 대비하는 남북제승대책 제시
· **"양병(養兵)의 기반은 양민(養民)"** 이라 강조
· 이 사상은 아들 양산숙에게 계승되고, 후일 율곡 이이의 십만양병설로 이어짐

1561
- 명종(明宗) 16년

- **양산숙(1561-1593) 출생**
  · 양산숙은 을묘왜변 창의를 이끈 의병의 선각자 송천 양응정의 셋째 아들로 태어나 어려서부터 병법과 전략을 익히며 자랐다.
  1580년 중반 개혁정치를 막고 정치를 망친 파행적 파당정치를 정면 비판했고, 1587년 손죽도왜변과 왜사신 귤강광의 내방 당시, 적의 동향을 유심히 살피며 전쟁을 대비하는 예비 리더의 역할을 다했다. 임진왜란이 터지기 직전, 그는 조정에 "리더십 복원"과 "유성룡 등 파당정치인의 퇴진"을 강력히 요구했으나, 오히려 그가 정치적 희생양이 되었고, 조정은 끝내 전쟁 대비에 실패했다.
  1592년 전쟁이 발발하자 호남 최초 창의의병을 일으켜 한양 수복을 위해 북상했고, 임금이 있는 의주 행재소에 올라 조정에 의병과 관군의 활동을 직보, 의병과 관군을 하나로 묶는 결집과 인식의 전환을 이끌었다. 한양 수복 이후에는 진주로 가 명나라 군대의 참전을 독려하는 외교전에 나섰고, 이후 진주성 전투에 참전, 성이 함락되자 남강에 투신해 순절했다.
  전쟁은 그에게 더 큰 비극이 됐다. 사랑하는 아내와 어머니, 형과 아우, 누이까지 모두 왜군을 만나 죽는 참혹한 일에 직면한다.
  이처럼 그는 전란 속에서 지도자의 본보기를 몸으로 실천했다.

1567
- **선조 즉위 (당시 16세)**
  · 조선 제14대 임금으로 왕위에 오름

1569
- **율곡 이이 〈동호문답東胡問答〉**
  · 왕도정치에 대한 경륜 논술

- **인종 신주 봉안 문제 발생**
  · 사림 내부에서 인종 신주를 종묘에 모실 것인지를 두고 격론

- **무명의 유성룡, 선조에 발탁-파격 승진**
  · 정9품에서 정6품으로 6단계 초고속 승진

- **유성룡, 양명학 강력 비판-거부**
  · 조선 내 양명학 수용 차단, 성리학 질서 고수

● **1573**
  ● 사마소 혁파
    · 젊은 선비들의 언로 차단
  ● 율곡 이이, 〈갑술만언봉사甲戌萬言封事〉
    · 정사(政事) 문제점과 그 대안

  ● 유성룡, 사마소 혁파
    · 젊은 선비들의 언로 공간인 사마소(司馬所) 혁파 주도
    · 언로 차단으로 비판 여론 봉쇄
  ● 율곡 이이, 〈갑술만언봉사甲戌萬言封事〉
    · 대신들의 반대로 개혁정책 제지됨

● **1575**
  ● 동·서 분당의 발생

  ● 율곡 이이, 붕당 막기 위해 노력
    붕당 조짐을 인식하고 조정·봉합 시도
  ● 동인들, 붕당 만들고 반대 인사 공격
    자신들에 반대하는 인사들에 반발하며 갈등 심화

● **1576**
  ● 양산숙, 의주행
    부친 송천 양응정을 따라 의주행
    · 송천 양응정, 의주목사로 부임
  ● 양산숙, 성혼 문하에 입문
    · 의주 체류 후 귀향길에 우계 성혼 문하에 입문

1582

- **율곡 이이 〈임오진시폐소壬午陳時弊疏〉 "경장(개혁)하자!" 주장**
  - 홍가신 "이이의 논의가 급선무"
  - 유성룡 "시의에 맞지 않다"

- **율곡 이이, 개혁과 국방 강화책**
  - "경장하자", "10만 양병하자" 강조하며 군제 개혁 제안

- **유성룡, 율곡의 개혁에 "반대"**
  - "시의에 맞지 않다", "군사 양성은 도리어 화를 부른다"며 반대

1583

- **이탕개의 난 발생**
  - 율곡 이이, 난을 신속히 진압
  - 동인 세력, 오히려 이이 탄핵

- **율곡 이이, 서얼 허통, 노비 면천**
  - 〈계미육조계癸未六條啓〉
  - 유성룡 등 동인들 집단 반대

- **효정(孝汀)의 난**

- **율곡 이이, 이탕개의 난 진압**
  - 군사·병마 조달 통해 신속 대응

- **율곡 이이, 국방 개혁안 제시**
  - 〈계미육조계癸未六條啓〉
  - 서얼 허통법, 노비 면천법 주장
  - 유성룡과 동인, 강력 반대

- **율곡 공세-계미삼찬 사건 발생**
  - 송응개·허봉·박근원 등 동인, 탄핵돼 유배형
  - 동인 세력, 이를 계기로 율곡 이이 집중 공격

- **율곡 이이, 입궐 도중 쓰러짐**
  - 극심한 정치 갈등 속 건강 악화

- **유성룡, 동인의 괴수로 지목되다**
  - 경안령 이요가 임금에게 동서분당의 폐단을 지적하며

- **동인들, 서인계 탄핵 정국 조장**
  - 이이·박순·정철 등 서인 인사, 동인들의 공세로 실각

1584

- **율곡 이이 타계**
  - 정치적 탄핵 공세 속 개혁 미완으로 생 마감

- **동인 세력화**
  - 율곡 이이 탄핵 공세
  - 개혁 세력 제거 시도, 정권 주도권 장악 본격화

- **유성룡과 동인, 정권 장악**
  - 율곡 이이 탄핵 공세 지속, 정치적 제거 시도

- **율곡 이이 사망, 정치개혁 막힘**
  - 끊임없는 탄핵 속 정치 개혁 좌절, 개혁의 등불 꺼짐

- **유성룡과 동인들, 개혁 반대**
  - 개혁 반대하며 서인 집중 공격
  - 서얼 허통·노비 면천 등 국방 개혁안 전면 봉쇄

- **양산숙, 상황 외면한 조정에 분노**
  - "국경이 위태롭고, 민심이 불안한데도 이를 깨닫는 자가 없다니 참으로 걱정스럽다."

● **1585**

● **의주목사 서익, 유성룡 맹비난**
  · "계미삼찬(박근원·송응개·허봉) 보다 더 큰 간신은 유성룡이다!"

  · 동인 정권 비판하며 유성룡을 조선의 최대 간신으로 규정

● **1587**

● **손죽도 왜변 발생**
  · 이대원 장군 전사

● **녹둔도 사건 발생**
  · 북방 국경 방어의 불안 노출

● **왜사신 귤강광, 조선 방문**

● **양산숙, 손죽도왜변 대응**
  · 양산숙, 이대원 장군 전사 책임자 심암 처벌 요구

  · 양산룡, 심암 탄핵 상소 제출

● **관찰사 한준 책임 추궁**
  · 이대원 전사 허위보고 윗선 책임

  · 전라도 관찰사 한준 처벌 논의

● **양산숙, 왜사신단 정탐 활동**
  · 귤강광 사신단 방문 시 정탐 나섬

  · 사신단 수행원 위장, 왜인 정세 은밀히 파악

● **1588**

● **중봉 조헌, 1586년에 이어 상소**
  · 당파적 이익을 앞세우고, 능력 없는 자를 비호하는 국정 농단 세력의 파면을 주장하고 박순과 정철에게 국정을 맡길 것을 주장

  · 박순과 정철을 불러 세자 책봉을 의논해야 한다고 강력히 주장

  · 조정의 부패와 무능, 그리고 당파적 대립이 얼마나 심각했는지 적나라하게 지적.

  · 조헌 자신이 겪을 불이익을 알면서도 거침없이 직언을 쏟아냄

1589

- 7월 | 황해도/강원도 역질 발생
- 7월 | 전라/충청/경상도 대흉년
- 7월 | 하삼도 군사 지휘부 교체
- 9월 | 조정 국가 비상대책회의
- 10월 | **기축옥사 발발**
- 11월 | 정철, 위관 – 임금 친국
- 12월 | 유성룡, 이조판서

- 7월 황해·강원도 전역에 역질
- 7월 전라·충청·경상도 대흉년
- 7월 하삼도 군사 지휘부 교체 교지
  - 전라 병사 서득운, 경상 우수사 이혼, 경상 좌수사 신할 임명
- 7월 유성룡 유운룡 권문해 회동
- 9월 대흉년 비상 회의-공사 중단

- 10월 **기축옥사 발발**
  - 황해 관찰사 **한준**, 역모 고변
  - 유운룡·권문해 추관 임명

- 10월 양산숙, 조헌 석방 상소→석방
- 11월 양천회 상소

- 11월 송강 정철 우의정/위관
  - 임금 친국: 정언신·이발 등

- 양산숙 "유성룡 버려라" 상소
- 12월 조헌, "간신배 멀리하라!"
- 호남 유생 50여 명 연명 상소

- 임금, "정철 비난-유성룡 두둔"
  대대적인 서인 탄핵 추진
  - 송익필·송한필 형제 추포령
  - 조헌 배제, 송강 정철 견제
  - **이조판서 홍성민(서인) 파직**
  - 조헌 풀어준 사헌부·사간원 당상관 전원 교체
  - 조헌 방면한 낭청 추고(推考)
  - 기록관 황혁(서인계) 인사 조치

- 동인들 권력 실세로 등장
  유성룡, 이조판서→ 인사권 장악
  동인 강경론자 권극례 예조판서
  한준·박충간 등 요직 인사

1590

- 기축옥사 여파 계속
  - 1월 위관 교체: 정철→심수경
  - 3월 위관 교체: 심수경→정철(임시)→유성룡

- 유성룡, 승승장구 권력 장악
  - 인사권+정국 주도권+수사권

- 1월 동인시대 : 전격 위관 교체
  - 정철 위관 해임 → 심수경으로
  - 2월 조대중 수감
  - 3월 조대중 옥중 사망

- 3월 홍여순(동인) 전라도 관찰사 임명
  홍여순 김빙 조사 → 김빙 사망

- 4월 심수경 우의정 해직
  - 위관: 심수경→정철(임시)→유성룡

- 5월 유성룡 우의정으로 승진
  - 유성룡, 수사 책임 **위관** 겸임
  - 유성룡 대제학 겸직
  → **유성룡, 인사권, 정국 주도권, 수사권(위관) 완전 장악**

- 유성룡 위관 강압 수사, 잇따른 참화
  비주류 동인들(호남/남명계 동인)
  잇따른 참화 사태 발생
  - 5월 동인 홍여순, 정개청 추포
  - 6월 동인 홍여순, 최영경 고발
  - 7월 정개청 사망
  - 9월 최영경 사망

- **백사 이항복, 최영경 구재 노력**
  - 송강 정철은 살리려 노력했고, 유성룡은 외면하며 침묵을 종용했다.(백사 이항복 기록)

- 결국 **정개청 최영경 죽음**

- 양산숙, 장차 있을 전란 대비 의병 규합
  - 삼향리에 머물며 전란 대비 나서

1591

- 기축옥사 여파 계속

- 통신사 보고, 유성룡의 오판

- 광해 세자책봉 문제
  –정철 실각/서인들 줄탄핵

- 유성룡 초권력자 등극 :
  - 좌의정·이조판서·대제학 겸직한 초권력자로 등극

- 홍유성룡, 광해 세자 책봉 문제를 송강 정철을 실각시킨 뒤 주도권 장악 :
  - 정철 실각시켜 귀양 보냄

- 유성룡, 모든 서인 숙청 :
  - 송강 정철 실각시킨 후 서인 줄탄핵 → 중앙 요직 서인들 대부분 파면

- 유성룡, 전쟁 오판해 위기 자초 :
  - 유성룡, 황윤길의 전쟁 경고 외면하고 김성일의 "전쟁 없다"는 주장 두둔해 위기 자초

- 5월 동인, 잔혹한 형벌의 남용
  - 양천경·양천회 형제와 강해 죽임, 정치적 보복. 강압 수사 자행

  - 이발의 노모와 어린 자식까지 잔혹한 압슬형(壓膝刑)으로 죽임

1592

- **임진왜란 발발**
- 양산숙 의주보고

- **양산숙-의병 창의의병**
  · 의병 창의 주도, 가족 포함 300명 이끌고 전쟁터로 향함

- **양산숙 의주 행재소 보고:**
  · 임금에게 의병활동 직접 보고
  · 양산숙 보고로 조정의 전환점 마련
  · 임금이 8도에 교서 반포
  · 의병들에게 공식 직함 부여
  · 의병, 사기 진작 및 정규군화

- **유성룡 책임 회피와 권력 남용**
  · 좌의정 겸 이조판서 재직 중, 형 유운룡 피난 인사 요청
  · 유운룡, 가족 100여 명 이끌고 고향으로 피난 배려

- **유성룡, 책임론 대두**
  · 영의정 취임 직후 파직
  · 책임자 처벌 여론 확산

- **유성룡, 동문 김성일 처벌 차단**
  · 전쟁 허위 보고 김성일 압송령
  · 유성룡, 김성일 보호 나섬

- **형 유운룡 피난 후 관직 수여**
  · 피난지에서 수령직 임명
  · 아들 유기 의병 참여 방해: "쌀 한 석 바치면 충분"이라는 편지로 참전 만류
  · 전장에 나간 의병들과 대조되는 태도

1593

- **국경인 모반 발생, 왕세자 포로됨**
- **한양 수복**
- **제2차 진주성 전투, 6만 명 희생**
  · 양산숙 순국
- **유성룡, 진주 외면→영의정 복귀**

- **양산숙, 왜적 추격해 진주로**
  · 진주성 전투 준비 나섬

- **유성룡, 한양 수복 후 기행**
  · 유성룡, 한양 수복 후 진주 회피
  · 유성룡, 가토 기요마사와 내통
  · 유성룡, 어머니 보러 고향행

- **유성룡 공사천 양민 뒷북정책**
  · 10년 전 율곡 이이의 공사천 면천책을 반대 했던 유성룡이 공사천 양민화 정책을 내놓음

- **양산숙, 진주성 전투 활약**
  · 유정을 만나 명군 참전 설득
  · 진주성 안 들어가, 결사 항전
  · 전투 후, 남강에 몸 던져 순절

- **유성룡, 진주 6만 희생 외면**
  · 유성룡과 동인계 의병, 관군들 하나 같이 진주성 외면
  · 진주 전투 고립무원 상태 만듦
  · 유성룡, 전투 후에야 상주 도착
  · 유성룡, 호남 의병과 진주 양민 6만여 명 희생 외면

- **유성룡, 영의정 복귀와 파당**
  · 영의정 복귀 뒤 서인 공격
  · 유성룡, 의병 폄하 폭거 발언
  · 유성룡, 송강 정철 탄핵 주도

- **송강 정철, 유성룡 모함 받고 타계**
  · 유성룡, 송강 정철의 외교 비난
  · 송강 정철, 분노하다가 타계
  · 송강 정철, 친구들에게 "유성룡의 음모가 원통하다"는 유언 남김

1594

- **타계한 송강 정철 탄핵 몰이**
- **송유진 역모 사건**
- **의병장과 의병들을 무참히 죽임**
- **변하복 반란**

- **유성룡의 권력 행보1**
  · 영의정 복귀한 유성룡, 1년 내내 사망한 정철 탄핵 공세

- **유성룡, 의병장과 의병들 죽이다**
  · 유성룡, 송유진 역모 사건, 수사 위관 직접 맡음
  · 유성룡, 의병장 이산겸 죽이다
  · 유성룡, 의병장 이산겸과 그 가족들 까지 처형
  · 유성룡, 이산겸 관련-조헌 지인 인사 등 다수의 인사까지 숙청

- **유성룡의 권력 행보2**
  · 유성룡, 의병을 역모자로 몰아 죽이고, 자신의 형 유운룡에게는 정3품 통정대부로 승진시킴

1595

- 유성룡의 권력 행보 (추가)

  · 형 유운룡을 원주목사로 승진

  · 조카 유기(형 유운룡 아들)를 음서로 등용, 세자궁에 발령

1596

- 이몽학의 난
- 의병장 김덕령-김언욱 죽임

- 유성룡, 또 두 의병장 죽이다

  · 김덕령-김언욱 석방 반대, 결국 죽음으로 몰아감

  · 김응회 등 의병장 가족들에게 모진 고문을 가하다

- 유성룡의 권력 행보 (추가)

  · 형 유운룡을 승정원에 인사 추천

  · 조카 유기(형 유운룡 아들), 종6품으로 5단계 파격 승진

1597

- 이순신 탄핵

  · 이순신 추포 단행

  · 이순신 사형 논의

- 이순신 복귀

- 양산숙 가족 8명 희생

- 유성룡, 이순신 탄핵 행보

  · 영의정 유성룡, 이순신 탄핵 분위기 조성

  · 유성룡, 임금과 함께 이순신 탄핵 주도

- 유성룡, 이순신 추포 :
  김홍미(유성룡의 조카 사위)가 실행

- 유성룡, 이순신 사형 논의 :
  김홍미가 주도

- 칠천량 패전 후, 이순신 복귀

- 조정, 조선 수군 폐지 지시
  복귀한 이순신에게 "수군 폐지" 전갈 보냄→이순신 수군 폐지 반대, "지금 신에게는 아직 12척의 전선이 있으니[今臣戰船 尙有十二]" 서신

- 양산숙 가족 8명,
  왜적에 목숨 잃다
  양산숙의 형 양산룡과 아우 양산축, 어머니 죽산박씨, 누이 제주양씨(김광운의 부인), 양산숙의 부인 광산이씨, 양산룡의 부인 고흥유씨, 양산룡의 딸 제주양씨(임환의 처), 김두남의 처 제주양씨 등 8명이 왜적 만나 순절

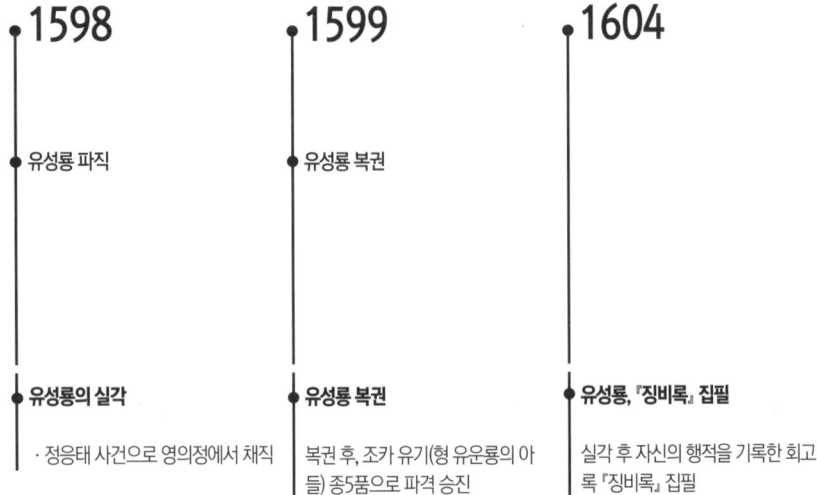

1598
유성룡 파직

1599
유성룡 복권

1604
유성룡, 『징비록』 집필

유성룡의 실각
· 정응태 사건으로 영의정에서 채직

유성룡 복권
복권 후, 조카 유기(형 유운룡의 아들) 종5품으로 파격 승진

유성룡, 『징비록』 집필
실각 후 자신의 행적을 기록한 회고록 『징비록』 집필

contents

서문 역사 다시쓰다! 진짜 징비懲毖의 이름으로…	02
역사 연표	04

차례   13

임진왜란 전후 주요 역사 일정	16
표: 서애 유성룡 임진왜란 전후 행적	18
표: 충민공 양산숙 의병장 연보	20
표: 전란을 맞아 유성룡 동인 측 & 양산숙 서인 측이 보인 행적 비교	22

최악의 군주 선조와 백성의 고통   23

최악의 군주 선조, 그리고 그의 최측근	25
1592 조선은 지옥이 되었다; 역사가 만든 참극	36
1591 임진왜란, 예고된 참사였지만 외면했다	49
1555 위기의 시대, 양산숙이 전쟁을 대비한 이유	59
1587년 손죽도, 양산숙이 본 전쟁의 징조	82
1587 양산숙, 왜 사신 통해 조선의 위기 직감하다	87

봉쇄당한 개혁   93

1589 양산숙과 유생 50여 명은 왜 상소 했을까?	95
1590 유성룡이 보낸 전라도 관찰사 홍여순	102
1569 양명학 배척한 유성룡, 애초부터 개혁반대	109

1575 당쟁의 시작은 개혁에 대한 반발이었다   116

1579 더욱 심해지는 동인들의 공세   119

1573 유성룡, 젊은 선비들의 언로를 틀어막다!   122

1582 10만 양병 반대한 자는 유성룡이었다!   126

1583 노비 면천 놓고 갈등   133

1583 그들은 왜?   144

파행   159

1589 정철은 주도자가 아니었다-기축옥사의 진실   161

1589 유성룡-한준-최황에 쏠린 의문들   163

1589 기축옥사의 주도자는 오히려 유성룡?   174

1590 최영경 죽음과 숨은 방조자   178

1591 곧 전쟁인데, 대대적인 서인 탄압   182

1591 송강 정철 제거로 시작된 동인의 폭주   189

임진년, 희망의 싹   197

1592 유성룡의 방관 vs 양산숙의 결단   199

1592 전쟁 대비 막은 책임자들 처벌하라!   204

1592 임진왜란 - 양산숙, 가장 먼저 깃발 들다   209

1592 한양으로 가는 양산숙   213

1592 전쟁의 흐름을 바꾸다 … 양산숙의 의주 보고   216

1592 소 잃고서야 외양간 찾은 유성룡   228

1592 두 왕자 포로로 잡히다	231
1593 한양 수복과 포로 협상	233

진주에서의 슬픔   **239**

1593 진주성에서	241
1593 양산숙, 명나라 총병 유정을 만나다	251
1593 전투가 시작됐다	257
1593 혹시 유성룡 보셨어요?	267
1593 무너진 성, 처절한 죽음	276
1593 유성룡의 두 얼굴…왜장과 내통?	281

오독 오판   **287**

1593, 유성룡 복귀 직후… 정철 탄핵에 올인	289
1594 유성룡, 전쟁 중 1년 내내 죽은 정철 탄핵	292
유성룡, "남 탓" 민낯…『운암잡록』에 담긴 이중성	299
1594 무서운 정치…유성룡 의병들을 죽이다	307
1596 또 의병장 김덕령과 김언욱을 죽이다	319
1597 이순신까지 … 유성룡의 치명적 오판	323
1594 의병에 충격적인 막말 … 유성룡의 민낯	329

누가 영웅인가?   **335**

1597 진주성의 숨겨진 영웅, 양산숙!	338
1597 누가 나라를 지켰나? 양산숙 vs 유성룡	344

임진왜란 전후 주요 역사 일정

'양명학' 봉쇄, '사마소' 혁파

'양명학'이 봉쇄되고 '사마소'가 혁파된 것은 유성룡 때문이다. 이로 인해 조선의 개혁은 가로막혔다. '사마소'는 젊은 정치인들의 소통 창구였고, '양명학'은 개혁정치의 숨통이었다. 그러나 유성룡은 양명학과 사마소를 정치의 걸림돌로 여기고 봉쇄하고 혁파해버렸다.

1569-73

조선의 당파 싸움 동서분당

조선의 당파 싸움은 동인과 서인의 분당(分黨)에서 시작되었다. 율곡 이이는 이를 막으려 했으나 실패했고, 당파 간 반목이 깊어지며 국정과 민생은 뒷전으로 밀려났다. 훗날 경안령 이요와 의주목사 서익 등은 붕당을 조장한 수괴로 유성룡 등을 지목했다.

1575

개혁정책과 10만 양병설 좌초

율곡 이이가 "경장(개혁)을 추진하자"고 제안했으나, 유성룡이 "이이의 주장이 시의에 맞지 않는다"며 반대했다. 또한, 이이가 제안한 국방 강화책인 '10만 양병설'도 유성룡이 "화를 키울 수 있다"며 반대해 실행되지 못했다.

1582

이순신의 위기

전쟁 중 임금 선조와 영의정 유성룡이 주도하던 조정은 이순신을 죽이려는 황당한 판단을 내린다. 유성룡은 이순신을 "교만하다"며 비난하고 원균을 두둔했다. 이순신은 국문을 당하고 사형 선고까지 받는 위기에 직면한다.

1597

억울한 죽음, 김덕령과 김언욱

김덕령과 김언욱은 이몽학의 난 때 억울하게 역적으로 몰려 처형당했다. 김덕령은 의병 활동에서 큰 성과를 내지는 못했지만, 어머니 상 중에도 출정해 백성의 존경을 받았다. 그러나 유성룡 등은 그를 역모 가담자로 몰아 죽음에 이르게 했다.

1596

의병장 이산겸 죽이다

영의정 유성룡은 송유진 역모 사건에 연루시켜 의병장 이산겸을 죽였다. 유성룡은 이산겸이 조헌과 의병을 일으킨 일을 문제 삼았고, 이는 파당 싸움의 희생으로 보인다. 이산겸과 그의 의병들은 모진 고문 끝에 죽임을 당했다.
또 반추 역수 반란이 일어난다.

1594

이탕개의 난과 신분제 개혁 좌절

병조판서 이이는 이탕개 난을 평정한 후, 국방 강화책의 하나로 '서얼허통'과 '노비면천'을 통해 6진 방어와 왜구 침략에 대비하자고 제안했으나, 동인들의 집단적인 반대로 이 개혁안은 채택되지 못했다.

1583

기축옥사와 파당의 정치

기축옥사는 정여립 모반사건으로 시작되었으며, 이를 계기로 유성룡을 중심으로 한 주류 동인이 정치 일선에 부상했다. 이들은 선조를 도우며 비주류 동인(호남 동인, 남명계 동인)과 서인에게 정치적 피해를 입혔다.

1589

통신사 일행의 엇갈린 보고

서인계 정사 황윤길은 "전쟁이 반드시 일어날 것"이라 경고했지만, 동인계 부사 김성일은 "전쟁은 없을 것"이라 보고했다. 동인 유성룡이 김성일의 의견을 지지하면서 조정은 준비 없이 임진왜란을 겪게 됐다.

1591

진주성전투와 결사대

전시 총책임자인 도체찰사 유성룡과 동인계 의병들이 외면하고, 명나라 군사마저 방관한 상황에서 지원군 없이 10만 일본군에 고립된 진주. 그 속에서 양산숙 등 서인계 의병 결사대와 진주민들은 9일간 힘을 합해 사투를 벌였다.

1593 07

양산숙의 의주 보고

임진왜란 발발 후 피난 중이던 선조는 무기력에 빠져 패전 소식만 듣고 있었다. 그때 양산숙이 의병들의 활약을 보고하며 조정에 희망을 전했다. 이에 선조는 전국에 편지를 보내 활기를 되살리는 전기를 마련한다.

1592 07

임진왜란과 선조의 피난

유성룡과 김성일 등 임금 최측근이 주도한 파당 갈등 속 허위 보고로 대비 없이 전쟁을 맞은 조선은 왜군의 한양 진격에 혼란에 빠졌다. 임금 선조는 방어가 불가능하다고 판단해 한양을 버리고 피난길에 올랐다.

1592 04

서애 유성룡 임진왜란 전후 행적

1569년 28세
유성룡, **양명학을 비판**하며 조선에서 양명학의 수용을 가로막다

1573년 32세
유성룡, **사마소를 폐지**시켜 젊은 선비들의 언로를 틀어막다

1575년 34세
동서분당 유성룡, 이이의 조정론에 반대해 갈등을 키웠다

1582년 41세
율곡 이이 "경장(更張; 개혁)하자!" "10만 군사 양성하자!"에
유성룡, "지금 시의에 맞지 않다", **"군사 양성이 오히려 화를 키운다"**라며 **반대**

1583년 42세
이탕개 침략 – 율곡 이이, 군사와 병마 조달해 난을 진압하다
율곡 이이, 서얼 허통-노비 면천법 주장 ⇒ **동인들 "반대!"**
동인들 개혁반대, "서얼 허통-노비 면천, 거행 말아야 한다!"

1589년 48세
봄 유성룡 **병조판서**, 7월 **예조판서**
7월 유성룡-권문해 **인동 회동** – 조선 조정, 역대급 가뭄/역질 대책 회의
10월 2일 **정여립 역모사건** (동기 한준이 보고-유운룡-권문해 추관 임명)
12월 16일 유성룡 **이조판서** : 인사권 장악

1590년 49세
3월 유성룡, 동인 강성 인사 **홍여순을 전라도 관찰사**로 임명하다
5월 유성룡 **우의정 승진**되다 – 수사책임자 위관 맡음
6월 유성룡 **풍원대원군**

1591년 50세
1월 29일 유성룡이 **우의정과 이조판서**로 동시에 임명되어 권력이 집중됨
1월 사신단 황윤길 김성일 허성 부산 도착 – 도착 발언은 "위기"
2월 유성룡, **좌의정+이조판서+홍문관 대제학**을 맡아 **권력을 독점함**
유성룡은 김성일의 "전쟁은 없을 것"이라는 안일한 주장을 **두둔**했다
오억령이 **일본 침략**을 알렸지만, 유성룡의 이조에서 그를 **해임**했다
건저사건으로 **정철을 귀양** 보내고, 동인이 서인을 대대적으로 탄핵

1592년 51세
4월 13일 **임진왜란** 유성룡 좌의정+병조판서+도체찰사
유성룡, 가족 피신 위해 형 유운룡 고향으로 인사발령 요청
4월 14일 **임금, 김성일 추포령** ⇒ 유성룡, 김성일 압송 우려해 "편들다"
5월 1일 **영의정** 승진 ⇒ **"유성룡 책임론"**으로 임명 당일 **영의정 파직**
6월 1일 복직/풍원대원군 : 명나라 원군 파병 임무

1592년
51세

12월 유성룡, 평안도 **도체찰사**(군무 총괄/군대 통솔 관직)

1593년
52세

1월 유성룡, 호서·호남·영남 **삼도도체찰사**
4월 한양에 있다
5월 서예원에게 진주성으로 들어가라고 지시하다

5-6월 유성룡, 이원익 통해 왜장 **가토 기요마사와 내통** 의혹
　　　　진주성전투 벌어질 것 알고도 **진주** 아닌 **안동**으로 가다
　　　안동에 있는 어머니와 형 찾아가 만남
6월 22-27일 제2차 진주성전투
7월 2차 진주성전투가 끝난 뒤, 상주로 옴
9월 행재소로 돌아오다: 진주성전투 보고하다

11월 **영의정**에 올라 송강 정철 탄핵 주도하고 정쟁몰이 시작
12월 정철 죽다 - 유성룡, 전쟁 중 죽은 정철 탄핵 공세(1년 내내) 주도

1594년
53세

1월 영의정 유성룡, 송유진의 난 옥사를 다스리다
1~3월 유성룡, "의병장 이산겸을 역모자"로 몰아 **이산겸을 죽이다**
5월~ 영의정 유성룡, 죽은 송강 정철의 관작 삭탈문제 공론화
7월 유성룡 **막말**, 의병장 김천일과 의병을 "**시정무뢰배**"로
7월 유성룡 **개혁 방해 - 양명학을 비판**, 양명학 수용을 봉쇄함

1595년
54세

10월 **영의정 겸 4도체찰사**(경기/황해/평안/함경)

1596년
55세

7월 영의정 유성룡, 이몽학의 난 옥사를 다스리다
"풀어주자"는 의견 유성룡이 막아, **김덕령과 김언욱-김응회를 죽이다**

1597년
56세

2월 **이순신 가두다: 유성룡**, 조카사위 통해 **이순신 채포/사형 논의**

1598년
57세

11월 19일 유성룡 영의정 **파직**
12월 유성룡 **삭탈관직**

1604년
63세

9월 초본 **징비록** 집필 - 잘한 일은 나의 노력, 잘못은 모두 너의 탓

충민공 **양산숙**의병장 **연보**

1561년 — 나주에서 대사성 **송천 양응정(梁應鼎)**의 셋째 아들로 **태어남**
1세

1570년 — 진주 목사였던 아버지를 따라 **진주**에 거주
10세

1571년 — 아버지 양응정으로부터 **장차 있을 전란에 대비하라!**고 배움
11세
  - 대사성으로 부임한 아버지를 따라 **한양에서** 거주
  - 경주부윤에 부임한 아버지를 따라 **경주에서** 거주

1574년 — 양산숙, 아버지와 함께 고향 나주 박산마을로 돌아옴
14세

1576년 — 의주목사로 부임한 아버지를 따라 **의주로** 감
16세
의주 가는 길에 **미암 유희춘** 만남
의주에서 돌아오던 길에 **우계 성혼 문하**에 들어가 배움

1577년 — 율곡 **이이 문하**에 들어감
17세

1587년 — **손죽도왜변**에서 이대원을 구원하지 않은 심암을 처벌해 달라고 상소함
일본 사신이 방문했을 때, 수행원으로 위장해 **사신의 움직임을 살핌**

1589년 — 귀양 간 "**중봉 조헌을 풀어달라**"고 상소 – 상소에 응답해 조헌 풀려남
29세
도끼를 들고 상소: "**정치를 바로잡아 달라**"고 요구
임금 선조에 상소: 임금의 판단 흐리는 '**유성룡 등을 버려야 조선이 산다**' 요구
오히려 공격 받고, 고향에 돌아와 삼향포 오가며 **장차 있을 전쟁 대비**

연도	내용
1592년 32세	**임진왜란** **5월 16일 : 양산숙, 의병 창의**: 양산숙 네트워크 총동원 창의의병대 꾸림 양산숙 주도로 아버지 제자 **김천일을 의병장으로 추대**하고 자신은 부의병장 맡음
7월	양산숙-김천일 의병 부대, 한양 수복 추진 - 양산숙 의주행 **양산숙, 의주행재소 보고** 임금에게 첫 의병과 관군 전투 상황 보고 **전시 전환** 전기 마련 - 임금 전국에 **교서**, 의병에 직분 줘 **정규군화**
1593년 33세	4월 **한양 수복** (양산숙 한양에 있다) 양산숙, 퇴각하는 **왜적을 뒤쫓아** 의령 거쳐 **진주**로 감
5월	**양산숙 외교 활동, 명나라 총병 유정 만나 진주성전투에 참여하도록 독려**
6월	**유성룡**과 동인계 의병, 명나라 군대 모두 **진주성 전투를 외면** **2차 진주성전투** 양산숙, **진주성으로 돌아와 참전** 양산숙, 진주 **남강**에 투신해 순국
1597년	삼향포에서 왜적을 만나 양산숙의 아내와 어머니, 그리고 형 양산룡, 동생 양산축, 누이 양씨(김광운의 처) 등 양산숙 가족 순절. 백사 이항복, 임진왜란을 극복하게 한 4대 전쟁 영웅 보고서〈백사집〉: "수군 으뜸 **이순신**-성 지킴 으뜸 **김시민**, 절의 으뜸엔 **양산숙과 김천일**"
1631년	**선무원종공신(宣武原從功臣) 1등 공신**이 되고, **충민공 시호** **좌승지** 벼슬을 내림
1635년	충민공 양산숙 일가의 **충효열**을 기려 **양씨삼강문** 정려
1819년	양산숙, **정2품 이조판서** 벼슬로 추증 됨

전란을 맞아 **양산숙 서인 측** & **유성룡 동인 측**이 보인 **대조적 행적 비교**

양산숙 서인 측		유성룡 주류 동인 측
	1555년 — **을묘왜변**	
양응정 의병 창의 요청 편지 **양달사** 편지에 호응해 의병 창의→ 승전 기여		**동인들** "임진왜란 직전까지는 승평의 기간이었다" 을묘왜변을 침략 전쟁이라고 생각 않은 잘못된 인식
	1556년 — **병진왜변**	
양응정 남북제승대책으로 장원-"전쟁 대비해야" 양응정, 제자들에게 전쟁 대비 병법을 가르침		**퇴계 이황** 이기론 철학 배틀 **이황/유성룡**, 양명학 유입 막고 - 성리학 절대화 강조
	1583년 — **이탕개의 난**	
이이 10만 군사 양병하자! / 경장(개혁)하자! **양산숙** "장차 전란 있을 것" 미리 대비하자! **이이** 서얼 허통-노비면천 개혁책 통해 국방 강화		**유성룡** 10만 양병 반대! "양병, 화단 키운다!" **유성룡** 개혁 반대! "시의에 맞지 않다!" **동인들** "개혁 주장 율곡 이이 파직시켜야!"
	1587년 — **정해왜변**	
양산숙-양산룡 조선군 대응 관찰/심암 처벌 상소 **양산숙** 왜사신 조선 방문 활동 밀착동행 관찰		**심암** 이대원 죽음으로 몰고, 거짓 보고
	1591년 — **통신사 보고**	
정사 황윤길 "전쟁 있을 것이다" 보고 **황진** "전쟁 없을 것"이라는 논의에 분노 **오억령** "전쟁 있을 것"이라고 전쟁 경고 보고 **서인들** 동인 공격으로 파직, 귀양 가고 **양산숙** 삼향포로 와 장차 있을 전쟁 대비		**김성일** "전쟁 없을 것" 반대 보고 **유성룡** "전쟁 없을 것"이라는 의견을 두둔해 실책 **유성룡** 전쟁 경고한 오억령을 오히려 문책 인사 **유성룡** "건저의건"으로 서인 대대적 숙청 작업 나섬 **동인들** 양천경 양천회 강해 등을 죽임 김여물 등 양식 있는 인사들 구금
	1592년 — **임진왜란**	
양산숙 "첫 창의의병" 모아 전장으로 출정 **파직된 서인들** 의병으로 출전-죽음의 길 불사 **양산숙** 의병 활동 보고(의주 행재소)-임금의 〈교서〉 **양산숙** 명나라 군대 전투 참전 독려, 외교 활동 **서인계 의병** 진주성에 고립무원→ 6만여 명 전사		**유성룡** "허위보고 책임자 김성일 채포" 막다 **유성룡** 전쟁 알고도 "어머니에 효도" 고향 방문 **동인계 의병들** 구원 않고 "진주성 멀리" 피함 **유성룡** 전쟁 보고 "김천일군 시정무뢰배" 망언 **유성룡** 임금에게 양명학을 비판-여전히 개혁 반대
	1594, 1596, 1597년 — **정유재란**	
이산겸 서얼신분으로 의병으로 나서 죽임 당함 **김덕령** 어머니 상중에 출장해 죽임 당함 **김언욱**도 **양산숙家** 양산숙 아내, 어머니 등 가족 8명 죽음		**유성룡** 의병장 이산겸을 역모자로 몰아 죽임 **유성룡** 김덕령과 김언욱-김응회 구원 않고 죽음으로 몰아감 **유성룡** 이순신 삭탈관작 동조/조카사위 통해 추포/사형 논의 **영의정 유성룡과 조정** "이순신 수군 폐쇄하라!"
	병자호란	

최악의 군주 선조와 백성의 고통

최악의 군주 선조, 그리고 그의 최측근

조선 역사에서 가장 무능한 임금을 꼽으라면 흔히 '인조', '고종', 그리고 '선조'가 거론된다.

'인조'는 국제 정세를 오판한 채 명나라에 집착하다가 정묘호란과 병자호란이라는 참화를 불러왔고, '고종'은 40년 재위 동안 외척과 외세에 휘둘리며 개혁은커녕 국권마저 상실했다.

그러나 이들 가운데서도 가장 심각한 문제를 안고 있던 임금은 단연 '선조'였다. 그는 당파 싸움을 내버려 뒀고, 임진왜란 발발 전 수차례에 걸친 전쟁 대비의 경고를 무시했다. 전쟁이 터지자 한양을 버리고 도망쳤고, 전쟁이 끝난 후에도 나라의 재건보다는 자신의 권력을 지키는 데만 몰두했다.

선조 재위 기간 중 일어난 반란과 역모 사건만도 무려 여덟 차례에 달한다.[01] 1583년 이탕개의 난(임진왜란 9년 전), 1589년 정여

---

01) 이 책 32-33p 참조. 이탕개의 난, 정여립 역모, 송유진 역모, 반추 역수 반란, 이몽학 난, 길운절 소덕유 역모를 말함.

립 역모 사건(전쟁 2년 반 전), 1593년 3월 국경인 모반과 그해 말 송유진 역모사건, 1594년 변하복·반추 사건, 1596년 이몽학의 난, 1601년 길운절·소덕유 사건까지…

전쟁 전에는 "국방을 강화하라"는 경고였고, 전쟁 중에는 "정치를 바로잡아 달라"는 백성들의 절규였다. 그러나 위정자들은 귀를 막았고, 개혁의 목소리는 억압되었으며, 민중의 외침은 학살로 되돌아왔다. 심지어 나라를 위해 목숨 바쳐 싸운 의병들마저 역모자로 몰려 죽인다. 이산겸과 김덕령, 김언욱, 김응회 등이 바로 그 희생자였다. 그리고 이 모든 혼란의 중심에는 선조와 그의 최측근, 유성룡(1542-1607)이 있었다.

선조는 1567년, 16세의 나이로 즉위해 1608년까지 41년간 조선을 다스렸다. 즉위 당시 선조는 16세, 유성룡은 열 살 위인 26세였다.

선조는 유성룡을 절대적으로 신뢰했고, 유성룡은 그 신임을 발판 삼아 권력의 중심에 빠르게 올라섰다. 그러나 그의 출세는 곧 조선 정치의 몰락으로 이어졌다.

유성룡의 그늘 아래에서 개혁은 사라졌고, 민심은 무너졌으며, 조정은 당쟁의 늪에 빠졌다. 결국 선조의 41년 치세는 유성룡과 함께한 몰락의 역사로 남았다. 그 참담함은 그의 졸기(卒記)에도 기록되었다.

"유성룡은 그릇이 작고 포용력이 부족했으며, 끝내 당파적 집착을 버리지 못했다. 자신과 견해가 조금만 달라도 배척했고, 임금 앞에서도 바른 말을 하지 못했다. 대신으로서의 기개와 절조는 찾아볼 수 없었다. 임진왜란을 기록한 『징비록』 역시 자신의 잘못은 감추고 남을 탓한 글이라며, 식견 있는 이들의 비판을

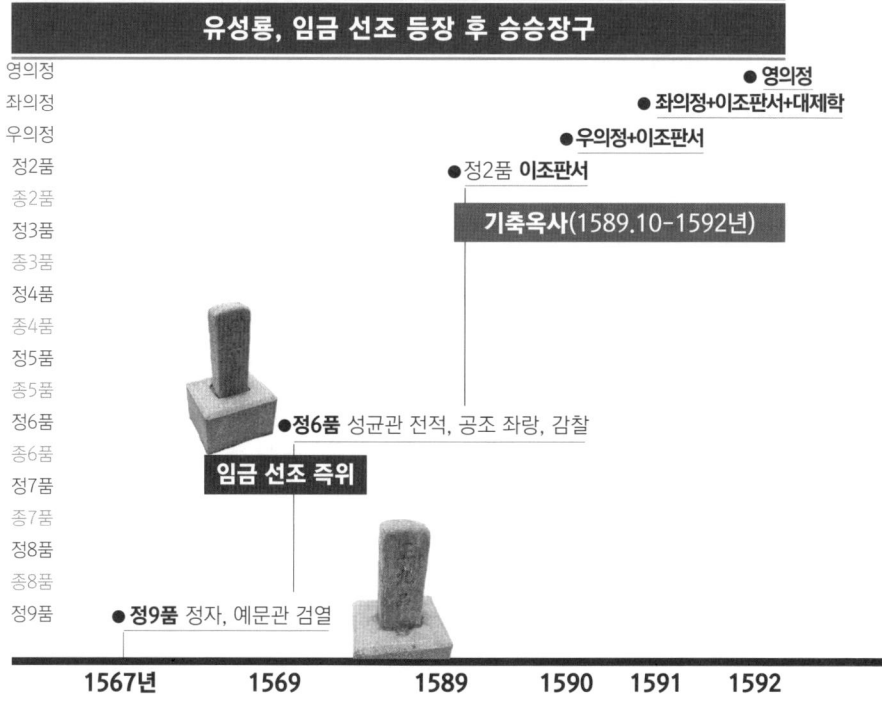

받았다."[02]

    선조가 즉위하기 전까지만 해도 유성룡은 임시직이자 9품 정자 보조인 승문원 권지부정자(承文院 權知副正字)를 거쳐 정9품 정자(正字), 예문관 검열에 불과한 하급 관리였다. 그러나 선조가 왕위에 오른 지 불과 1년여가 지난 1569년, 유성룡은 단숨에 여섯 계급을 뛰어넘어 정6품 성균관 전적, 공조 좌랑, 사헌부 감찰 등 요직을 연이어 차지했다.

    이 빠른 승진은 단순한 인재 중용이 아니었다. 당시 실권자였던 명

---

02) 『선조수정실록』, 선조 40년(1607년) 5월 1일 풍원 부원군 유성룡의 졸기

종 대의 영의정 이준경을 견제하고, 선조가 자신의 측근을 통해 권력을 장악하려는 정치적 의도에서 비롯된 것이었다.

이준경은 붕당의 폐해를 깊이 우려하며 이를 억제하려 했던 인물이었다. 이준경은 임종을 앞두고 올린 글에서도 '붕당을 깨야 한다'고 주장하였다. 반면 유성룡은 동인의 핵심 인물로, 새로운 정파 형성을 주도하고 세력 확장을 꾀하던 세력이었다. 물론 율곡 이이도 이준경의 붕당 우려를 비판했다. 다만 비판한 관점 자체가 유성룡과는 달랐다. 이이는 오히려 붕당은 어떤 인물이 모인 것이냐에 따라 '군자의 당'이 될 수도 있고, '소인의 당'이 될 수도 있다[03]고 봤다. '군자의 붕당'은 천 명, 만 명이 모여도 해가 되지 않으며 많을수록 좋다고 보았지만, '소인의 붕당'은 한 명이라도 용납해서는 안 된다는 뜻이었다.

유성룡과 이준경 이 두 사람의 갈등은 '인종의 신주를 연은전에 모실 것인가'라는 의례 문제[04]를 계기로 본격화되었지만, 그것은 단순한 제례 논쟁이 아니었다. 붕당을 억제하려는 구신 세력과 붕당을 기반으로 권력을 추구하던 신진 세력 간의 치열한 정치 투쟁이자 세력 충돌이었다. 나중에 이이도 동인세력을 '소인의 당' 세력으로 우려한 것이다.

선조는 이 갈등을 교묘히 이용해 자신의 정치적 입지를 강화했고, 그 중심에 유성룡을 세웠다. 이때 유성룡은 선조의 눈에 들었고, 절대적인 신임을 등에 업고 조정의 중심인물로 빠르게 부상했다. 이후 그는 국정 전반에 깊숙이 개입하게 된다.

그러나 그의 정치는 옳지 않았다. 파당을 조장하고, 개혁을 방해하

---

03) 「선조수정실록」, 선조 5년(1572) 7월 1일 이준경의 유소에 관한 응교 이이의 상소문
04) 유성룡, 「서애집」, 서애 선생 연보 제1권 / 연보(年譜) 선생 28세 상소하여 인종을 연은전(延恩殿)에 부(祔)하는 것은 예가 아니라고 주장하였다.

송강 정철과 서애 유성룡 관직 비교		
구분	송강 정철	서애 유성룡
출생	1536년	1542년
1561년	진사 식년시 1등(5/100)	
1562년	대과 장원(1/25)→정6품 좌랑	
1564년	정5품 예조정랑	진사 식년시 3등(66/100)
1566년	정5품 지평	대과 병과 11위(15/17)→9품 보조직 권지부정자
1567년	서가독서	정9품 정자, 정9품 검열
1569년	정5품 예조정랑	정6품 성균관 전적, 공조 좌랑
1582년	종2품 예조참판	종2품 대사헌
1589년	우의정	정2품 이조판서
1590년	좌의정	우의정+이조판서
1591년	파직 → 귀양	좌의정+이조판서+대제학
1592년	도체찰사로 복귀	좌의정+병조판서+도체찰사→영의정→도체찰사
1593년	죽다	영의정
1594년		영의정
1595년		영의정
1596년		영의정
1597년		영의정
1598년		영의정 → 파직

선조의 절대적 신임을 업은 유성룡은 파격 승진을 거듭하며 권력의 정점에 올랐다. 대과 장원 출신인 송강 정철에 견주어도 특별한 승승장구였다. 유성룡은 기축옥사 초기에 인사권을 쥔 이조판서를 시작으로, 우의정·좌의정에 오르고, 이조판서와 대제학까지 겸직하는 전례 없는 특권을 누렸다. 임진왜란이 터진 뒤에는 사실상 영의정 자리까지 유성룡이 독점했다. 그의 권력 독점은 조선이 몰락하는 신호탄이 되었다.

며, 장차 닥쳐올 위기에 대비하지 않았다. 오히려 그는 개혁의 흐름을 막고, 잘못된 방향으로 나아가는 임금의 권력에 기꺼이 편승했다.

그는 양명학과 같은 새로운 사상의 유입을 철저히 차단했고[05], 선조의 지지와 동인 세력의 후원 속에서 권력 기반을 굳혀갔다.

무엇보다 그는 개혁을 방해하면서도 자신의 가족만은 철저히 챙겼다. 1572년(선조 5년), 그의 형 유운룡은 과거 없이 음서(蔭敍)로 종5품 전함사 별좌에 임명되었고, 이듬해에는 의금부 도사로 발탁되었다.[06] 명백한 파격 인사였다. 동생 유성룡의 막강한 권력이 아니었

---

05) 『선조실록』, 선조 27년(1594) 7월 17일 유성룡이 요동의 자문에 대한 일, 성문을 지키며 척간하게 하는 일, 군량에 관한 일, 이요를 청대한 일 등을 아뢰다 上曰: "陽明之言曰: '致良知.'" 成龍曰: "此言僞矣."(임금께서 "양명이 말하기를 '양지를 극진히 해야 한다(致良知).'고 하였다."고 묻자 유성룡이 "이 말은 거짓된 것입니다."라고 대답했다.)

06) 유운룡, 『겸암집』, 謙菴先生年譜卷之二 / 附錄 墓誌[柳成龍] 壬申, 以先府君命, 蔭補典艦司別坐, 癸酉, 丁先府君憂, 服

선조 재위 중
여덟 차례 모반 사건 발생

조선 선조 때 임진왜란 말고도 무려 여덟 차례의 반란 또는 역모 사건이 터졌다. 1583년 이탕개 난(임진왜란 9년 전), 1589년 정여립 역모(임진왜란 2년 6개월 전), 1593년엔 국경인 모반과 송유진 역모, 1594년 변하복 반란과 반추 역수 반란, 1596년 이몽학 난, 1601년 길운절·소덕유 역모 사건이다. 이들 혼란의 중심에 임금 선조의 최측근, 유성룡이 있었다.

1583년 (선조 16년)
이탕개 난

1월, 여진족 이탕개가 최대 3만여 병력을 이끌고 침입해 큰 피해를 초래했다. 이를 계기로 병조판서 이이는 국방 체제 개편을 추진하지만, 유성룡 등 동인의 집단 반대로 무산된다. 같은 해 5월 초, 이탕개가 다시 침공하자 조정은 급히 노비까지 전선에 투입하는 조치를 취했다. 이 사태 1년 전, 율곡이 "10만 양병으로 전란에 대비하자"고 주장했지만, 유성룡이 반대해 끝내 시행되지 못했다.

5
1594년 (선조 27년) 4월
변하복 반란

변하복의 역모 사건으로 관련자들이 체포되어 추국당했다. 변하복은 기축옥사 때 정여립의 일당으로 지목된 변숭복의 동생이다. 그러나 이번 사건도 석연치 않으며, 장애인, 어린아이들까지 포함된 피의자들은 가혹한 형문 속에서도 억울함을 호소했다. 수사 담당자조차 "혐의점을 찾지 못하는 무리한 수사"라고 지적할 정도로 강압적인 조사였다.

6
1594년 (선조 27년) 9월
반추 역수·이라대 반란

여진족 반추(叛酋) 역수(易水)가 이라대(伊羅大)와 연합하여 조선 변경을 공격하며 반란을 일으켰다. 반란으로, 조선 변경의 백성들은 농사를 짓지 못하고 굶주림에 시달렸다. 이에 함경북도 병마절도사 정현룡(鄭見龍)은 조선군과 항왜(降倭) 1,350명을 동원하여 반란군을 기습 공격하였다. 전투 끝에 반란군 266명을 참수하였다.

2
1589년 (선조 22년)
정여립 역모

1589년 10월, 황해도 관찰사 한준의 고변으로 정여립이 역모사건이 드러났다. 정여립이 반란을 계획했다는 것이었다. 체포령이 내려지자 정여립은 죽도로 도피해 스스로 목숨을 끊었다. 이 사건은 송강 정철이 주도했다고 알려졌으나 옥사가 진행되는 동안 유성룡이 핵심 인물로 부상하며 주도권을 쥐었다. 그 과정에서 비주류 동인과 서인들이 큰 피해를 입으며 타격을 받았다.

3/4
1593년 (선조 27년)
국경인 모반과 송유진 역모

전쟁 중, 세자를 일본 측에 넘기려 한 국경인 모반 사건과, 서얼 출신 송유진이 아산 등지에서 반란을 꾀한 사건이 발생했다. 이는 전란으로 고통받던 백성들의 불만이 터져 나온 결과였다. 그러나 이 과정에서 의병장 이산겸처럼 억울하게 연루된 이들도 많았고, 가혹한 고문과 처형이 이어졌다. 유성룡은 국경인 사건을 빌미로 왜장과 내통했으며, 송유진 사건에선 이산겸과 의병들을 무리하게 역모자로 엮어 죽음으로 몰았다.

7
1596년 (선조 29년)
이몽학의 난

임진왜란 중 휴전 회담이 진행되던 시기, 왕족 서얼 출신 이몽학이 농민 600~700명과 서얼, 승려 등 사회적 약자들과 함께 반란을 일으켰다. 이는 명군, 왜군, 그리고 조선 관아의 횡포에 시달리던 백성들의 분노가 폭발한 결과였다. 그러나 영의정 유성룡의 주도로 김덕령 김언욱 등 의병장들에게 반란과 연루되었다는 누명이 씌워졌고, 결국 그들은 억울하게 죽임을 당했다.

8
1601년 (선조 34년)
길운절 · 소덕유 역모

경상도 선산 출신 길운절이 제주에서 정여립의 조카 소덕유와 모반을 계획하다 발각되었다. 역모를 주도한 길운절의 자백으로 오히려 소덕유 등이 체포되었으며, 길운절을 포함한 관련자 모두 처형되었다.

다면 불가능했을 일이다.

이는 유성룡의 정치적 영향력과 권력 집중을 보여주는 대표적인 사례였다. 이후 유성룡은 1589년 말, 조정의 인사권을 쥐고 있는 이조판서가 되었고, 1590년에는 마침내 우의정에 임명된다. 40대에 정승이 된 것[07]은 선조 시대에서 유성룡이 유일했다. 그는 최연소 정승이라는 기록을 세웠다. 그리고 불과 1년 뒤에는 좌의정으로 승진하며, 동시에 이조판서와 대제학까지 겸직[08]하게 된다. 이는 조선 정치사에서도 보기 드문 권력 독점의 사례였고, 바로 이 시기가 기축옥사(1589)의 혼란기와 겹친다. 옥사가 일어난 지 불과 2개월 만에, 유성룡은 조정의 실질적인 권력자로 떠오르게 된 것이다.

그는 선조의 최측근으로 권력을 독점하며 수많은 실책을 저질렀다. 개혁의 토대가 될 양명학의 유입을 철저히 차단했다. 특히 성리학 존숭론을 앞세워 신분제를 더욱 강화함으로써 조선 사회의 유연성과 개방성을 스스로 봉쇄했다.

또한, 율곡 이이가 제안한 국방 개혁안과 군제 정비 계획마저 집요하게 가로막으며, 전쟁을 대비할 마지막 기회를 날려버렸다. 그 결과 조선은 결국 임진왜란이라는 초유의 대재앙을 피하지 못했다.

유성룡이 장악한 조정은 파당 정치의 중심지가 되었다. 백성을 위한 정치는 실종되었다. 정책은 권력자들의 도구로 전락했고, 조선 사회는 극심한 혼란과 불만으로 뒤덮였다. 백성들은 전쟁, 기근, 신분

閣, 明年, 授義禁府都事.
07) 『견한잡록』, 견한잡록(遣閑雜錄) 심수경(沈守慶) 찬(撰)
08) 『선조실록』, 선조 24년(1591) 12월 1일   左相柳成龍, 兼帶吏曹判書及大提學(좌의정 유성룡(左相 柳成龍)은 이조판서(吏曹判書) 및 대제학(大提學)을 겸임하였다.)

차별이라는 삼중고에 시달렸다. 특히 서얼과 노비에 대한 차별은 사회적 갈등을 극대화했고, 이는 결국 송유진이나 이몽학과 같은 서얼 출신들의 반란으로 이어졌다.

정여립 역모 사건과 송유진 사건에서는 수많은 무고한 이들이 억울하게 연루되어 고문 끝에 처형당하는 참극이 벌어졌다.

이러한 탄압은 민심을 극도로 불안하게 만들었고, 백성들의 반발은 단순한 불만이 아닌 선조와 유성룡을 비롯한 위정자들에 대한 정치적 항거로 나타나게 되었다. 1583년 이탕개의 난은 조선 국방 체계의 허점을 여실히 드러낸 대표적 사건이었다.

율곡 이이는 서얼과 노비에게도 국방 의무를 부여하자는 국방 개혁안을 주장[09]했으나, 유성룡과 동인 세력의 반대로 끝내 무산되었다. 그 결과 조선의 국방은 더욱 취약해졌고, 결국 임진왜란이라는 참혹한 전쟁을 맞게 된 것이다.

전쟁 직전에도 유성룡은 경고를 외면했다. 서인계 통신사 황윤길이 일본의 침략 가능성을 분명히 경고했지만, 유성룡은 김성일의 "전쟁은 없을 것"이라는 낙관적 보고를 지지[10]하며 군사 대비를 막았다. 그 결과 조선은 무방비 상태에서 일본군의 침공을 받았고, 한양은 순식간에 함락되었다.

전쟁이 발발한 이후에도 유성룡의 행보는 쉽게 이해되지 않았다. 1593년 진주성 제2차 전투 당시, 그는 전쟁 총책임자의 지위에 있

---

09) 『선조실록』, 선조 16년(1583) 4월 14일 이이가 시폐를 들어 상소하자, 공안 · 주군 합병 · 서얼 허통 등에 대한 전교
10) 『기재사초』, 기재사초 상(寄齋史草上) / 신묘사초(辛卯史草) 신묘년(선조 24년, 만력 19년)   金誠一與柳成龍素相親,成龍信其說, 乃曰, 設令秀吉犯順, 聞其譽止, 似無足畏, 況其書契之辭, 要不過恐動, (김성일과 유성룡은 평소에 서로 친밀한 사이였다. 유성룡은 김성일의 의견을 신뢰하며 다음과 같이 말했다. "만약 도요토미 히데요시(豊臣秀吉)가 명(明)에 반역을 꾀한다 해도, 그의 행동을 볼 때 두려워할 만한 것이 없는 듯하다. 더구나 그가 보낸 서신의 문구를 살펴보면, 단지 위협을 가하려는 의도가 있을 뿐, 실질적인 행동으로 옮길 것 같지는 않다.")

었음에도 전장을 외면하고 고향으로 돌아가 버렸다.[11]

 그 결과, 영남의 중심 진주성을 사수하던 호남 서인계 의병들은 전멸당하는 비극을 겪었다. 전쟁 중에도 그는 정치적 계산과 정쟁에 몰두했다. 의병들의 희생과 활약을 두고 "시정무뢰배"라고 깎아내렸고, 이는 민심을 더욱 악화시켰다.

 심지어는 정적을 제거하기 위해 의병들마저 희생시키는 데 주저하지 않았다. 1594년 송유진 역모 사건 때는 충청 의병장 이산겸과 수많은 의병을, 1596년 이몽학의 난 때는 호남 의병장 김덕령과 김언욱을 역모 혐의로 몰아 죽였다. 더 나아가 1597년 정유재란 때는 조선 수군의 핵심 지휘관이었던 이순신을 감옥에 가두고, 심지어 사형까지 선고하는 중대한 실책을 저질렀다.

 이 모든 일은 유성룡이 조정의 최고 권력자, 영의정으로 있을 때 벌어진 일이었다. 그가 앞장선 선조의 41년 치세는 조선 백성들에게 고통 그 자체였다. 전쟁과 기근, 신분 차별이 끊임없이 덮쳐왔고, 백성들은 생존의 벼랑 끝으로 몰렸다.

 정치는 백성을 외면했고, 조선 사회는 무너지는 기둥처럼 흔들렸다. 그리고 그 정점에, 조선 역사상 가장 혹독한 재앙, 임진왜란이 있었다. 백성들에게 잊을 수 없는 가장 잔인한 시간이었다.

 그 시대, 유성룡과는 전혀 다른 길을 걸은 인물이 있었다. 바로 충민공 양산숙(梁山璹, 1561-1593)이다.

 두 사람은 임진왜란을 앞둔 조선의 정치 무대에서 완전히 대조되는 존재였다. 유성룡은 권력의 중심에서 개혁을 막고 전쟁 준비를 외

---

11) 『서애집』, 서애선생 연보 제1권 / 연보(年譜) 만력(萬曆) 21년 계사. 선생 52세 癸卯. 承命下嶺南. 省大夫人于安東. 仍向下道. 初. 謙菴公奉大夫人避亂. 自關東. 輾轉至太白山下. 至是先生始得便道就省. 悲喜交極. 掩抑不能言. 退而與謙菴公相持痛哭.

면했다. 반면, 무명 유생이었던 양산숙은 전쟁의 조짐을 읽고 미리 대비했으며, 누구보다 먼저 실천에 나섰다.

전쟁이 발발하자 그는 가장 먼저 창의해 의병을 일으켰고, 전국의 의병 활동을 종합해 조정에 보고한 첫 인물이었다. 그리고 진주성 전투에 나서 장렬히 전사했다. 전쟁 직전, 그는 임금에게 "유성룡과 같은 간신배 정치를 멀리해야 조선이 산다"는 직언을 올렸지만, 선조는 이를 외면하고 끝내 유성룡을 신임했다. 그 결과는 처참했다. 유성룡은 "전쟁은 없을 것"이라는 오판으로 국난을 자초한 장본인이 되었다.

반면 양산숙은 전쟁 이전부터 위기를 경고했고, 전쟁이 터지자 직접 행동에 나섰다. 그의 실천은 유성룡의 무책임함과 극명한 대비를 이룬다.

그는 의주 행재소까지 찾아가 전국의 의병과 관군의 전황을 최초로 종합 보고해, 조정이 외면하던 의병의 존재와 민심의 구국 의지를 임금에게 각인시켰다. 이는 조선 전역에 희망의 불씨를 당긴 전환점이 되었다. 더 나아가, 그는 진주성 전투 직전 명나라의 참전을 유도하기 위한 외교적 역할까지 수행했다.

원래 이는 도체찰사 유성룡이 맡아야 할 책무였다. 그러나 유성룡은 "어머니를 뵈러 간다"며 자리를 피했고, 그 빈자리를 양산숙이 대신 채웠다. 그는 실질적인 외교 사절이 되어 조선을 살리고자 했고, 끝내 진주성에서 전사하며 자신의 생을 바쳤다.

이처럼 유성룡과 양산숙의 상반된 행보는 임진왜란이라는 국가적 위기 속에서 전혀 다른 결과를 낳았다. 한 사람은 책임을 회피하며 권력에 집착했고, 다른 한 사람은 자신을 던져 나라를 지켰다.

1592 조선은 지옥이 되었다; 역사가 만든 참극

임진왜란은 조선을 지옥으로 만들었다.

전쟁과 그로 인한 기근, 역병으로 조선의 인구는 416만 명에서 164만 명으로 급감했다. 무려 60%, 252만 명이 사라진 것이다.

선조가 41년간 통치하는 동안, 백성들은 끊임없는 불안과 고통 속에 살아야 했다. 1592년(선조 25년) 4월 임진왜란이 발발한 이후, 전쟁과 기근, 질병이 겹치며 조선 사회는 극심한 혼란에 빠졌다. 시간이 흐를수록 상황은 더욱 악화되었고, 백성들은 굶어 죽거나 도살당하는 지경에까지 내몰렸다.

실제 인구 변화는 이를 극명히 보여준다.

1543년(중종 38년) 조선의 가구 수는 83만 6,669호, 인구는 416만 2,021명이었으나,[12] 임진왜란 이후인 1642년(인조 20년)에는 가구 수 48만 1,660호, 인구 164만 9,012명으로 줄었다. 가구 수는 42%, 인구는 60%가 감소한 것이다.

---

[12] 『중종실록』, 중종 38년(1543) 12월 29일 이 해 조사에서, 가구 수는 83만6,669호였고, 인구 수는 416만2,021명이었다

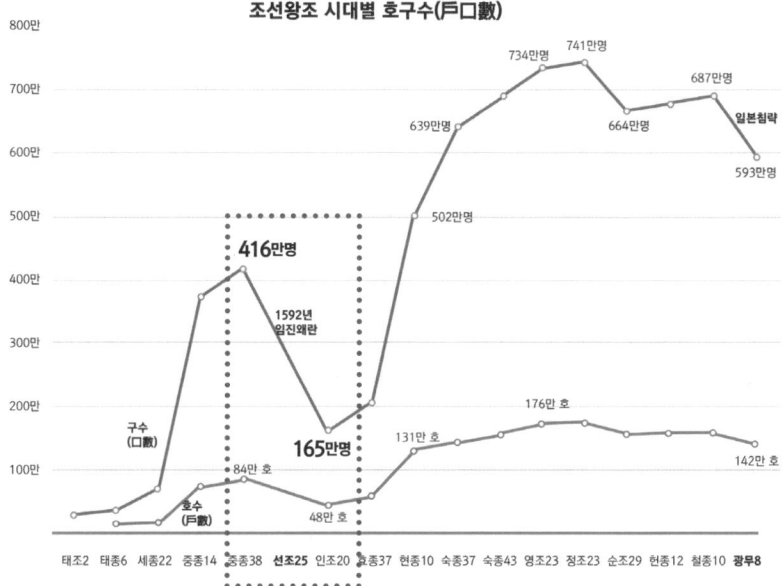

과연, 이렇게 많은 사람이 왜 죽었는가?

『선조실록』은 당시 백성들이 겪은 참상을 생생히 기록하고 있다. 전쟁이 지나간 자리는 기근과 전염병이 뒤덮였고, 백성들은 굶주림에 도적이 되거나, 시신을 뜯어먹는 처참한 현실 속에 놓였다. 국가는 그들을 구제하지 못했다.

한양 도성엔 시신이 쌓였고, 까마귀와 들개가 거리를 떠돌며 시체를 물어뜯었다. 굶주려 죽은 이들의 시신이 도랑과 골짜기를 메웠고, 살아남은 자들은 결국 배고픔에 도적이 될 수밖에 없었다.

1593년 4월 15일, 비변사는 창의사 김천일의 보고를 통해 그 참담한 현실을 선조에게 이렇게 전했다.

"경기 각 고을은 전란이 그치지 않은 데다 기근이 계속되어, 노약자들은 굶어

〈선조실록〉으로 본, **전쟁과 기근으로 피폐해진 조선의 참상**

1593년 4월 창의사 김천일의 보고
"경기도 각 읍에서는 전란이 끝나지 않았고, 기근이 심해 노약자들이 도랑과 골짜기를 메울 정도로 굶어 죽고 있으며, 강한 자들은 도적이 되고 있습니다."
(선조실록 37권, 선조 26년 4월 15일)

1593년 4월 김늑의 보고
"경상도에서는 도적들이 무리를 지어 대낮에도 약탈하고 사람을 죽이고 있으며, 기근과 전염병으로 시신이 겹겹이 쌓이고 있습니다." (선조실록 37권, 선조 26년 4월 21일)

1593년 4월 유성룡의 참담한 한양 보고
"사신을 맞이하던 모화관 일대에는 백골이 산처럼 쌓여 있었고, 성 안 곳곳에는 사람과 말의 시체가 쓰러져 있었으며, 그 수는 헤아릴 수 없을 정도였습니다. 시체 썩는 냄새가 온 거리에 진동해 사람이 가까이 다가갈 수조차 없었고, 민가는 전체의 20~25% 정도만이 간신히 남아 있었습니다." (선조실록 37권, 선조 26년 4월 26일)

1593년 5월 윤두수의 보고
"관군과 의병은 전란으로 지쳤고, 군량 부족으로 조선군 부대는 하루 한 되도 채 먹지 못하고 있습니다." (선조실록 38권, 선조 26년 5월 10일)

1593년 5월 비변사의 보고
"경상도는 기근과 전염병이 겹쳐 병사들의 사기가 크게 꺾였습니다. 적병들이 주둔하고 있어도 대적하는 이가 없습니다." (선조실록 38권, 선조 26년 5월 23일)

1593년 6월 임금 선조의 발언
"한양은 이미 극심하게 파괴되었으며, 기근 또한 심하여 차마 눈 뜨고 볼 수 없는 지경이다."
(선조실록 39권, 선조 26년 6월 5일)

"우리나라는 기근과 전염병으로 열에 여덟이 죽었으며, 마을은 황폐해지고 연기가 끊겼다."
(선조실록 39권, 선조 26년 6월 13일)

1593년 6월 비변사의 보고
"군량이 부족해 '쌀뜨물에 죽을 쑤어 먹는 정도'에 불과하니, 한 치의 땅도 개간되지 못했습니다. 사람들이 서로 잡아먹는 지경에 이르렀으며, 시신이 들판을 가득 메우고 있습니다." (선조실록 39권, 선조 26년 6월 24일)

1593년 11월 비변사의 경고
"전란 이후 기근과 전염병이 겹쳐 천 리 안에 사람의 흔적조차 사라졌으며, 몇 달 내로 생명이 거의 남지 않을 수 있습니다." (선조실록 44권, 선조 26년 11월 1일)

1593년 12월 임금의 비망기(備忘記)
"백성들이 줄어들어 나라의 기반이 무너질 위기. 기근과 전란으로 백성들은 죽어가고, 군량도 소진되었다. 부역이 끊이지 않으니 누가 농사를 짓겠는가? 농사가 무너지면, 나라도 소멸할 것이다." (선조실록 46권, 선조 26년 12월 1일)

1593년 12월 군자감(軍資監)의 보고
"한양 인근의 기근이 극심하여 장정들이 도적 떼를 이루고 있습니다. 생계를 유지할 길이 없어 도적이 되는 것입니다." (선조실록 46권, 선조 26년 12월 16일)

1594년 1월 사헌부의 경고
"기근이 극심해져 사람의 고기를 먹는 일이 일상화되었습니다. 죽은 자의 살을 도려내는 것을 넘어 살아 있는 사람을 도살해 내장과 뇌까지 먹는 일이 벌어지고 있습니다." (선조실록 47권, 선조 27년 1월 17일)

1594년 2월 6일 유성룡 보고
"근래에 기근이 너무 심하여, 경릉(敬陵)과 창릉(昌陵) 근처에서는 길 가던 사람을 붙잡아 잡아먹는 일까지 벌어졌습니다." (선조실록 47권, 선조 27년 2월 6일)

1594년 9월 좌의정 윤두수의 보고
"전염병이 창궐하여, 백성들의 70~80%가 사망하거나 도망쳤습니다." (선조실록 55권, 선조 27년 9월 6일)

1594년 9월 공조판서 심희수의 보고
"기근과 전염병으로 살아남은 인구가 급격히 줄었으며, 농사짓는 자들이 없어 김매기도 제대로 이루어지지 않고 있습니다." (선조실록 55권, 선조 27년 9월 26일)

죽어 시체가 구렁에 뒹굴고, 젊은이들은 무리를 지어 도적이 되었습니다."[13]

굶어 죽은 시신들이 길거리에 나뒹굴고, 들판에 방치되었다. 강한 자들은 도적이 되어 목숨을 부지했지만, 노약자와 어린아이들은 견딜힘조차 없이 스러져갔다.

백성은 먹을 것도 없는데 세금도 문제였다. 4월 비변사가 알렸다.

"이덕형의 장계에 따르면, '검찰 종사관이라 불리는 자들이 수십 명이나 되어, 집마다 돌아다니며 강제로 세금을 부과했습니다. 이 때문에 어떤 백성은 그들이 오는 것을 보고 스스로 집에 불을 질렀다'고 했습니다."[14]

왜적이 떠난 한양의 모습도 참담했다. 4월 한양을 찾은 유성룡이 한양의 피폐함을 알렸다.

"사신을 맞이하던 모화관 일대에는 백골이 산처럼 쌓여 있었고, 성 안 곳곳에는 사람과 말의 시체가 쓰러져 있었으며, 그 수는 헤아릴 수 없을 정도였습니다. 시체 썩는 냄새가 온 거리에 진동해 사람이 가까이 다가갈 수조차 없었고, 민가는 전체의 20~25% 정도만이 간신히 남아 있었습니다."[15]

같은 시기, 경상도 안집사 김늑(金玏)은 조정에 "도적이 되어야만 살아남을 수 있다"라는 급보를 올렸다.

"경상도에서는 도적들이 들끓어, 수십에서 백여 명씩 무리를 지어 대낮에도 약탈을 자행하고, 사람을 해치는 일이 끝이 없습니다."[16]

---

13) 『선조실록』, 선조 26년(1593) 4월 15일 비변사가 수령의 독촉으로 민폐가 심하다며 안집시킬 대책을 강구하라고 청하다
14) 『선조실록』, 선조 26년(1593) 4월 2일 비변사가 검찰 종사관들이 민폐를 끼치고 있다며 종사관을 태거하라고 청하다
15) 『선조실록』, 선조 26년(1593) 4월 26일 유성룡이 도성의 피폐함을 아뢰다
16) 『선조실록』, 37권, 선조 26년(1593년) 4월 21일 7번째 기사 안집사 김늑이 경상도의 토적 출몰, 기근과 역병 및 기민 구제 등의 일을 치계하다

임진왜란 중, 백성의 삶은 나날이 참혹해졌다

전쟁 발발 1년 뒤인 1593년 4월, 기근으로 시신이 쌓일 정도로 상황이 심각해졌고, 11월에는 사람의 흔적조차 사라졌다. 1594년 초에는 인육을 먹는 일까지 벌어졌으며, 그해 9월에는 전염병까지 번져 백성의 70~80%가 사라졌다는 보고가 올라왔다.

굶주림에 지친 백성들은 결국 도적이 되어야만 살아남을 수 있었다. 한때 농사를 짓고 가정을 꾸렸던 사람들이, 이제는 같은 백성들에게 칼을 겨누며 약탈자로 변해갔다. 국가는 이들을 막지 못했고, 백성들은 생존을 위해 서로를 해치는 상황에 내몰렸다. 전투에 참전한 조선군조차 굶주림에 시달렸다. 군량 부족으로 인해 조선 병사들은 하루 한 끼도 먹지 못한 채 싸워야 했다. 1593년 5월, 명나라 군대를 우대하던 당시 조선군의 현실은 참혹했다.

"한양의 기근이 매우 심각해, 명나라 군대에 곡식을 조금만 나눠줘도 우리 군은 하루 한 되조차 제대로 먹지 못할 만큼 식량이 점점 줄어들고 있습니다."[17]

나라를 지키기 위해 싸우는 병사들조차 굶주렸다면, 일반 백성들의 상황은 어떠했겠는가? 전염병과 굶주림이 퍼지고, 결국 사람을 잡아먹는 참극이 벌어졌다. 이제 감당할 수 없는 수준에 이른 것이다. 1593년 6월, 조정에 올라온 보고서는 처참한 현실을 담고 있었다.

"이제 열에 여덟이 굶어 죽었으며, 고을과 마을은 황폐해지고, 인적이 끊겨 연기가 끊어졌습니다."[18]

열에 여덟(80%)이 굶어 죽었다. 고을은 텅 비었고, 연기를 피우는 집조차 사라졌다. 전쟁이 오래 이어지자 지방에는 약탈을 일삼는 도둑들이 들끓었고, 굶주림과 병까지 퍼져 길가마다 시신이 널려 있는 끔찍한 상황이 계속되었다. 1593년 6월 경상도에서 기근이 극심해지면서 사람들이 서로 잡아먹고 있다는 소식이 보고되었다.

"사람들은 서로 잡아먹으며 또한 시체가 들을 덮었으니 그 형세가 오래 지탱하지 못할 것입니다."[19]

기근과 역병은 수도 한양까지 퍼졌고, 텅 빈 도성을 뒤덮은 것은 까마귀와 들개들이었다. 1594년 1월 도성과 지방에서 쌓여가는 시체들을 처리해야 한다는 논의가 이루어졌다.

"근래 경성과 각처에서 기근으로 사망한 사람을 이루 다 기록할 수 없을 정

---

17) 「선조실록」, 38권, 선조 26년(1593년) 5월 10일 2번째 기사 윤근수가 경략이 군량을 못댄 일과 군병이 도망한 책임을 조선에게 넘긴다고 치계하다
18) 「선조실록」, 39권, 선조 26년(1593년) 6월 13일 5번째 기사 험한 곳에 관방을 세워 왜적을 방어하라는 경략의 제안
19) 「선조실록」, 선조 26년(1593) 6월 24일 비변사가 조안방의 보고서를 보고 속히 왜적을 퇴각시켜 강토를 회복하자고 청하다

도입니다. 날짐승과 들짐승들이 떼 지어 모여들어 시체를 파먹고 있습니다."[20]

기근은 극에 달했다. 사람을 잡아먹는 참혹한 지경이 됐다.

"기근이 극심해져, 사람의 고기를 먹는 일조차 아무렇지 않게 여기는 지경에 이르렀습니다. 단지 길에 쓰러져 죽은 자들의 살을 도려내는 것뿐만 아니라, 심지어 살아 있는 사람을 도살하여 내장과 뇌까지 함께 먹는 일까지 발생하고 있습니다."[21]

"근래에 기근이 너무 심하여, 경릉(敬陵)과 창릉(昌陵) 근처에서는 길 가던 사람을 붙잡아 잡아먹는 일까지 벌어졌습니다." [22]

이는 조선 역사에서 가장 끔찍한 장면 중 하나로 기록되었다.

전쟁과 기근이 길어지면서 사람이 사람의 고기를 먹는 참극까지 벌어졌고, 이런 일이 공식 기록에 남을 정도로 극단적인 상황이었다.

그런데도 당시 조정은 아무런 뾰족한 대책을 내놓지 못한 채, 사실상 손을 놓고 있었다. 선조가 한 일이라곤 그저 "사람 고기를 먹지 말라"는 명령을 내리는 데 그쳤다.

백성들은 굶주림 속에 죽어가고, 서로의 목숨을 빼앗는 지경까지 갔지만, 조선 조정은 현실적인 해결책 하나 마련하지 못했다.

1594년 6월, 선조와 영의정 유성룡은 어떤 대책을 논의했을까?

선조: "요즘은 신분을 가리지 않고 병이 퍼지고 있소. 도성 안에서도 죽는 사람이 많다는데, 어쩌다 이렇게까지 심해졌는가?"

장운익: "2년간 이어진 전쟁으로 하늘의 재앙이 생긴 것입니다. 임금께서 마

---

20) 『선조실록』, 선조 27년(1594) 1월 7일 비변사에서 경성과 외방에 적치되어 있는 시체를 처리할 것을 청하다
21) 『선조실록』, 47권, 선조 27년(1594년) 1월 17일 1번째 기사 기근으로 사람을 잡아 먹는 일을 엄금할 것을 명하다
22) 『선조실록』, 47권, 선조 27년(1594년) 2월 6일 3번째 기사 신곡·신기일 등을 국문하다

음을 다해 제사를 올리신다면, 이 재앙이 사라질 수도 있을 것입니다."

선조: "지금 와서 제사를 올리는 게 너무 늦은 건 아닌가?"

유성룡: "아직 늦지 않았습니다."[23]

굶주림과 역병으로 백성들이 죽어가고 있었지만, 조정이 내놓은 대책은 "제사를 지내면 괜찮아질지도 모른다"는 수준이었다. 이를 지켜보던 사관조차, 조정의 무능과 무책임함에 한탄하며 이렇게 기록했다.

"조정은 백성을 살릴 근본적인 대책은 내놓지 않고, 그저 약 이야기만 하고 있다. 탁상공론으로 슬퍼하는 척하는 말뿐이니, 굶어 죽고 있는 백성들에게는 아무런 도움이 되지 못한다."[24]

이런 상황에서 지진까지 발생했다.

장운익이 "도성 백성들이 몹시 두려워하고 있습니다"[25]라고 보고하자, 선조는 "참으로 놀랍구나"[26]라며 민심이 흉흉해지는 것을 걱정했다. 그러나 그가 내린 지시는 어처구니없었다.

"백성들이 더욱 불안해질 수 있으니, 하급 관리들이 불필요하게 공포를 조성하는 말을 하지 못하게 하라."[27]

극심한 공포와 혼란 속에 빠진 백성들에게 조정이 내놓은 대책은 고작 "공포를 조장하지 말라"는 말 한마디뿐이었다.

---

23) 『선조실록』, 52권, 선조 27년(1594년) 6월 18일 1번째 기사　주문하는 일, 전염병을 구제하는 일을 논하다
24) 위와 같음
25) 위와 같음
26) 위와 같음
27) 위와 같음

더 한심한 것은 영의정 유성룡이었다. 그는 "임금의 명이 지극히 적절하십니다"[28)]라며 선조의 대처를 아부하듯 찬양하기에 바빴다.

심지어 "과장된 보고로 민심이 동요하고 있다"[29)]고 주장하며, 굶주림과 전염병으로 쓰러지는 백성들의 현실을 외면하고 사태를 축소하는 데만 급급했다. 오죽했으면 사관이 이런 무능한 정치를 두고 볼 수 없다며 이런 논평을 남겼을까.

"사신은 논한다. 재변은 사람으로 말미암아 일어난다. 사람에게 하자가 없으면 재변이 저절로 일어나지는 않는다."[30)]

"따라서 두려워하며 자신을 성찰하고, 이를 없앨 방안을 깊이 고민해야 한다. 하지만 나는 걱정스럽다. 백성들의 귀와 눈을 가릴 수 없기 때문이다."[31)]

전쟁과 기근 속에서 백성들의 참혹한 현실은 좀처럼 끝나지 않았다. 1594년 9월, 좌의정 윤두수는 조정에 "전염병이 창궐하여 백성 열 가운데 일곱 여덟이 죽거나 도망쳤습니다."라고 보고했고,[32)] 공조판서 심희수 또한 "기근과 전염병으로 살아남은 인구가 급격히 줄었으며, 농사를 지을 사람이 없어 김매기조차 제대로 이루어지지 않고 있습니다."[33)]라고 사태의 심각성을 전했다.

1597년 10월, 선조는 교서를 통해 호남과 호서지역 백성의 80-90%가 전쟁과 기근, 역병으로 사망했으며, 살아남은 자들도 굶주림

---

28) 「선조실록」, 52권, 선조 27년(1594년) 6월 18일 1번째 기사 주문하는 일, 전염병을 구제하는 일을 논하다
29) 위와 같음
30) 「선조실록」, 선조 27년(1594) 6월 18일 주문하는 일, 전염병을 구제하는 일을 논하다
31) 위와 같음
32) 「선조실록」, 선조실록 55권, 선조 27년(1594) 9월 6일 좌의정 윤두수가 전주의 포루 창설로 민력이 고갈되었음을 아뢰다
33) 「선조실록」, 선조실록 55권, 선조 27년(1594) 9월 26일 심희수가 송응창·이여송의 송덕비를 세울 것과 항왜를 중국에 보낼 것을 아뢰다

과 추위에 시달리며 길거리에서 죽어가고 있음을 고백했다.

"호서와 호남지역은 원래 부유한 곳이었지만 전쟁이 일어난 이후 칼날과 기근과 역병으로 인해 열에 여덟, 아홉이 목숨을 잃었다."[34]

"왜적들의 잔혹한 만행으로 어린아이조차 남기지 않고 학살하고, 시체가 산처럼 쌓여 피가 강처럼 흘러 천 리 남쪽 땅이 모두 도륙의 장소가 되었다."[35]

"설사 전쟁과 기아 속에서 간신히 살아남았다고 해도, 늙은 부모와 어린아이를 부양하지 못한 채 흩어져 떠돌며 울부짖다 죽어가고 있다."[36]

"명나라 군사를 접대하는 데 필요한 모든 비용과 물자는 모두 백성들에게서 거둬 충당할 수밖에 없었고, 그로 인해 호서의 피해가 더욱 컸다. 벌써 6년째다."[37]

"백성들은 착취와 학살 속에서 고혈을 짜이고, 죽음의 문턱까지 내몰렸다."[38]

이는 임금이 호서의 백성들에게 보낸 교서에 나열한 내용이다. 조선 전역에서 기아로 사람이 사람을 잡아먹고, 역병으로 백성들 80~90%가 죽어가는 상황에서 선조는 또다시 백성들에게 명나라 군대의 식량을 마련하라고 강요했다. 배고픈 백성들은 군량미·병력 징발 때문에 또 어려움이 극심했다. 백성들의 분노가 치밀었다.

"경기 지역의 흉악한 도적들이 기승을 부려 놀랍고 두려운 말들이 돌고 있다."[39]

"그 세력이 더욱 퍼지고 통제 불능이 될까 두렵고, 얼음이 언 강을 건너오는 일이 생긴다면 더욱 염려스럽다."[40]

---

34) 『선조실록』, 선조30년(1597) 10월 8일 자신을 허물하는 교서를 전라도와 충청도의 백성들에게 내리다
35) 위와 같음
36) 위와 같음
37) 위와 같음
38) 위와 같음
39) 『선조실록』, 선조 27년(1594) 9월 26일 경기의 도적을 소탕할 것을 명하다
40) 위와 같음

조정에 이런 보고는 넘쳐났다. 그런데 이를 진압한다는 명목으로 이산겸과 김덕령 같은 의병장을 비롯한 수많은 의병을 처형하는 끔찍한 일을 벌였다. 이런 일련의 사태는 조정의 무능과 리더십 부재로 인해 발생한 인재(人災)였다. 이런 상황 속에서 백성들의 분노와 저항이 커지는 것은 당연한 일이었다.

임진왜란 전후로 모두 여덟 차례의 역모 또는 모반 사건[41]이 발생한 것은 단순한 음모가 아니었다. 이는 조정과 선조, 그리고 무능한 위정자들에 대한 백성들의 분노와 저항이 폭발한 결과였다.

선조는 "내가 부족하여 하늘이 화를 내렸다"[42]며 겉으로는 자책하는 듯한 교서를 발표했지만, 실제로는 전쟁과 기근, 역병으로 고통 받던 백성들에게 또다시 희생을 강요했다.

이런 비참한 참혹상은 훗날 유성룡 책임론으로 번졌다.

"(유성룡은) 국정을 그르치는 일에 서슴지 않았다. 그는 훈련도감, 체찰군문, 속오작미법, 선봉차관 등 군사와 군량 관련 제도를 악용해 사익을 챙겼다. 명령은 혼란스럽게 내렸고, 백성들에게 무리하게 세금을 징수하여 결국 백성은 굶주리고 고통 받았다. 마을은 폐허가 되었고, 삶터는 절망으로 변했고…."[43]

유성룡은 백성들을 비참한 현실을 외면했던 것으로 보인다.

그로 인한 정치는 한심했고, 백성들은 굶어 죽어갔다는 주장이다.

그러나 선조와 유성룡은 이를 감추기에만 급급했다. 조선은 이미 내부에서부터 무너지고 있었다.

---

41) 이 책 22-23p 참조. 이탕개의 난, 정여립 역모, 송유진 역모, 반추 역수 반란, 이몽학 난, 길운절 소덕유 역모를 말함.
42) 「선조실록」, 선조30년(1597) 10월 8일 자신을 허물하는 교서를 전라도와 충청도의 백성들에게 내리다 予以涼德, 不弔於天, 天篤降割, 迄于今未艾.
43) 「선조실록」, 선조 31년 1598년 11월 16일 사간원이 유성룡을 탄핵하다 作事害政, 無所不至, 其如訓鍊都監,體察軍門, 束伍作米之法, 選鋒差官之說, 因緣作弊, 憑藉牟利, 號令(房)(旁) 午, 徵斂無節, 終使生民塗炭, 村落蕭然.

최악의 군주 선조와 백성의 고통 | 47

임진왜란 전, 중종·명종대 왜선(倭船)의 출몰 상황			
년	월	왜선 규모	전란 및 침입 지역
1510	4		[삼포왜란]
1522	6	12척	전라도 신달량
	6	10~15척	전라도 초도·보길도·추자도
1523	5	1척	전라도 초도
	5	1척	황해도 풍천
1525	9	4척	전라도 세존암
1541	6	1척	경상도 제포 근처
1544	4	20여 척	[사량진왜변] 경상도 사량진
1552	5	1척	제주도 정의현 천미포
1553	6	1척	제주도, 전라도 진도
1554	6	2척	제주도
		1척	전라도 보길도
1555	5	70여 척	[을묘왜변] 전라도 달량포(현재 해남)
1556	6	1척	경상도 울산
		5척	제주도 제주·정의·대정
	7	1척	전라좌도 삼도(三島)
		1척	전라우도 청등도
		12척	[병진왜변] 제주도
		1척	전라도 보길도·작지도
1557	6	2척	청홍도 태안
		2척	전라도 서천
	7	2척	신산포
		1척	전라도 초도
1559	5	1척	청홍도 남포
	6	다수	전라도 구조도·삼도·안마도, 제주
1587	3	16척	[손죽도왜변(정해왜변)] 흥양 손죽도

1591 임진왜란, 예고된 참사였지만 외면했다

　임진왜란은 정말 몰랐던 전쟁이었는가? 백성에게 참혹한 고통을 준 임진왜란은 결코 예기치 못한 전쟁이 아니었다. 당시 조선 사회에는 '200년 동안 태평성대가 이어졌다'는 착각이 퍼져 있었지만, 이는 사실이 아니다. 1510년 삼포왜란을 시작으로, 조선은 일본으로부터 반복적인 침략을 받아왔다. 1544년 사량진왜변(임진왜란 48년 전), 1555년 을묘왜변(37년 전), 1556년 병진왜변(36년 전), 그리고 전쟁 발발 불과 5년 전인 1587년 정해왜변(손죽도왜변)까지 모두 26차례가 넘는 크고 작은 왜적의 침공이 있었다.

　이러한 왜변은 임진왜란의 명백한 전조였다. 도요토미 히데요시는 조선 통신사 황윤길과 김성일에게 명나라를 칠 테니 길을 빌려달라는 '정명가도(征明假道)'를 공공연히 요구했지만, 조선 조정은 이를 무시하거나 두루뭉술하게 넘겼다.

임진왜란 이전 경고와 조선조정의 대응, 그리고 결과 및 사후 기록	
항목	내용
임진왜란 전 위기 경고	- 삼포왜란 (1510년)
	- 사량진왜변 (1544년)
	- 을묘왜변(1555년), 병진왜변(1556년): **양응정** 전쟁대비책 발표
	- 손죽도왜변 (1587년) : **양산숙**. 전쟁대응 실책한 심암 처분 요청
	- 왜 사신 귤강광 방문(1588년) : **양산숙** 사신단 동태 정탐
전쟁 직전 통신사 보고	- 정사 황윤길: "전쟁이 있을 것"이라고 경고 - 부사 김성일: "전쟁은 없을 것"이라며 반대 주장 - 서장관 허성: 황윤길 의견 지지, "전쟁 가능성 높다"라고 경고
왜 사신 정보보고	- 오억령, 일본 사신이 "일본이 조선을 침략할 것이다"라고 알림
유성룡과 조선 조정 대응	- 좌의정 겸 이조판서 유성룡: 김성일의 주장 지지, 전쟁 경고 무시
	- 조정: 김성일의 주장에 기울어져 방비 강화 중지, 전쟁 대비 소홀
	- 유성룡은 오억령의 전쟁 경고를, 그를 인사 조치하는 것으로 대응함
결과	- 결국 임진왜란이 일어났고, - 조선은 아무 준비도 없이 무방비 상태로 전쟁을 맞이했다
사후 기록	- 유성룡의 징비록: 전쟁 경고를 무시한 자신의 실수를 빠뜨리고, - "내 잘못은 없고 모두 다른 사람 탓"으로 돌림. - 이로 인해 역사 왜곡에 대한 의문이 남음

이처럼 명확한 경고 앞에서도 아무런 대비 없이 맞이한 것이 바로 임진왜란이었다. 그런 가운데, 양산숙은 이 전쟁의 도래를 일찍이 간파하고 있었다. 양산숙은 1587년 손죽도에서 왜적이 침범했을 때는 형 양산룡과 함께 그 참상을 직접 목격하였고, 이어 1587년 일본 사신 귤강광(橘康廣, 다치바나 야스히로)이 조선에 왔을 때 사신단 행렬에 위장 잠입하여 그들의 동태를 은밀히 살폈다. 이런 일련의 사태

를 직면하고 심각성을 조정에 알렸다.

이후 그는 또 정부의 무책임한 대응을 통렬히 비판하는 상소를 올렸고, 1589년 12월에는 파당에 눈이 멀어 나라의 눈과 귀를 막는 유성룡 등을 간신배라 지목하며, 이들을 정면으로 겨냥하는 상소를 올렸다.

그는 삼향포를 오가며 장차 닥칠 침략에 대비해 준비를 갖추기 시작했다. 그렇다면 묻지 않을 수 없다. 정말 아무도 이 전쟁의 조짐을 몰랐던 것일까? 임진왜란은 예고된 참사였다. 양산숙조차 그 조짐을 미리 알고 대비했건만, 정작 조정은 무기력했고, 그 중심에는 국왕 선조의 최측근이자 당시 핵심 권력자였던 유성룡이 있었다. 그의 발언 하나하나가 임금의 판단을 좌우했고, 결과적으로 나라의 운명을 그르쳤다. 이 장면은 가주서(假注書)로서 사관 역할을 겸한 박동량의 『기재사초(寄齋史草)』에 생생히 기록되어 있다.

1590년, 통신사로 일본을 다녀온 정사 황윤길과 부사 김성일이 귀국한 뒤, 부산에서 작성한 외교문서(書契)가 조정에 도달했다. 그날 마침 저녁 강독이 있던 석강(夕講)이 열리던 참이라, 선조는 직접 문서를 열람한 뒤 이를 신하들에게 보여주며 의견을 묻는다.[44]

황윤길은 단호히 말했다.

"그 사장(事狀)을 보면, 틀림없이 침범할 것입니다."[45]

김성일은 이를 정면으로 반박했다.

"수길(도요토미 히데요시)은 위엄이라곤 없으며, 어린아이를 데리고 다니며

---

44) 박동량 『기재사초』
45) 위아 같음

행동도 기이했습니다. 신이 보기에는 다만 한 광포한 인간에 불과합니다. 그가 한 말은 진심이라 보기 어렵고, 설령 진심이라 해도 계략도 없고 용기도 없는 자이니, 걱정할 필요 없습니다."[46]

당파에 따라 의견은 갈렸다. 서장관 허성은 동인이었지만, 황윤길의 말을 더 신뢰[47]하며 말했다.

"왜적이 반드시 침범할 것입니다."[48]

임금은 의견이 엇갈리자 혼란스러워했다.

"어찌 세 사람의 말이 이토록 다르단 말인가?"[49]

바로 이때, 유성룡이 결정적인 말을 한다.

"설령 침범이 있다 하더라도 그 기세를 보건대 두려울 것이 없어 보입니다. 하물며 그 외교문서의 언사도 단지 위협용일 뿐입니다."[50]

결국 유성룡은 김성일의 주장을 두둔하며 조정 내 '전쟁은 없다'는 안일한 판단을 주도했다. 그 결과는 참혹한 전쟁과 무방비한 초토화였다. 허성은 동인이었음에도 당파적 입장을 버리고 왜의 침략 가능성을 분명히 경고했다. 그는 나중에 "각 성에 남아 있던 군졸은 모두 지쳐 있었으며, 이는 평성(平城)의 전술과 흡사했다"고 말했다.[51]

---

46) 박동량 『기재사초』
47) 위와 같음
48) 김기빈(金圻彬), 『한국고전번역원』, 1998
49) 박동량 『기재사초』
50) 위와 같음
51) 박동량 『기재사초』

조정 내에서도 그의 의견은 "당쟁을 넘은 올곧은 충언"이라 높이 평가되었다.[52] 황윤길의 편에 섰던 이들은 허성뿐이 아니었다. 황윤길과 함께 일본에 다녀온 황진 역시 "왜적의 침입은 확실하다"[53]며 강력히 대비를 주장했다. 황진은 "김성일을 처벌하고 즉시 방어책을 마련해야 한다"고 상소까지 준비했으나, 주위에서 "큰 화를 입을 수 있다"는 만류로 뜻을 이루지 못했다.[54] 장유가 지은 황진의 묘비에도 다음과 같이 기록되어 있다.

"황공은 일본에서 적이 반드시 전쟁을 일으킬 기미를 보이자, 가져간 경비를 아껴 값비싼 검 두 자루를 사며 말했다. '머지않아 왜적이 올 것이다. 이 칼을 쓰게 될 날이 올 것이다.'"[55]

그렇다면 왜, 이처럼 명백한 경고들이 묵살되었는가? 답은 하나다. 유성룡이 '전쟁은 없다'는 김성일의 판단에 편승하여, 임금을 안심시켰고, 조정은 그 말을 기준으로 대비를 전면 중단했다. 그 결과가 임진왜란이다. 그 고통을 고스란히 짊어진 건 무방비한 백성들이었다. 김성일이 "전쟁은 없을 것"이라 보고한 직후, 정반대의 경고가 있었다. 바로 당시 한양에 와 있던 일본 사신 현소(玄蘇, 겐소)[56]를 통해서였다. 조선 조정은 그를 맞이할 선위사[57]로 홍문관 전한[58] 오억령을 임명하였다. 오억령은 일본 사절단을 접대하던 중, 현소로부

---

52) 신경 「재조번방지」 재조번방지 1(再造藩邦志 一)
53) 조익 「포저집」 浦渚先生集卷之三十五 / 行狀 三首　忠淸道兵馬節度使黃公行狀
54) 위와 같음
55) 장유 「계곡집」 谿谷先生集卷之十四 / 碑銘 八首　折衝將軍. 守忠淸道兵馬節度使. 贈崇祿大夫. 議政府左贊成兼判義禁府事黃公墓碑銘 幷序
56) 현소(玄蘇, 景轍玄蘇, 게이테쓰 겐소 1537-1611)는 조선에 일본의 사신으로 온 인물이다. 아즈치모모야마 시대부터 에도 시대 초기에 살았던 임제종(臨濟宗)의 승려이다. 조선에서는 보통 현소, 또는 겐소(玄蘇)라는 이름으로 알려져 있다.
57) 선위사(宣慰使)는 외국 사신을 영접하는 일을 맡아보던 직이다. 종3품이었던 오억령이 현소의 선위사로 뽑힌 것이다.
58) 홍문관 전한(典翰)은 종3품 관직이다. 전한은 왕의 명령이나 글을 대신 짓는 역할과 경연관의 역할이 중요했다.

터 충격적인 말을 전해 듣는다.

내년, 일본이 대군을 일으켜 조선의 길을 빌려 명나라를 칠 것입니다."⁵⁹⁾

이는 곧 일본이 조선을 침공할 것이라는 명백한 암시였다. 오억령은 이 발언의 중대함을 인식하고, 1591년 3월 1일 즉시 조정에 보고한다.⁶⁰⁾

"왜적이 반드시 침입할 것입니다."

이 보고는 《오억령의 연보》⁶¹⁾와 『재조번방지(再造藩邦志)』에도 기록되어 있다.

"오억령은 왜 사신 현소로부터 '내년 일본이 조선을 침공할 것'이라는 소식을 듣고 즉시 보고했으나, 당시 조정을 장악하고 있던 실세들은 오히려 '그럴 리 없다'며 이를 일축하고, 이러한 말을 전한 자들을 처벌하였다. '쓸데없는 소란을 일으켰다'는 이유에서였다."⁶²⁾

이 보고는 조선 조정에게 불편한 진실이었다. 김성일이 "전쟁은 없다"고 단정하고, 그의 동문이자 임금의 최측근이던 유성룡이 이를 두둔하던 시점이었기 때문이다. 결국 조정은 오억령의 경고를 '해괴한 소리'로 치부하며, 그를 곧바로 파직시킨다.⁶³⁾

"오억령의 보고가 도착하자 조정은 오히려 크게 화냈고, '왜적이 침입할 것'이라는 그의 발언이 조정의 공식 입장과 어긋난다는 이유로 파직을 단행했다."⁶⁴⁾

---

59) 이긍익, 『연려실기술』, 연려실기술 제15권 / 선조조 고사본말(宣祖朝故事本末) 임진왜란 임금의 행차가 서도(西道)로 파천(播遷)가다
60) 『선조수정실록』, 선조(수정실록) 24년 신묘(1591, 만력) 3월 1일(정유) 홍문 전한 오억령을 선위사로 삼아 현소 등을 빈접하게 하다
61) 吳億齡 『晩翠集』 晩翠集年譜 晩翠先生年譜 [吳億齡]
62) 신경 『재조번방지』 재조번방지 1 (再造藩邦志 一)
63) 위와 같음
64) 위와 같음

1591년 임진왜란 전, 오억령의 경고를 묵살한 유성룡의 이조《오억령의 연보》

1591년 봄, 오억령은 홍문관 전한으로 선위사에 파견되었다. 일본 사신 현소가 "조선을 거쳐 명나라를 치겠다"고 위협하자, 그는 즉시 조정에 "왜란이 임박했다"고 보고했다. 그러나 당시 좌의정 겸 이조판서였던 유성룡의 이조는 이를 생트집이라며 오억령을 해직시키고, 전쟁 조짐을 외면했다. 이후 오억령은 복직과 파직을 반복하다가 겨울에 성균관 사성으로 다시 기용되어 진상사로 북경을 다녀왔다. 1592년 귀국길에 조선은 이미 전란에 휩싸였고, 선조는 의주로 피난한 상태였다.

    주목해야 할 점은, 이 파직 인사가 유성룡이 수장으로 있던 이조의 주도로 이루어졌다[65]는 사실이다.
    당시 유성룡은 좌의정에다가 이조판서 겸직으로 인사권과 인사

---

65) 『재조번방지』, 재조번방지 1 오억령의 계(啓)가 이른 것을 듣고 조정 의논이 크게 놀라고 또 노하여 곧 오억령의 체직(遞職)을 상주했다. 오억령이 조정으로 돌아와서는 일본 사신과 문답한 일기를 바치면서 왜병이 반드시 움직일 형세라고 극언하였으나, 시의(時議)에 크게 거슬렸으므로 이조(吏曹)에서는 질정관(質正官)으로 삼아 물리쳐버리니, 사람들이 모두 애석히 여겼다.

결정권을 쥐고 있었고, 결국 임진왜란 직전의 결정적 경고를 유성룡 스스로 묵살한 셈이었다.

그 시기 조선 조정에는 유성룡을 견제할 세력이 존재하지 않았다. 황윤길의 단호한 경고도, 허성과 황진의 반론도, 오억령의 보고조차도 힘을 얻지 못했다. 서인은 이미 정계에서 밀려나 있었고, 송강 정철 역시 세자 책봉을 둘러싼 건저 사건으로 실각한 상태였다.

유성룡과 이산해가 정국을 장악한 그 시기, 조선은 점점 다가오는 전쟁의 그림자를 의도적으로 외면하고 있었던 것이다. 이러한 조선 조정의 분위기를 일본 측 사신들도 명확히 인지하고 있었다.

일본 사신 평의지(平義智)와 현소(玄蘇)는 임무를 마친 뒤, 자신들이 머물렀던 동평관(東平館) 벽에 다음과 같은 시 한 수를 남기고 돌아갔다.[66]

蟬噪忘螳捕	매미는 시끄럽게 울지만, 사마귀가 덮칠 줄 모르고,
魚游喜鷺眠	물고기는 한가로이 헤엄치지만, 해오라기가 노리는 줄 모른다.
比地知何地	이 땅이 누구의 것이 될지는 알 수 없으니,
他年重開筵	훗날 다시 연회를 열 수 있을지 의문이다

겉으로 보기엔 자연을 묘사한 이 시는, 실은 조선과 일본 사이의 긴장된 정세를 날카롭게 풍자한 작품이다. 조선이 위기를 인식하지 못한 채 안일한 태도를 보이고 있음을 경고한 것이다. 일본은 이미 전쟁을 준비하고 있었지만, 조선은 여전히 아무런 대비도 하지 않은 채 한가롭기만 했다. 매미와 물고기는 조선을, 사마귀와 해오라기는 일본을 상징한다. 일본은 조선의 안이함을 비웃고, 결국 이 땅이 누

---

66) 조경남, 『난중잡록』, 난중잡록 1(亂中雜錄一) 신묘년 만력 19년, 선조 24년(1591년)

구의 손에 들어갈지를 묻고 있다.

선위사 오억령에 대한 문책 인사는, 유성룡이 임박한 전쟁의 경고를 묵살하고 조짐을 방치한 결정적 증거였다. 이는 단순한 개인의 실수가 아니라, 조직적 무시였다. 당시 조정에서는 일본의 침략 조짐을 명나라에 보고할 것인가를 두고 큰 논쟁이 벌어졌다.

그해 가을, 일본에서 보내온 외교 문서는 극도로 무례하고 오만한 내용이었고, 선조는 이를 명나라에 알릴지를 두고 신하들과 회의를 소집했다. 사관 박동량은 그 논의 과정을 『기재사초』에 그대로 기록하고 있다.[67]

서인계 대사헌 윤두수는 "반드시 명나라에 보고해야 한다"고 주장했지만, 유성룡은 이를 강하게 반대했다.[68]

"아직 실상이 불분명한데 성급히 보고하면 국경을 혼란케 하고, 오히려 일본의 의심을 자극해 더 큰 위기를 부를 수 있다. 조선과 명나라 모두에 해가 될 뿐이다."[69]

결국 조정은 결론을 내리지 못한 채 회의만 반복하다 날을 넘겼다. 박동량은 그날을 이렇게 적었다.

"조정 신하들은 서로 눈치를 보며 결단하지 못했고, 의견이 갈린 채 결론 없이 회의는 끝났다."[70]

그러나 전쟁이 발발한 뒤, 유성룡은 사실을 왜곡한다. 그는 자신의 저서에서 "나는 밤낮으로 왜적을 걱정했고, 김성일은 방심을 불러일

---

67) 신익성, 『낙전당집(樂全堂集)』, 樂全堂集卷之十四 / 行狀 錦溪君朴公東亮行狀
68) 위와 같음
69) 박동량, 『기재사초 상』 신묘사초
70) 신익성, 『낙전당집(樂全堂集)』, 樂全堂集卷之十四 / 行狀 錦溪君朴公東亮行狀

으켰다"고 적었으며, 중국에 보고하는 문제에 대해서도 "나는 보고하자 했지만, 영의정 이산해가 반대했다"[71]고 주장한다. 하지만 이는 명백한 거짓이다. 박동량의 『기재사초』는 이를 정확히 부정한다.

"그때 윤두수, 황정욱 등은 반드시 보고하자고 주장했으나, 유성룡 이하 일행은 보고하지 말자는 쪽이었다."[72]

즉, 유성룡은 전쟁의 조짐을 외면했고, 그 책임을 기록으로부터 지워버렸다. 그는 자신의 실책을 감추고, 죽은 자들에게 책임을 돌렸으며, 《징비록》이라는 책을 통해 스스로를 조용히 미화했다. 《징비록》은 단순한 반성문이 아니다. 유성룡의 자기 변명서이자, 책임 회피를 위한 기록 조작물이다. 윤근수는 《징비록》을 두고 이렇게 비판했다.

"서애(유성룡)는 임진년에 있었던 일을 기록하면서도 공정하지 않았다. 모든 잘된 일은 자신의 공으로 돌려버렸다."[73]

유성룡은 전쟁을 막지 못한 장본인이었지만, 그는 기록을 통해 조용히 영웅으로 탈바꿈했다. 그리고 후대는 그의 기록을 교훈이라 착각하며 읽어왔다. 이제는 그 가면을 벗겨야 할 때다.

---

71) 유성룡, 「서애집」 西厓先生年譜卷之一 [年譜] 先生謂當卽具由奏聞, 首相李山海以爲皇朝若以交通倭國罪我規則無說, 不如諱之
72) 박동량, 「기재사초 상」 신묘사초 時尹斗壽黃廷彧等 以爲不可不奏 柳成龍以下 以爲不必奏
73) 이긍익, 「연려실기술」 제15권 선조조 고사본말 임진왜란 임금의 행차가 서도(西道)로 파천(播遷)가다

1555 위기의 시대, 양산숙이 전쟁을 대비한 이유

양응정의 『송천문집』

양산숙은 일본의 침략을 미리 예견하고 이에 철저히 대비해온 인물이다. 그는 선견지명(先見之明)을 지녔고, 유비무환(有備無患)의 정신으로 실질적인 준비를 해나갔다. 이러한 준비의 뿌리에는 '의병의 선구자'로 불리는 그의 아버지 송천 양응정(松川 梁應鼎, 1519-1581)[74]의 깊은 영향이 있었다.

송천 양응정은 임진왜란이 일어나기 11년 전인 1581년 9월 12일에 세상을 떠났지만, 그의 통찰력은 그보다 훨씬 앞서 일본의 침략 가능성을 경고하고 있었다. 특히 1555년, 임진왜란 발발 37년 전에 일어난 '을묘왜변'[75]을 통해 그는 전쟁의 실상을 직접 경험했고,

---

74) 양응정(梁應鼎, 1519-1581)으로, 본관은 제주(濟州)이고, 자는 공섭(公燮)이며, 호는 송천이다. 1540년(중종35)에 생원시에서 장원으로 입격하고, 1552년(명종7) 식년 문과에 을과로 급제하여 검열(檢閱)이 되고, 1556년 중시 문과에 장원으로 급제하여 호당(湖堂)에 들어갔으며, 이후 공조 참판, 경주부윤 등을 지냈다. 을묘왜변 때 종형 양달사 달사 형제에게 편지를 써 의병으로 출장할 것을 요청했고, 그 뒤 장차 있을 왜침에 대비해야 한다고 주장했다. 시문(詩文)에 능하여 선조 때 팔문장의 한 사람으로 뽑혔으며 효행으로 정문이 세워졌다. 저서로는 《송천집》, 《용성창수록(龍城唱酬錄)》 등이 있다.

75) 을묘왜변(乙卯倭變)은 조선 명종 10년(1555년), 왜선 70여 척이 달량성(지금의 해남)에 침략하여 1555년 6월 9일(음력 5월 11일)부터 7월 25일(음력 6월 27일)까지 현 전라남도에 있던 해남 영암 진도 장흥 등 여러 군현을 유린하고 제주도를 약탈거점으로

다가올 전쟁에 대비한 체계적 전략 구상을 시작했다.

을묘왜변은 명종 10년(1555) 5월 16일, 전라도 관찰사 김주(金澍)가 호남 달량포(현 해남 남창)에 왜선 70여 척이 침입했다는 급보를 조정에 전하면서 시작되었다. 조선 수군과 방어선은 무너졌고, 왜구는 성을 함락하고 장수를 죽이며 마을을 불태우는 참화를 일으켰다. 바로 이때, 눈에 띄는 인물이 있었다. 양산숙의 아버지 양응정이었다. 그는 이미 이 시점에서 일본의 침략 의도를 정확히 간파하고 있었고, 전쟁이 끝난 다음 해인 1556년에는 중시(重試)에 응시하여 장원으로 급제하며 조선의 대외 위기를 진단하고, 이를 돌파하기 위한 국방 전략을 제시했다. 이것이 바로 남북제승대책(南北制勝對策), 즉 일본과 여진 양면의 위협에 대응하는 실전 중심의 전략 구상이었다.

이 전략은 단순한 경고가 아니라, 전쟁의 본질을 꿰뚫고 체계적인 대비를 요구한 '정책서이자 실천서'였다. 또한 을묘왜변 당시 그는 자신의 종형인 양달수 · 양달사 형제에게 직접 의병을 일으킬 것을 촉구하며[76] 행동에 나섰다. 학문과 충절, 실천을 결합한 그의 자세는 이후 아들 양산숙을 비롯한 수많은 의병들에게 길을 열어주는 등불이 되었다.

答宗兄參奉 達洙 書 乙卯 [77]

【海寇之變, 一至此哉. 靈海爲直衝要害之地. 而昇平日久, 民不知兵, 倉卒間罔知所措. 以若伯仲季之賢, 辦得一死之義, 則凡有血氣者, 亦爲之先後. 豈勝欽歎. 朝廷之遣將討平, 恬嬉持久, 則虜酋之肆行, 恐難防禦. 豈以衰麻在身. 經

삼고자 공격한 사건이다.
76) 양응정, 「송천집 권4」, 송천집 권4」, 종형인 참봉 달수에게 답하다[答宗兄參奉達洙 書 乙卯]
77) 위와 같음

權於其間哉. 起復之義, 想已講磨於平昔. 而忠孝一致, 夫孰曰不可. 愚見如此.
幸須不留晷刻, 一振義旅, 以慰士林之望云云.】

을묘년에, 양응정이 참봉 양달수 종형께 답(答)합니다[78]

"이번에 왜구의 변란이 어찌 이곳까지 미쳤는지요. 영암 해안(지금의 해남 달량성)는 중요한 요충지인데, 오랜 평화 속에서 백성들은 전쟁을 알지 못하였고, 갑작스러운 사태에 어떻게 대처할지 몰라 당황하고 있습니다. 형님과 같은 지혜롭고 의로운 분이 죽음을 각오하고 의병을 일으켜준다면, 그 모습을 본 다른 이들도 앞다투어 따를 것입니다. 이 얼마나 감탄스러운 일이겠습니까.

조정에서는 장수를 파견하여 이 변란을 진압하려 하지만, 시간이 걸리고, 또 느긋한 태도로 임할 것입니다. 그렇게 되면 적의 수장이 행패 부리는 것을 막기가 어려울까 두렵습니다. 비록 형님께서 부모님의 상(喪)중에 계시지만, 이 위급한 상황에서 의병을 일으키는 것이 옳다고 여겨집니다. 부모의 상중에는 아무 일도 할 수 없는 처지임을 잘 알고 있으나, 충성과 효가 하나로 일치하는 이치로 본다면, 어찌 불가하다고 하겠습니까? 저의 어리석은 생각으로 그렇습니다. 부디 시간을 지체하지 마시고 의병을 일으켜 지역을 지키고, 사림(士林)의 기대에 부응해주시기를 간절히 바랍니다."

송천 양응정의 제자 백광성의 아버지인 부장공(部將公) 백세례(白世禮)도 의병길에 나서 달량성 전투에서 전사한다. 이때 백광성은 남원에 있었는데, 밤낮없이 달려가 전장에 도착했으나 아버지의

---

78) 양응정, 「송천집 권4」, 송천집 권4, 종형인 참봉 달수에게 답하다[答宗兄參奉達洙 書 乙卯]

시신을 찾지 못하고 슬픔에 기절하였다가 깨어난다. 그는 화살을 맞고 돌아와 아버지의 남은 옷가지를 수습하여 장례를 치렀다.[79)]

제자 백광훈과 최경창에게는 직접 전장의 참상을 보도록 권했다. 이들 두 제자는 전장에 서서 그 참상을 알린 종군시[80)]를 썼다. 백광훈의 달량행(達梁行)과 최경창의 을묘난 후(乙卯亂後)다.

달량행(達梁行)[81)]

達梁城頭日欲暮	달량진 첫 들머리에 이르러 해는 지려 하고 있다
達梁城外潮聲咽	달량진 너머에서 파도가 목이 메어 소리친다!
平沙浩浩不見人	넓은 모래사장에 사람 모습 보이지 않고
古道唯逢纏草骨	묵은 길에서 만나는 것은 오직 얽힌 병사의 시체들
身經亂離心久死	몸은 난리를 겪고 심장이 떨어졌으니 죽은 지 오래다
慘目如今那更說	처참한 지금 모습을 어떻게 다시 설명한단 말인가?
當年獠虜敢不恭	그 당시 왜구의 포로가 되면 얼마나 불경스러운 일인가?
絶徼孤城勢一髮	순찰조차 끊겨버린 외딴 성은 방위력이 머리털 한 올이라
將軍計下自作圍	장군의 작전 아래 스스로 방위를 하려 했는데
士卒不戰魂已奪	병사들은 싸우지도 않고 혼이 나간 상태이니
達嶼峯前陣如雲	달량진 앞섬이 오히려 구름처럼 진세를 펼쳤구나
洪海原頭救來絶	넓은 바다의 언저리 원군의 희망이 끊기고
天長地闊兩茫茫	높은 하늘과 넓은 땅 양쪽 다 망망하니
解甲投衣生死決	갑옷을 벗어 던지고 생사를 결단하였구나
哀汝誰非父母身	애달프다. 그대들 부모에게 물려받은 몸이 아니던가?
無辜同爲白刃血	일심동체의 단결이 없으니 시퍼런 칼날에 피 흐르고

79) 노상직,「소눌집(小訥集)」, 小訥先生文集卷之四十二 / 墓表　東溪白公墓表
80) 달량행(達梁行), 백광훈,「옥봉집」, 玉峯詩集下 / 詩　七言古詩　　乙卯亂後 少時作 최경창,「고죽유집」, 고죽집서
81) 백광훈,「옥봉집」, 玉峯詩集下 / 詩　七言古詩

烏鳶銜飛狐狸偸	까마귀 솔개는 살을 물고 날고 여우와 살쾡이는 시체를 훔친다
家室來收頭足別	각 집 안에서 찾아와 팔다리 나간 시체를 수습하고
山川索莫草樹悲	산천은 황폐하여 스산하고 초목은 슬픔에 젖었다
境落蕭條灰燼滅	지역이 쑥대밭이 되고 온통 잿더미가 되었다
遂令兇醜入無人	끝내 흉악한 도적을 들였으니 백성들 사라지고
列鎭相望竟瓦裂	벌려있는 진지들 부서져 깨진 기왓장만 바라보다
羯鼓朝驚鎭南雲	왜적의 아침 북소리에 달량진 남쪽 구름이 깜짝 놀라고
腥塵夜暗茅山月	왜적의 밤 먼지에 초가와 산을 비추던 달이 어두워진다
妻孥相失老弱顚	처와 자식들 서로를 잃고 노인과 어린애는 내버려 졌다
草伏林投信虎穴	백성들이 숲속에 엎드리고 차라리 호랑이 굴에 숨는구나!
迂儒攬古泣書史	세상 물정 어두운 선비는 옛글을 붙들고 역사서 들추며 울다가
不意身親見此日	뜻밖에도 이 몸뚱이가 직접 이날을 눈으로 똑똑히 보고
流離唯日望官軍	정처 없이 떠돌며 오직 날마다 관군 오기만을 기다렸으니
彼葛虆丘何誕節	저 언덕의 칡덩굴 마디마디 기다림에 그렇게 늘어졌기로
聞說長安遣帥初	서울에선 이제야 장수를 파견한다는 말이 들리니
玉旒親推餞雙闕	병마사께선 이쪽저쪽 궁궐 옮겨 다니며 전별 인사하겠구나
天語哀痛皆耳聞	하늘도 애통의 말을 내뱉는데 귀 있는 자 모두 들어라
臣子何心軀命恤	신하된 자들이여, 어찌 너희 몸만 생각하고 목숨만 걱정하느냐?
錦城千羣竟無爲	나주 땅 천명의 목숨이 꼼짝없이 끝장났다
朗州一戰難補失	영암의 한번 전투로 잃은 목숨과 식량을 어찌 보충할까?
月出山高九湖深	월출산은 높고 구호는 깊다
水渴山摧恥能雪	물을 말리고 산을 깎아 이 치욕을 씻어내야 하리니
至今海天風雨時	지금의 바다엔 바람과 비가 때맞추어 내리고 있다
鬼哭猶疑初戰伐	귀신도 곡하며 이런 초전박살에 오히려 의심스러워한다
爲吟此辭酹煩冤	이 시를 읊는 것은 번뇌와 원통함을 제사 지내려 함이다

1555년 을묘왜변 당시 송천 양응정의 의병 창의 활동 및 전개

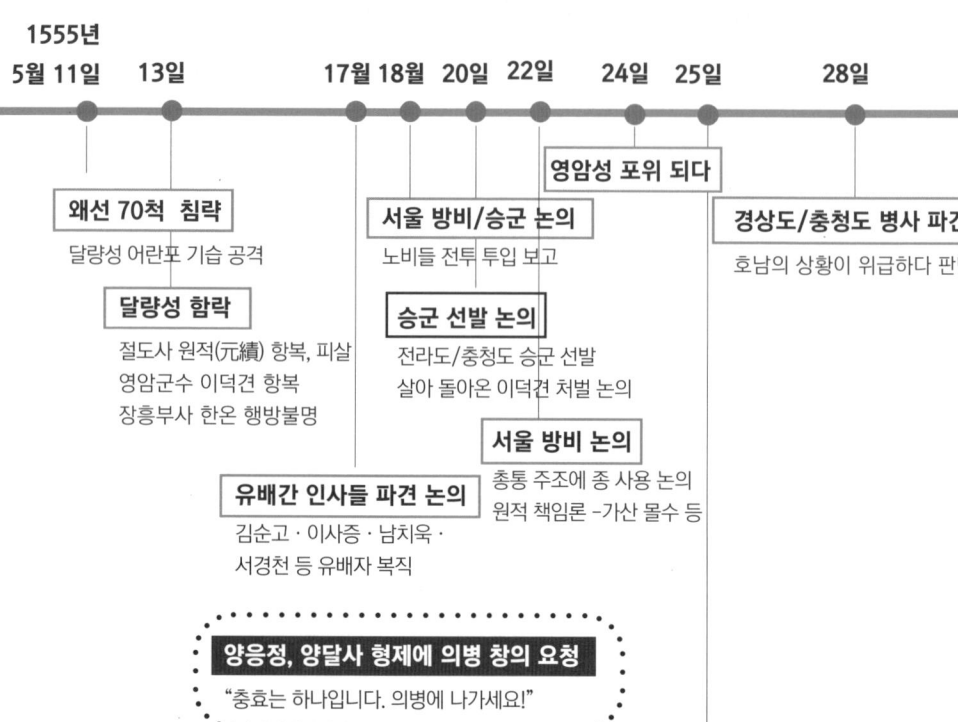

1555년 을묘왜변 의병, 송천 양응정 네트워크 활동

송천 양응정

종형/학포 동문	제자 부친	제자	제자
양달수	**백세례**	**백광훈**	**최경창**
양달사	의병장	종군 시	종군 시
창의 의병장	제자 '백광성' 부친	'달량행(達梁行)'	'을묘난 후(乙卯亂後)'

문인 네트워크

송천 **양응정** (1519-1581)

- 송정 **김경추** (1520-1612)
- 청련 **이후백** (1520-1578)
- 죽곡 **이장영** (1521-1589)
- 죽천 **박광전** (1526-1597)
- 관찰사 **홍 연** (1526-1586)
- 동계 **백광성** (1527-1593)
- 삼천 **최경운** (1527-1597)
- 풍잠 **백광안** (1527-1567)
- 죽계 **최경장** (1529-1601)
- 삼계 **최경회** (1532-1593)
- 제봉 **고경명** (1533-1592)
- 송강 **정 철** (1536-1593)
- 옥봉 **백광훈** (1537-1582)
- 건재 **김천일** (1537-1593)
- 고죽 **최경창** (1539-1583)
- 남문창의의병 **김경남** (1542-1593)
- 충장공 **정 운** (1543-1592)
- 남문창의의병 **김경수** (1543-1621)
- 서석 **김언욱** (1545-1596)
- 충장공 **신 립** (1546-1592)
- 호의의곡장 **김덕우** (1548-1633)
- 해광 **송제민** (1549-1602)
- 독곡 **정명세** (1550-1593)
- 희건 **김광운** (? -1593)
- 명우 **양산욱** (1551-1604)
- 우상 **양산룡** (1552-1597)
- 하경 **이경남** (1554-1597)
- 풍암 **백광언** (1554-1592)
- 청계 **김응회** (1555-1597)
- 오봉 **정사제** (1556-1594)
- 충민공 **양산숙** (1561-1593)
- 습정 **임 환** (1561-1608)

征南舊將面應熱　　부디 왜를 정벌해 이 전쟁의 장군들 얼굴이 붉어지게 하시오

〈달량행〉은 을묘왜변 당시 달량성에서 백광훈 자신이 경험한 전쟁의 참혹함을 사실적으로 묘사한 작품이다.[82] 백광훈은 이 시를 쓰기 두 해 전에, 송천 양응정의 제자가 되었다.

1553년, 백광훈이 열일곱 살 되던 해였다. 그는 장형인 평사공 백광홍을 따라 한양에 올라갔다. 당시 송천 양응정은 시강원 설서로서 왕세자궁에 머무르고 있었고, 백광훈은 그 문하에 나아가 가르침을 받았다. 그는 스승의 학문을 깊이 우러르며 진심으로 사모하였다.[83]

최경창은 젊은 시절 옥봉 백광훈과 함께 유학하며 교유하였고, 나란히 송천 양응정의 문하에서 학문을 닦았다.[84]

백광훈은 이 시에서 조정과 대신들을 향해 "귀 있는 자는 모두 들어라! 어찌 너희는 몸만 생각하고 목숨만 걱정하느냐?"라고 외치며 분노를 표현했다. 그는 이 전쟁을 겪으며 절망했고, 조정의 무책임한 대응에 깊은 실망을 느꼈다. 특히 백광훈은 "서울에서 이제야 장수를 파견한다는 소문이 들리니, 병마사는 궁궐을 오가며 전별 인사나 하겠구나"라며, 당시 조정의 안일한 태도를 신랄하게 비판했다. 이는 송천 양응정이 서울에 의존하지 말고, 즉각 의병을 일으켜 백성을 구해야 한다고 강조했던 이유를 잘 보여준다.[85]

조정에서는 장수를 파견하여 이 변란을 진압하려 하지만, 시간이 걸리고,

---

82) 안정(安柾), 『옥봉집(玉峯集)』 편찬 및 간행』, 한국고전번역원, 1998
83) 백광훈, 『옥봉집』, 玉峯別集 玉峯集後序三之下 / 附錄 年譜世遺之故,事實未能十之一二,○延安李喜朝修正
84) 최경창, 『고죽유집』, 孤竹詩集後叙 / [叙] 孤竹詩集後叙[朴世采]
85) 양성현, 『다시보는 임진왜란』, 책공장 p61-62

또 느긋한 태도로 임할 것입니다(朝廷之遣將討平, 恬嬉持久)[86]

제자인 최경창도 전쟁의 참혹함을 시로 쓴다. 〈을묘난 후, 소시작(乙卯亂後 小時作)〉이라는 시다. 그는 "전사한 병사들의 유골이 널려 있다"고 절규했다.[87]

乙卯亂後 少時作[88] 을묘년의 난 후, 젊었을 때 지은 시
漢將孤神筭 한나라 장수는 홀로 신묘한 계략을 세웠고,
邉城戰骨荒 변방의 성에는 전사한 병사들의 유골이 널려 있네.
羽書飛不息 긴급한 군사 소식은 끊임없이 날아들고,
日夕到昭陽 아침저녁으로 소양(昭陽; 궁궐·도성)에 도착하네.

이 시는 최경창이 17세 때 지은 것으로, 송천 양응정의 문하에 들어간 지 2년 만에 겪은 전장의 참상을 담고 있다. 당시 그는 고향인 영암에서 일어난 을묘왜변에 참전해 왜구와 맞닥뜨렸다. 전해지는 이야기로는, 최경창이 퉁소를 애절하게 불어 왜적의 향수를 자극했고, 그로 인해 적진의 분위기를 뒤흔들었다고 한다.

그는 뛰어난 문장가였을 뿐만 아니라 무예에도 능해, 당대 최고의 궁사로 손꼽히는 최경회와 함께 이름을 떨쳤다. 두 사람 모두 송천 양응정의 제자였다. 특히 최경창의 활 솜씨에 놀란 적들이 도망쳤다는 일화도 전해지며, 그의 무관 경력도 주목할 만하다. 이후 그는 북해평사로 함경도 경성에 부임하였고, 이어 국방 요충지였던 함경도

---

86) 양응정, 『송천집』, 송천집 권4, 종형인 참봉 달수에게 답하다[答宗兄參奉達洙 書 乙卯]
87) 양성현, 『다시보는 임진왜란』, 책공장 p61-62
88) 최경창, 『고죽유집』, 고죽집서

조선 국방 개혁정책의 영향 : 송천 양응정 → 율곡 이이로 맥(脈)		
항목	송천 양응정 (1556)	율곡 이이 (1583)
배경	왜구 · 오랑캐 양면 위협	이탕개의 난 후 북방 위기
핵심 주장	국경 백성을 살려 병사로 삼자	십만 양병 미리 준비하자
정책 방식	세금 감면 + 병역 의무	서얼허통 · 면천 + 훈련도감
국방 철학	양민이 양병의 기초	양민이 양병의 기초

사(咸鏡都事)에 임명되었다. 이는 그의 문무를 겸비한 역량과 송천 문하에서 익힌 실전 감각이 국방 인재로서 자질을 인정받았음을 보여준다.[89] 양응정은 학문은 현실과 실천에 뿌리내려야 한다고 믿었다.

1555년 을묘왜변 직후, 조정은 그 충격 속에서 국방을 주제로 한 중시(重試)를 시행했다. 중시는 이미 과거에 급제한 관료들이 치르는 고급 과거 시험으로, 10년에 한 번 열리는 국가적 중대 시험이었다. 이 시험에서 송천 양응정은 장원에 올랐고, 그의 策答은 당대 기준으로도 탁월한 국방 전략의 청사진이었다.

송천 양응정이 제시한 조선 국방의 핵심 해법은 네 가지로 요약된다. ▲양민(養民)을 통한 양병(養兵), ▲병권의 일원화, ▲수군 강화, ▲유능한 인재의 등용이다.

우선 그는 국방의 출발점을 백성에게 두었다. 배불리 먹고 생업에 전념할 수 있는 백성이 있어야 강한 군대도 가능하다는 것이다. 즉, '양민이 곧 양병', 민생이 튼튼해야 국방도 튼튼하다는 신념이 그의 핵심이었다.

---

[89] 양성현, 『다시보는 임진왜란』, 책공장 p62

조선 국방 개혁의 두 축 : 설계자 송천 양응정 vs 실천가 율곡 이이		
구분	송천 양응정 (1556년 중시 策文)	율곡 이이 (1583년 만언봉사)
시기	1556년 (명종 11년)	1583년 (선조 16년)
문서 유형	중시 시험 策答	국왕에게 올린 상소문

국방 핵심 철학	"양병養兵은 양민養民에서 비롯된다"
	→병사와 말에게 양식을 충분히,
	  백성은 생업 안정
		"養兵以養民爲本(양병은 이양민위본)"
		→군대를 기르는 것은
		  백성을 기르는 것을 근본으로 한다

병제 개혁 방향	병권 일원화(兵權歸一), 병조 중심 통솔	중앙 상비군 + 지방 속오군 병행체제
민생 기반 강조	"士馬飽氣, 邊民樂業" →국방은 민생 위에서 가능	양전(量田)과 수미법(收米法)을 통한 군량 기반 마련
지방 방비 제안	육진 기준으로 호남·해안지역 방어 정비	속오법(束伍法)
인사 제도	유능한 장수 선발이 핵심 →宗諸養之人才, 豈可以不得如此之人?	인재 등용, 엄격한 감찰 →무장·지방 수령 부패 척결
제도 폐지 주장	備邊司 폐지 → 병권을 병조로 일원화	비변사에 비판적이지는 않지만 병제 효율 강조
리더십 철학	전쟁을 막는 힘은 국왕의 결단과 긴장감 →殿下無怠無荒, 而使此心溫勵	군주의 근본 책임 강조 →군정, 재정, 인사 전반 개혁 촉구

국경 지역 백성의 생계를 안정시켜 양민을 통한 양병을 실현하자는 구상은, 율곡 이이의 십만양병설과 송천 양응정의 국방정책에 공통된 핵심이다. 율곡의 군정 개혁안은 송천이 제시한 남북제승 대책에서 사상적 영향을 받은 것으로 보인다. 양응정이 조선 국방 개혁의 기초를 설계한 인물이라면, 율곡은 그 설계 위에 제도적 건축물을 세우려 한 실천가였다.

둘째, 그는 군사 지휘 체계를 병조로 일원화해야 한다고 강조했다. 병권이 여러 기관에 나뉘면 명령 체계에 혼란이 생기고, 이는 전쟁에서 치명적인 약점으로 작용한다는 판단이었다.

셋째, 그는 수군 강화와 해전 대비의 중요성을 역설했다. 왜구에 맞서기 위해서는 해상에서 승리할 수 있는 능력을 갖춰야 하며, 함선을 제작하고 수군을 체계적으로 훈련해야 한다고 보았다.

마지막으로, 그는 유능한 장수의 등용이 국방의 열쇠라고 보았다. 인재를 제대로 쓰지 못하면 방어선은 무너지고, 국가 전체가 위기에 빠질 수 있다는 경고였다.

이러한 구상은 17년 뒤 율곡 이이가 제시한 '십만양병설'로 이어진다.

 송천과 율곡은 공통적으로 "양병의 출발은 양민"임을 강조했으며, 이는 훗날 임진왜란과 같은 대규모 전쟁을 경고한 선견지명이었다. 그러나 조선 조정은 이를 방기하거나 외면했다.

 임진왜란이 발발하기 36년 전, 양응정은 이미 전쟁의 본질을 꿰뚫어 보고 있었지만, 그의 경고는 묵살되었다.

 이후 그의 아들 양산숙 또한 "머지않아 전란이 있을 것"이라며, "신하들이 귀를 열고 눈을 떠 바른 지도력을 보여야 한다"고 호소했으나, 이 역시 받아들여지지 않았다.

 율곡 이이가 주장한 십만 양병설은 물론, 면천법, 서얼허통법 등의 개혁안도 결국 무산되었다.

 특히 유성룡을 비롯한 임금 측근 세력은 이 모든 개혁 시도를 노골적으로 가로막았다.

 송천 양응정에서 율곡 이이로, 그리고 양산숙으로 이어진 경고와 준비의 목소리는 실천되지 못한 채 묻혔다. 그 결과 조선은 국방 개혁의 기회를 놓쳤고, 결국 임진왜란이라는 참혹한 전쟁을 아무런 준비 없이 맞이하게 되었다.

 그럼에도 송천 양응정은 자식과 제자들에게 병법과 국방의 중요성을 끊임없이 가르쳤다. 조선이 무방비 상태라는 현실을 한탄하며, 그는 남쪽에서 전란이 일어날 가능성을 지속적으로 경고했다.

 그에게 국방은 단지 학문이 아니라, 현실을 대비하는 실천적 태도였다.

그가 중시 장원 책답(策答)에서 제시한 '남북제승대책'은 훗날 율곡 이이의 '십만양병설'과 핵심 논리를 공유한다.

이는 단순한 병력 확충이 아니라, '양민을 통해 양병하자'는 실질적 국방 구상이었다.

"使士馬飽氣 邊氓樂業"(병사와 말은 기세를 충만하게 하고, 변방 백성은 생업에 즐겁게 종사하게 해야 한다)[90]

"寬民力 綏賦斂"(백성의 부담을 줄이고, 세금과 부역을 늦추거나 가볍게 해야 한다)[91]

양응정과 율곡 이이는 모두 '강한 군대는 안정된 백성에게서 나온다'는 신념을 공유했다. 국방은 군사력만이 아니라, 백성의 삶과 민심에서 시작되어야 한다는 것이 이들의 확고한 철학이었다.

흥미롭게도 두 사람의 인연은 과거시험장에서 시작되었다. 양응정이 과거 출제관으로 있을 때, 율곡 이이는 그가 낸 '천도책(天道策)'을 주제로 답안을 제출해 장원에 올랐다.

"양응정이 '천도'를 과제로 출제[92]하자, 율곡은 짧은 시간 안에 놀라운 策文을 써냈고, 출제관들이 모두 탄복했다. 진정 하늘이 내린 재능이라 평가되었다."[93]

"중국 학자들조차 '천하 문장 중 가장 빼어난 주제를 가지고, 당대

---

90) 양응정, 「송천집」, 松川先生遺集卷之三 / [策] 重試魁
91) 위와 같음
92) 양응정, 「송천유집」, 松川先生遺集卷之五 / 附錄上　贈嘉善大夫, 禮曹參判兼同知經筵義禁府春秋館成均館事, 弘文館提學藝文館提學, 通政大夫, 行成均館大成, 知製教松川先生行狀, 外裔韓州李潗, 謹撰
93) 이이, 「율곡전서」, 栗谷先生全書卷之三十四 / 附錄 二　年譜下

양산숙 양산룡家 의병 인맥도

충민공 양산숙의 아버지인 송천 양응정의 가족과 제자들 가운데 의병장으로 활약한 인물이 유독 많다. 단순한 숫자만 30여 명이 넘고, 그의 영향을 받은 인물들까지 포함하면 그 수는 훨씬 더 늘어난다. 1555년 을묘왜변 때 참전해 종군시를 남긴 백광훈과 최경창은 양응정의 직계 제자였고, 같은 문중인 양달수 · 양달사 형제도 그의 권유로 의병을 일으켰다. 애제자인 백광성의 부친 백세례 또한 전장에 나서 공을 세웠으니, 이들 모두 양응정과 깊은 인연이 있다. 임진왜란 당시 의병으로 나선 이들 중에서도 양응정 문하 출신은 눈부시다. 아들 충민공 양산숙과 운량장 양산룡을 비롯해, 제자인 건재 김천일, 제봉 고경명, 일휴당 최경회, 죽천 박광전, 호

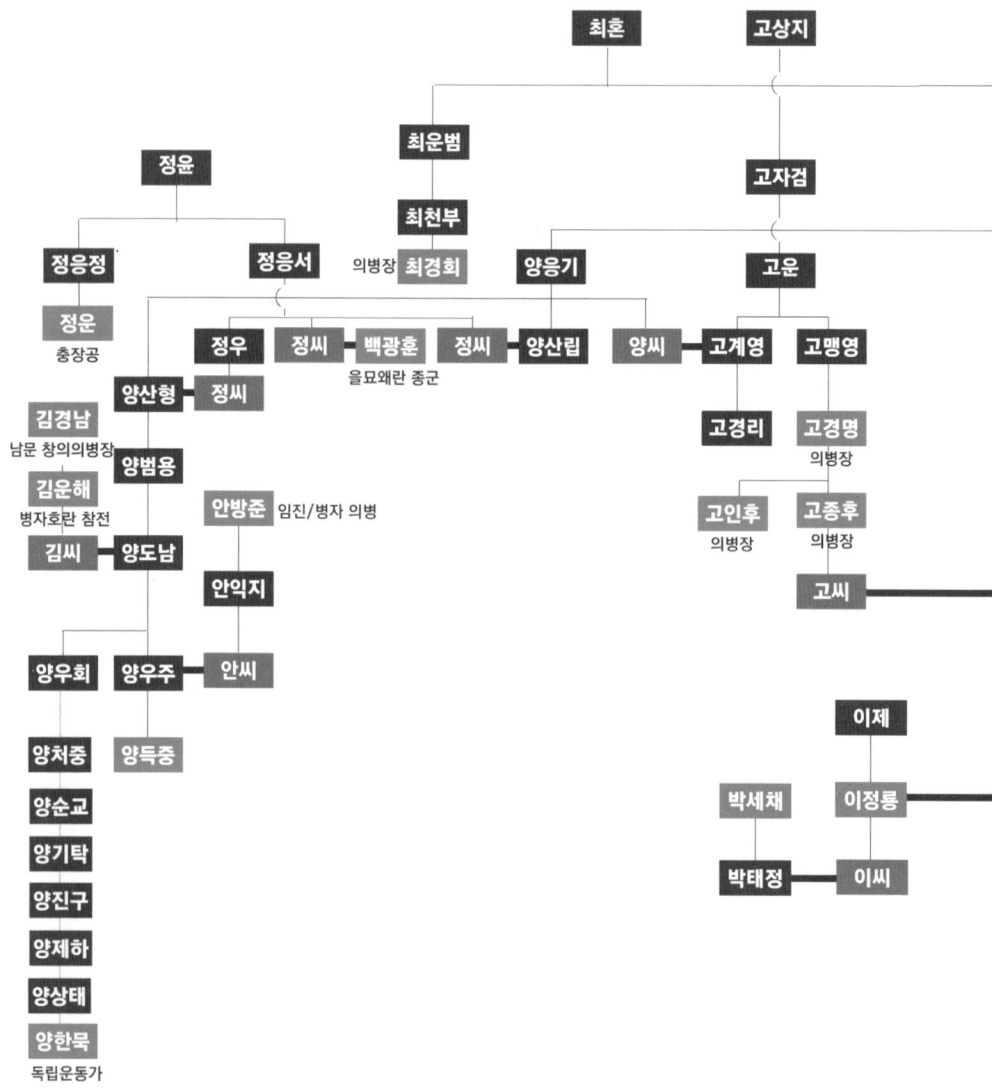

우의곡장 김덕우, 삼천 최경운, 죽계 최경장, 해미현감 독곡 정명세, 오봉 정사제, 송정 김경추, 김언욱, 명우 양산욱, 하경 이경남, 희건 김광운, 해광 송제민, 습정 임환, 청계 김두남, 김지남 부자, 양산룡의 장인인 유온, 처남 유경지 부자 등이 그들이다. 여기에 호남·충청 체찰사였던 송강 정철, 삼도도순변사 신립, 녹도만호 정운, 만취당 권율 장군도 양응정에게 배운 바 있다. 사돈인 준봉 고종후, 학봉 고인후, 죽촌 고성후, 이의정, 외사촌인 김인갑·김의갑 형제 역시 그의 학문과 뜻을 함께했다. 또 동계 백광성, 백광언, 죽곡 이장영 같은 문장가들도 그의 문하에서 수학했다.

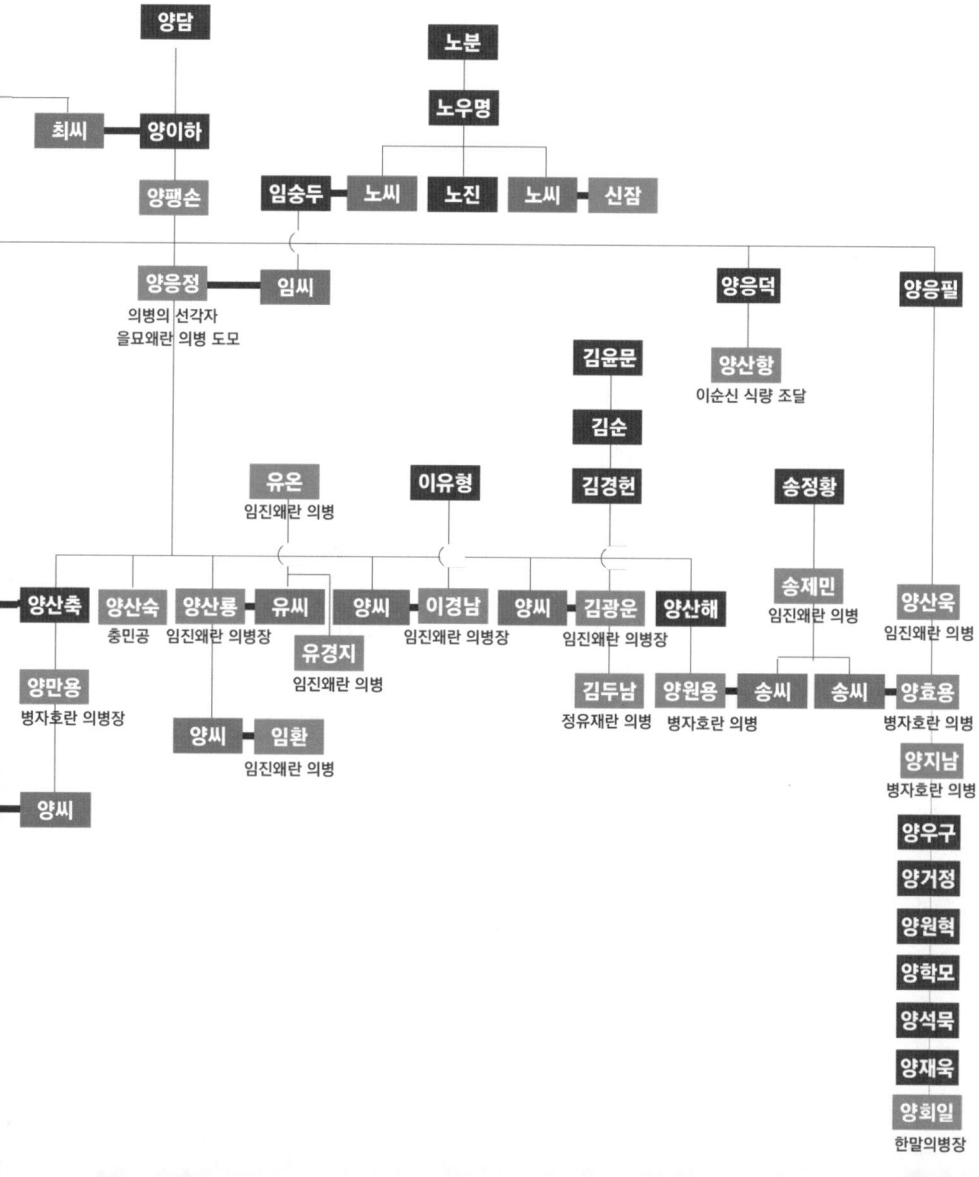

를 대표하는 현인이 쓴 글'이라 전했다."[94]

양응정은 예견했고, 준비를 촉구했으며, 실천을 요구했다. 그러나 그의 외침은 시대의 벽을 넘지 못했고, 양응정의 의견을 묵살한 대가는 결국 임진왜란이라는 참화로 되돌아왔다.

송천 양응정은 인재를 보면 반드시 손수 가르쳐 올바른 길로 이끌었다. 그의 문하에는 송강 정철, 옥봉 백광훈, 고죽 최경창 같은 당대를 대표하는 문장가들이 있었다. 이들은 단지 글재주에 그치지 않고, 실천적 행동으로도 명성을 떨친 인물들이었다.[95]

주목할 점은, 양응정의 제자 가운데 의병장으로 활약한 인물이 유독 많다는 것이다. 단순히 제자만 따져도 30여 명이 넘고, 그의 영향을 받은 인물들까지 포함하면 그 수는 훨씬 더 많다.

1555년 을묘왜변 당시 참전하여 종군시를 남긴 백광훈과 최경창은 양응정의 직계 제자였다. 또한 양응정의 아버지 학포에게 배운 양달수·양달사 형제 역시 그의 권유로 의병을 일으켰다. 양응정의 애제자인 백광성의 부친 백세례도 전장에 나서 전공을 세웠으니, 이들 모두가 양응정과 학문적·군사적으로 깊은 인연을 맺고 있었다.

임진왜란 당시 의병으로 나선 이들 중에서도 양응정 문하 출신은 눈부시다. 아들 충민공 양산숙과 운량장 양산룡을 비롯해, 제자인 건재 김천일, 제봉 고경명, 일휴당 최경회, 죽천 박광전, 호우의곡장 김덕우, 삼

---

94) 양응정, 「송천유집」, 松川先生遺集卷之三 / [策題] 策題 甲子, 先生爲考試官, 擢栗谷李公對冠榜, 華人傳誦曰, 天下文章之所屬, 一代醫士之所作云
95) 양응정, 「송천유집」, 松川先生遺集卷之五 / 附錄上 贈嘉善大夫, 禮曹參判兼同知經筵義禁府春秋館成均館事, 弘文館提學藝文館提學, 通政大夫, 行成均館大司成, 知製敎松川先生行狀, 外裔韓州李渂,謹撰)

천 최경운, 죽계 최경장, 해미현감 독곡 정명세, 오봉 정사제, 송정 김경추, 김언욱, 명우 양산욱, 해광 송제민, 습정 임환, 사위가 된 하경 이경남, 역시 사위인 희건 김광운과 손자인 청계 김두남-김지남, 양산룡의 장인인 유온과 유경지 부자 등이 그들이다.

여기에 호남·충청 체찰사였던 송강 정철, 삼도도순변사 신립, 녹도만호 정운, 만취당 권율 장군도 양응정에게 배운 바 있다. 사돈인 준봉 고종후, 학봉 고인후, 죽촌 고성후, 이의정, 외사촌인 김인갑·김의갑 형제 역시 그의 학문과 뜻을 함께했다. 또 동계 백광성, 백광언, 죽곡 이장영 같은 문장가들도 그의 문하에서 수학했다.

양응정의 행장에 이렇게 기록되어 있다.

선생은 능주(현재 전남 화순)에서 나주 박산(현재 광주 광산)으로 이주해 살았다. 그곳에 조양대와 임류정을 짓고, 벽마다 책과 그림을 가득 채우며 시와 술을 즐겼다. 그러나 그저 즐기기만 한 것이 아니라, 배우고 가르치는 일에도 열정을 쏟았다. 학문을 배우고자 먼 곳에서 찾아온 사람들이 문하에 구름처럼 몰려들었고, 그는 지치지 않고 정성을 다해 가르쳤다. 그중에서도 재능이 뛰어난 이들은 따로 이끌어 더욱 깊이 지도했다. 송강 정철, 옥봉 백광훈, 고죽 최경창 등이 그의 대표적인 제자들로, 모두 문장과 인품으로 당대에 이름을 떨쳤다. 그는 제자의 자질에 따라 맞춤형으로 교육했으며, 그렇게 길러낸 인물 중에는 태헌 고경명, 건재 김천일처럼 학문과 절개를 함께 갖춘 인물도 있었다. 이들은 모두 지극한 충성과 굳센 절개로 후세에 표창을 받았다. 옛말에 "산을 보지 못했더라도 그 나무를 보면 안다"고 했듯이, 선생의 학문과 지조는 제자들을 보면 분명히 드러난다.[96]

---

[96] 양응정, 「송천유집」, 松川先生遺集卷之五 / 附錄上　贈嘉善大夫, 禮曹參判兼同知經筵義禁府春秋館成均館事, 弘文館提學藝文館提學, 通政大夫, 行成均館大司成, 知製教松川先生行狀. 外裔韓州李溎. 謹撰」.

그는 인재를 길렀고, 그 인재들이 나라를 지켰다. 양응정이 남긴 글을 보면, 장차 일어날 전란에 대해 얼마나 깊이 걱정하고 철저히 대비하고자 했는지를 알 수 있다.

그의 저술 가운데에는 〈전라병영중창기〉를 비롯해 〈사후(射帿)〉, 〈전라우수영 태평정〉, 〈중선루〉, 〈열선루에서 보성군수에게 작별을 고하며〉, 〈평사청 벽에 쓰다〉, 〈추흥루에서〉, 〈신온성에게〉, 〈이병사에게 작별을 감사하며〉, 〈수성에 도착하여〉, 〈온성 관련 시〉, 〈전라병영에서〉, 〈만리장성〉, 〈성루에 쓰다〉, 〈관서로 부임하는 평사에게〉, 〈사절정이 관서에 있다〉, 〈의풍루〉, 〈호가(胡笳)〉 등 병영과 국방 관련 시들이 다수 포함되어 있다.

양응정의 가장 큰 영향을 받은 이는 바로 그의 아들 양산숙이다. 양산숙은 아버지의 가르침에 따라 천문, 지리, 병법, 진법, 무예를 익혔고, 아버지와 마찬가지로 장차 올 전란에 대비해 항상 준비해왔다. 그는 훗날 이렇게 회고했다.

"아버지께서 10여 년 전부터 늘 '남방에 반드시 우환이 있을 것이니, 학문을 다해 나라에 보답하라'고 하신 말씀이 아직도 귀에 생생합니다. 어찌 그 말씀을 잊을 수 있겠습니까?"[97]

양응정은 나중에 능주(화순)에서 나주 박호동으로 이주하여 조양대에 임류정을 짓고 제자들을 가르쳤다. 자식들이 어느 정도 학문과 실력을 갖추자, 그는 병법서 〈진도〉를 함께 공부하게 했다.

"병법과 전쟁은 유자(儒者)가 먼저 삼을 일은 아니지만, 세상의 이치를 아는

---

97) 이민서, 「송천유집」 卷之七 / 附錄下 忠臣贈通政大夫, 承政院左承旨兼經筵參贊官 , 宣敎郎 , 守工曹佐郎蟠溪公行狀,完山李敏敍

데 필요한 공부다. 옛 성현들도 익혔던 만큼, 너희도 반드시 알아야 한다."[98]

"남쪽에서의 전쟁은 가까워지고 있는데, 나는 그것을 직접 보지 못하겠구나. 하지만 너희들은 반드시 학문을 잊지 말고, 아버지가 먹이고 기른 은혜에 보답해야 한다."[99]

양산숙은 아버지의 유훈에 따라 철저히 장차 있을 전쟁에 대비했다. 귤강광 사신단 방문(1586), 손죽도 왜변(1587), 일본 사신 현소 (1589) 등의 사건 때마다 위기를 직감했다.

"왜구는 우리 병세를 엿보고 있다. 해마다 침입하며 화친을 가장하니 속셈이 뻔하다. 그런데도 조정은 여전히 대비는커녕 통신사 파견에만 몰두하고 있으니, 나랏일이 걱정스럽다."[100]

양산숙은 삼남지방(충청, 전라, 경상도)을 두루 다니며 민심을 살피고, 지형을 점검했다. 겉으로는 유람처럼 보였지만, 사실상 전쟁에 대비한 사전 정찰이었다.[101] 그는 어린 시절부터 아버지를 따라 다니며 현실을 배우고 대비하는 법을 익혔다. 양응정은 항상 아들을 곁에 두고 전국을 순시하며, 언제 어디서든 대비를 게을리하지 않도록 가르쳤다.

양응정은 아들이 여섯 살이던 1567년 광주목사를 시작으로 진주목사, 대사간, 병조참의, 이조참의, 대사성, 부제학, 승문원부제조 겸

---

98) 양응정, 「송천유집」, 卷之七 / 附錄下 忠臣贈通政大夫,承政院左承旨兼經筵參贊官, 宣敎郞, 守工曹佐郞蟠溪公行狀,完山李敏敍
99) 양응정, 「송천유집」, 松川先生遺集卷之五 / 附錄上　贈嘉善大夫, 禮曹參判兼同知經筵義禁府春秋館成均館事, 弘文館提學藝文館提學,通政大夫,行成均館大司成，知製敎松川先生行狀,外裔韓州李溁,謹撰
100) 양응정, 「송천유집」, 卷之七 / 附錄下 忠臣贈通政大夫,承政院左承旨兼經筵參贊官, 宣敎郞, 守工曹佐郞蟠溪公行狀,完山李敏敍
101) 위와 같음

동지경연춘추관사 등을 역임했고, 경주부윤까지 올랐다. 하지만 그는 끊임없는 모함과 질투 속에 파직과 복직을 반복해야 했다. 의주목사로 복직된 것은 1576년의 일이었다. 양산숙은 그 때마다 아버지를 따라 각지에서 살았다. 열 살 때 진주, 열한 살 때 한양과 경주, 열여섯 살에는 의주까지 동행하며, 실제 국토를 직접 경험하고, 아버지로부터 국방과 민심의 중요성을 몸소 배웠다.

양산숙은 아버지의 유배와 부침을 함께 겪으며 여러 고을을 따라 다녔고, 그 과정에서 당대의 걸출한 인물들을 만날 수 있었다. 11살 때는 남명 조식과 신립을, 16살에는 미암 유희춘을, 17살에는 우계 성혼을 만났다. 어린 양산숙은 조선 정치의 실상을 일찍부터 목격했다. 당파 간의 비방과 모함이 난무하는 권력의 민낯을, 아버지 양응정을 통해 가까이서 체감해야 했던 것이다.

1571년, 양응정은 종2품 경주부윤에 임명되었지만, 1574년 동인계 인사들의 모함으로 파직당했다. 이는 동서분당이 본격화되기 직전에 벌어진 사건이었다. 곧 신원이 되어 예조참의와 중추부 첨지로 복직되었지만, 그는 끝내 조정의 부름에 응하지 않았다.[102]

사실 양응정은 이미 1557년에도 정치적 좌절을 겪은 바 있다. 1556년 중시(重試)에서 장원으로 뽑혀 정3품에 올랐지만, 불과 1년 만에 김여부의 탄핵으로 파직당한 것이다. 김여부는 윤원형과 이량의 궁중 권력을 등에 업고, 정적인 김홍도를 공격하는 과정에서 그와 가까웠던 인물들까지 함께 제거하려 했다. 이때 양응정도 김홍도, 김계휘, 고경허, 윤주 등과 함께 탄핵당하고, 북방 변경인 관서·관북

---

102) 양응정, 「송천유집」, 松川先生遺集卷之五 / 附錄上 贈嘉善大夫 , 禮曹參判兼同知經筵義禁府春秋館成均館事, 弘文館提學藝文館提學,通政大夫,行成均館大司成 , 知製教松川先生行狀, 外裔韓州李溁,謹撰

의 평사로 좌천되었다.[103] 그러나 김여부의 비열한 정치 공세와 윤원형 세력의 무리한 처벌은 여론의 거센 반발을 불렀고, 결국 양응정은 복권되었다. 한 제자가 "선생께서 어찌 그런 누명을 쓰셨습니까?"라고 묻자[104], 양응정은 담담히 답했다.

"부정하다는 죄라면 내가 짊어져야지. 사간원이 탄핵했다면 그걸로 충분하지 않겠는가?"[105]

제자 최경회가 억울함을 밝혀야 한다고 나서자, 오히려 만류했다.
"그대는 강직한 성품이니, 괜히 나를 변호하다가 화를 입을까 염려된다."[106]

양응정은 그러한 인물이었다. 양산숙은 그런 아버지를 곁에서 지켜보며, 권력의 덧없음과 정쟁의 잔혹함을 일찍부터 배워야 했다.

1576년, 양응정은 의주목사직에서 물러나 고향으로 돌아오는 길에, 아들 양산숙 등을 데리고 우계 성혼과 율곡 이이를 찾아 맡긴다.[107] 당시 동서분당이 본격화되었고, 동인들은 정적을 몰아내기 위해 조직적인 공세를 펼치고 있었다. 율곡은 중재에 나섰지만, 결국 실패하고 만다.[108]

조정은 깊은 당쟁의 소용돌이에 휘말려 있었고, 1577년 양산숙이 17살이 되던 해, 아버지 양응정은 명나라에 성절사로 다녀온 후 대사성을 마지막으로 관직에서 은퇴하게 된다. 그는 황해도 관찰사에 임

---

103) 『명종실록』 명종 17년(1562) 9월 16일 심수경·양응정 등과 전에 문외 출송된 사람들의 관직에 대해 전교하다
104) 양응정, 『송천유집』 松川先生遺集卷之四 又答眉巖 言行錄 門人白玉峯光勳所記
105) 위와 같음
106) 위와 같음
107) 양응정, 『송천유집』 松川先生遺集卷之五 / 附錄上 贈嘉善大夫, 禮曹參判兼同知經筵義禁府春秋館成均館事, 弘文館提學藝文館提學, 通政大夫, 行成均館大司成 , 知製教松川先生行狀, 外裔韓州李滉, 謹撰
108) 이이, 『율곡전서』

명될 예정이었지만, 당쟁으로 인한 동인의 반발로 인해 끝내 정계를 떠나게 된다. 그리고 1581년, 양응정은 세상을 떠난다. 이호민은 송천 양응정을 추모하는 제문에서 양응정의 처지를 이렇게 회고한다.

摘藻絢錦	문장을 펼치면 비단처럼 화려하고,
鼓思湧泉	생각을 북돋우면 샘물처럼 솟아났으며,
再擢嵬科	과거 시험에 두 번 장원하여,
鵬翼高騫	붕새처럼 날개를 펴고 높이 날아올랐습니다.
翺翔郎署	낭관(관청)에서 자유롭게 날듯이 활동하며,
出入論思	들고나는 자리에서 국정을 논하고 사안을 깊이 고찰하였습니다.
中躓于行	그러나 도중에 뜻하지 않은 좌절을 겪었고,
一麾南郵	한 번의 명으로 남쪽 지방으로 부임하셨습니다.
留心字牧	그곳에서 백성을 다스리는 일에 마음을 쏟고,
積惠弛威	은혜를 쌓고 위엄은 누그러뜨려 백성을 편안하게 하셨습니다.
遂專大府	마침내 중앙의 큰 부서에서 요직을 맡아,
撫摩攸宜	백성들을 자애로 대하셨고 마땅히 해야 할 일을 하셨습니다.
間罹非辜	어느날 억울하게 화를 입으셨으나,
伸不逾時	진실은 오래 걸리지 않아 바로잡혔습니다."[109]

아버지를 떠나보낸 뒤, 양산숙은 조정의 파당 싸움에 깊이 염증을 느끼고 "과거를 보지 않겠다"는 결심을 하게 된다.

1586년, 스물여섯 살이 된 그는 스승 성혼과의 대화에서 학문에 대한 관심이 없다고 스스럼없이 밝힌다.

"양산숙이 찾아와 5~6일 머물렀다가 돌아갔다. 나는 그가 학문에 뜻을 두길 바랐지만, 그는 '공부에 뜻이 없다'고 했다. 내가 '주변에 괜찮은 인물이 누구냐'고 묻자, 그는 '매형 김광운은 학문에 대한 의지가 강하고, 담양에 사는

---
109) 양응정, 「송천유집」, 松川先生遺集卷之五 / 附錄上　賜祭文 禮■李景■ ○五峯李好閔.製

김언욱은 학문에 전념해 뛰어나며, 송제민은 기질이 맑고 고결해 토정 이지함에게 배우려 서당을 세우고 벗들과 책을 읽고 있다'고 했다."[110]

양산숙이 언급한 김언욱과 송제민은 훗날 임진왜란이 발발하자 함께 의병을 일으킨다. 그는 이미 이때부터 학문보다는 다른 길, 의로운 길을 선택하고 있었다. 사실 그가 과거를 보고 싶어도 볼 수 있는 처지는 아니었다. 1589년, 양산숙은 유성룡·이산해 등의 국정 운영을 비판하는 상소를 올렸고, 이후 그는 사실상 영구 제명의 처분을 받는다.

양산숙의 길은 명확했다. 다가올 왜적의 침략에 대비하고, 조정의 부패와 무능을 바로잡는 일이었다. 1587년 손죽도 왜변을 목격한 그는 형 양산룡과 함께 조정에 상소를 올려 전시 대응의 잘못을 바로잡으려 했고[111] 또 그해 늦가을 왜 사신 일행의 동향을 몸소 살펴보며 대비에 나섰다. 그리고 1589년에는 유성룡 등 지도층의 무능을 질타하는 탄핵 상소[112]를 주도하며, 중봉 조헌과 같은 참된 인재의 등용을 강하게 요구했다. 조헌의 방면과 기용을 요청한 이도 바로 그였다.

그러나 그의 호소는 끝내 받아들여지지 않았다. 임금은 귀를 닫았고, 동인은 도리어 그를 탄핵하며 정치적으로 매장해버렸다.

---

110) 성혼, 『우계집』, 우계연보보유 제1권, 답문(答問)
111) 『선조실록』, 선조 20년(1587년) 4월 14일 전라도 유생 양산룡 등이 심암의 죄를 논하자 가상하다고 답하다
112) 『선조실록』, 선조 22년(1589년) 12월 14일 전라 유생 정암수 등이 이산해·정언신·정인홍·유성룡 등을 지척하는 상소를 올리다

1587년 손죽도, 양산숙이 본 전쟁의 징조

선조 20년, 정해년(1587년) 3월, 왜군이 전라도 흥양(고흥)에 침범하여 녹도만호 이대원(李大源, 1566-1587)이 전사했다. 이를 보고 양산숙이 한탄했다.

"인심이 어찌할 수 없이 변해가고 있는 것을 더욱 한탄했다."[113]

임진왜란 발발 5년 전, 1587년 3월 왜의 침략이 있었다. 손죽도왜변이다. 임진왜란의 전조(前兆)였다.

우리의 역사 기록에서는 흔히 조선이 임진왜란 전 200여 년간 전쟁을 겪지 않았다고 하여, 온 나라 백성이 편안함에 익숙해져 있었다고 이야기한다. "2백 년 동안 승평 시대를 누리며 편안한 생활을 오래도록 지속하였으니…"[114]라거나 "오늘날 국가가 평화스럽게 지내

---
113) 양응정, 『송천유집』, 제7권, 반계공 행장[蟠溪公 行狀], 이민서
114) 『선조실록』, 선조 26년 1593년 6월 17일 유 원외가 천명을 두려워해야 한다는 등의 4개 조목을 적어 보낸 글

온 지가 오래되어…"[115], "사변 이전에는 승평 세월로 인하여 사람들이 병란을 알지 못했으니…"[116], "국가가 승평(昇平; 나라가 태평)하던 끝에 갑자기 적(賊)에게 변(變)을 당하였기 때문에…"[117]라고 쓰고 있다.

그러나 역사를 깊이 들여다보면 그렇지 않았다. 임진왜란 이전에도 삼포왜란(1510), 사량진왜변(1544), 을묘왜변(1555) 등의 사건이 있었고, 을묘왜변 이후에도 왜구의 침략은 계속되었다.

1573년 3월에는 왜구가 하동에서 조선 백성 900명을 납치했고, 1574년 5월에는 왜구가 명나라로 향하고 있다는 사실이 조정에 보고되었다. 1576년에도 왜구가 제주도에 나타나 10여 명을 납치하는 사건이 발생했으며, 1586년에는 제주도에서 조선군과 접전을 벌이기도 했다. 이 시기 왜구의 출몰은 빈번했으나, 조선 조정은 이를 막지 못한 장수나 관료를 문책하는 데만 그쳤고, 근본적인 방어책은 마련하지 못했다.

양산숙과 그의 형 양산룡은 이 지점을 유심히 관찰했다. 특히 임진왜란이 발발하기 5년 전인 1587년(선조 20년)에 있었던 왜의 침략을 세심히 살폈다. 이는 정해왜변, 일명 손죽도왜변이라 불리는데, 1587년 2월 왜인들이 전라도 흥양현 손죽도(현재 여수시 삼산면)를 대거 침입한 사건이다. 이는 임진왜란 전, 왜가 조선의 대응을 시험한 전투 무대로 볼 수 있다.

일각에서는 이들 침략이 과연 전쟁이라 할 만한 규모였는지 의문

---

115) 유성룡, 『서애집』, 서애선생문집 제16권 / 잡저(雜著), 임진년(1592, 선조25) 일의 시말(始末)을 적어 아이들에게 보임
116) 『선조실록』, 선조 26년 1593년 6월 25일, 왜적에 대처할 계책을 마련하라고 비변사에 이르다
117) 『선조실록』, 선조 27년 594년 4월 3일, 진주에서 전사한 장사 중 추증을 하지 못한 사람들을 포증하게 하다

을 제기하기도 한다. 조선의 조정 상층부에서는 "오늘날 국가가 평화롭게 지내 온 지가 오래되어…"[118]라고 왜곡하며, 왜의 침략을 가볍게 넘기려 했다. 그러나 이러한 인식은 매우 잘못된 것이었다. 손죽도왜변은 결코 가벼운 사건이 아니었다. 역사는 반복된다[119]고들 한다. 과거로부터 배우지 못한 결과, 우리는 왜의 광기 어린 침략을 대비하지 못하고 임진왜란을 겪을 수밖에 없었다.

손죽도왜변 당시, 왜구들은 섬을 점령한 후 전라 수군을 공격하고 남해안을 습격했다. 이는 1555년 을묘왜변 이후 가장 큰 침략이었다. 일천 명 이상의 왜적이라 예상하고, 전라좌수군이 출동했다. 수사 심암(沈巖)은 후방을 맡고, 녹도보장 이대원(1566-1587)을 최전방에 배치했다. 이대원은 군사 100여 명을 이끌고 출병했다. 이때 이대원은 "날이 저물었다"며 "내일 아침 날이 밝은 다음에 적을 효과적으로 치겠다"고 심암에 진언했다. 그러자 심암은 도리어 협박까지 하면서 "즉각 출전하라"고 명령을 내린다. 이에 이대원은 "그러면 사또께서 구원병을 이끌고 후방에서 도와 달라"고 말하고 출전했다.[120] 적군은 많고 아군은 수적 열세인 상태로 손죽도 해상에서 3일간 전면전을 펼쳤다.

이대원은 당시 21세의 청년으로, 1583년 별시에서 급제해 1586년 흥양의 녹도보장이 되었다. 그러나 심암은 이대원의 전공을 가로

---

118) 유성룡, 『서애집』, 서애선생문집 제16권 / 잡저(雜著), 임진년(1592, 선조25) 일의 시말(始末)을 적어 아이들에게 보임
119) 네이버, 『나무위키』, 역사는 영원히 되풀이된다(투키디데스), 역사는 언제나 같은 방식으로 반복되지는 않는다. 그렇다고 한 번은 비극의 형태로, 다음에는 우스꽝스러운 희극의 형태로 나타나는 것도 아니다. 때로는 다른 형태의 비극들로 계속 반복되기도 한다(움베르토 에코), 역사를 기억하지 못한 자, 그 역사를 다시 겪게 될 것이다(조지 산타야나), 잊지 마라…. 인간은 반드시 잘못을 반복한다(기프), 역사가 반복되는 것이 아니다. 사람이 반복하는 것이다(볼테르)
120) 이긍익, 『연려실기술 제15권』, 선조조 고사본말

채려 했고, 이를 거절한 이대원에게 원한을 품고 구원병을 보내지 않았다. 이대원은 적진에서 홀로 싸우다 중과부적으로 모든 군사를 잃고 전사하게 된다.

이대원의 죽음 후, 심암의 거짓 보고는 만천하에 드러났다. 양산숙과 양산룡 형제가 이 사건의 심각성을 알리고자 했다.

1587년 3월, 왜적이 흥양을 침범하여 녹도만호 이대원을 죽였다. 이에 양산숙이 탄식하며 말하였다. "변방의 경계가 이 지경인데도, 사람들이 걱정하는 자가 없다니, 어찌 된 일인가!"[121]

양산숙과 양산룡은 이대원을 죽음으로 몰아넣은 심암을 처벌해야 한다고 임금에게 상소했다. 양산숙 형제의 상소에, 임금이 답하였다.

"심암의 죄를 바로잡아 왕법을 분명히 하였다. 남쪽 지방이 불행하여 하찮은 오랑캐들이 날뛰니, 우리 백성들이 참혹하게 죽어 그 시신이 땅에 나뒹굴게 되었다. 군대를 징발하는 과정에서 닭과 돼지까지 피해를 당하였으니, 이는 군주의 무능함에서 비롯된 일이다. 무엇으로 우리 백성들에게 사죄할 수 있겠는가? 오직 자신을 더욱 책망할 뿐, 또 누구를 원망하겠는가? 너희들이 올린 상소는 진실로 가상히 여긴다."[122]

당시 심암은 권력의 중심에 있었던 인물로, 그의 아우 심대가 동인의 거두였고[123], 심암을 추천한 이는 기축옥사가 일어났을 때 영의정을 지낸 유전(柳㙉)[124]이었다. 그러나 양산룡 형제의 상소는 결국 임

---

121) 홍양호, 「이계집」 이계집 제26권 / 신도비(神道碑) 공조 좌랑 양공 신도비 병서 [工曹佐郎梁公神道碑 幷序]
122) 「선조실록」 선조 20년 1587년 4월 14일 전라도 유생 양산룡 등이 심암의 죄를 논하자 가상하다고 답하다
123) 「선조실록」 선조 21년(1588) 1월 5일 조헌의 상소를 소각하고 내리지 않았는데 거기에 실린 동 · 서 각인들의 관계와 행실
124) 위와 같음

최악의 군주 선조와 백성의 고통 | 85

금에게 전달되었고, 심암은 처벌받았다.

양산숙과 양산룡은 손죽도왜변을 가볍게 볼 수 없는 중요한 사건으로 인식했다. 이 전투에서 이미 조총의 위력을 실감할 수 있었으며, 이를 임진왜란 때 처음 경험한 것처럼 보는 것은 잘못된 것이다.

조선 조정은 이미 1559년부터 조총의 존재를 인지하고 있었고, 1587년 손죽도왜변에서 그 성능을 체감했다.

그러나 조선 조정의 안이한 대응과 정보 부재는 결국 임진왜란을 미리 대비하지 못하게 했다.

양산룡과 양산숙은 이 전투의 심각성을 임금에게 알리며, 심암의 처벌을 요구했다. 결국, 심암은 왕법에 따라 처벌되었고, 이 사건은 조선 조정의 안이함과 당파 싸움에 휩싸인 국정을 다시 한번 돌아보게 하는 계기가 되었다.

1587 양산숙, 왜 사신 통해 조선의 위기 직감하다

양산숙은 1587년 9월 왜 사신 귤강광(橘康廣, 다치바나 야스히로)이 조선에 들어왔다.[125] 양산숙은 이들 왜 사신의 동태를 살피기 위해 사신단 행렬에 위장 잠입해 동태를 살핀다. 이 관련 내용은 양산숙(반계공)의 행장[126]과 유성룡의 책 〈징비록〉[127]에도 같은 내용이 나온다.

우선 〈반계공행장〉에 이렇게 기록되어 있다.

왜는 대마도 왜인 귤강광을 보내어 화의를 청하였다. 이것을 들은 양산숙은 전쟁으로 인한 재화가 임박하였음을 알았다. 그는 왜놈의 정세를 살펴보기 위하여 전라도 남원으로 달려가 청계 양대박을 찾아가 함께할 것을 이야기했다. 두 사람은 모두 우계 성혼의 제자들이다.

---

125) 『선조수정실록』, 선조 20년(1587) 9월 1일 일본 국사 귤강광이 내빙하다. 『국조보감』, 권29 / 宣祖朝六 丁亥二十年,日本國使橘康廣來聘,日本有天皇曆號紀元
126) 양응정, 『송천유집』, 권7, 반계공 행장(蟠溪公 行狀)-이민서
127) 유성룡, 『징비록』, 권1, 징비록에는 1586년에 방무ㅜㄴ한 것으로 기록되어 있다.

"귤강광이 관백 평수길(平秀吉, 도요토미 히데요시 1536-1598)의 우호 관계 편지를 전달하기 위해 왔다고 들었는데, 바라건대 함께 영남으로 가서 왜적의 정세를 은밀히 살펴보는 것이 어떠하겠소? 이때를 놓쳐서는 안 될 것이요."[128]

양대박도 그렇게 하자고 했다. 드디어 함께 팔령치(八嶺峙, 함양군과 남원시의 경계지역에 있는 고개)를 넘어, 사신단을 따르며 보호하는 하인으로 가장하고 놈들을 염탐하였다.[129]

그래서 일본의 왕 원의등(源義藤)이 혼미하여서, 일본 사람들이 모두 그를 배반하고 평수길(平秀吉, 도요토미 히데요시)을 관백(関白; 천왕을 대신해 정무를 총괄하는 관직)으로 추대한 사실을 처음으로 알아내기도 하였다. 그것은 원의등이 평수길에 의해 죽은 지는 이미 10여 년 전의 일이었으나, 일체 비밀에 부쳐 발설하지를 않았기 때문에 알지 못했던 것뿐이었다.[130]

귤강광이 처음 경상도 동래에 도착하였을 때 그곳 부사가 잔치를 벌였는데, 귤강광은 술잔을 돌리며 번번이 술잔을 떨어뜨려 깨뜨렸다. 다른 사람들은 그가 무슨 마음으로 그러한지는 몰랐으나 양산숙은 양대박에게 귓속말로 말했다.

"저들이 비록 화의를 구한다고 하지만 사실은 맹약을 깨려는 것이오."[131]

뒤쫓아 계속하여 속셈을 캐보았다. 귤강광이 하인들 속에서 양산숙과 청계(양대박)를 발견하고는 그들이 보통사람이 아님을 알고 말

---
128) 홍양호, 「이계집」, 제26권 / 신도비(神道碑) 공조 좌랑 양공 신도비 병서 [工曹佐郎梁公神道碑 幷序]
129) 위와 같음
130) 위와 같음
131) 위와 같음

을 걸었다.

"너희들 칼은 왜 그리 짧은가?"[132]

양산숙이 대답했다.

"너희 창이 오히려 너무 길다."[133]

양대박도 관청에 있다가 이 말을 듣고 곧장 응수하여 말하였다.

"그대 나라의 칼날은 너무도 무디기 짝이 없소."[134]

그 말을 들은 귤강광과 다른 왜인들은 모두 얼굴빛이 변했다. 귤강광은 놀라, 말에서 내려 함께 수레를 타자고 청했으나, 양산숙과 양대박은 피하여 만나지 않았다. 이는 이미 그 속셈을 꿰뚫어 보았기 때문이었다.[135] 그들의 기행은 멈추지 않았다. 왜 사신단 일행이 경상도 상주에 있을 때 일이다. 당시 상주목사 송응형(1539-1592)이 기생과 풍류를 베풀어 귤강광 등을 접대했다.

양산숙은 이 행사에는 배석하지 않았다.

양산숙은 귤강광이 나온 뒤, 송응형에게 이 장면을 물었다.

"귤강광이 (대감께) 무슨 말을 했습니까?"[136]

송응형이 대답했다.

"귤강광이 말하기를, '늙은 나는 오랜 세월 전쟁을 치르면서 수염과 터럭이

---

132) 홍양호, 『이계집』, 제26권 / 신도비(神道碑) 공조 좌랑 양공 신도비 병서 [工曹佐郎梁公神道碑 幷序]
133) 위와 같음
134) 위와 같음
135) 위와 같음
136) 위와 같음

짧아졌다지만, 대감은 노래하는 기생들 속에 있었으면서 어찌 이처럼 백발이 되었소?라고 비아냥하더군."[137]

이 말을 듣고, 양산숙은 양대박에게 자기 생각을 전했다.
"귤가놈의 말은 우리를 비아냥거린 것이오. 저들이 서로 사신을 보내며 사이좋게 지내자는 것을 핑계로 우리의 허술함과 실함을 엿보려는 것이니, 우리나라에 머잖아 반드시 남쪽 지방에 환란이 올 수 있습니다."[138]

이 모습을 보며, 양산숙과 양대박은 서로 걱정하지 않을 수 없었다. 또 분개했고, 참을 수 없었지만, 조용히 돌아왔다.[139]
유성룡의 〈징비록〉에도 이 장면은 그대로 기록되어 있다.
귤강광은 이때 나이가 50여 세로 용모가 장대하고 수염과 머리털이 반백이었다. 그는 지나는 관역(館驛)마다 반드시 좋은 방에서 묵고 행동이 거만하여 여느 때의 왜국 사신과는 아주 다르므로 사람들은 자못 괴상하게 여겼다. 우리나라의 풍습으로 대개 왜국 사신을 맞게 되면 한길 가의 군읍(郡邑)에서는 그 지경 안의 장정을 동원하여 창을 잡고 길가에 늘어서서 군사의 위엄을 보였었는데, 귤강광은 인동(仁同, 현 경북 구미시)을 지나다가 창을 잡은 사람을 흘겨보고는 웃으며 말하기를, "너희들의 창 자루는 아주 짧구나."라고 하였다. 그가 상주에 이르렀을 때, 목사 송응형이 그를 대접하여 기생들의 음악과 노래와 춤이 어울렸는데, 귤강광은 송응형이 노쇠하고 백발인 것을 보고 통역관에게 말하기를, "이 늙은이는 여러 해 동안 전쟁하는 마당에 있었으므로 수염과 머리털이 다 희어졌지만, 사군(使君, 송응형을 가리킴)께서는 아름다운 기생들 틈에서 온갖 근

---
137) 홍양호, 「이계집」, 제26권 / 신도비(神道碑) 공조 좌랑 양공 신도비 병서 [工曹佐郞梁公神道碑 幷序]
138) 위와 같음
139) 위와 같음

심할 것이 없이 지냈겠는데도 오히려 백발이 되었으니 무슨 까닭입니까?"라고 하였다. 이는 송응형을 조롱한 말이다.

귤강광이 서울에 이르자, 예조판서가 잔치를 베풀고 대접하였다. 술에 취하자 귤강광이 호초(胡椒)를 자리 위에 헤쳐 놓으니 기생과 악공들이 그것을 다투어 주워 담느라 좌석의 질서가 걷잡을 수 없는 형편이 되었다. 귤강광은 객관으로 돌아와 탄식하며 통역에게 말하기를, "너희 나라는 망하겠다. 기강(紀綱)이 이미 허물어졌으니 망하지 않기를 어찌 기대하는가?"라고 하였다. 그가 돌아갈 때 우리 조정에서는 다만 그 서신에 회답하여 "물길에 어두움으로써 사신을 파견하는 것은 허락할 수 없다"고 말하였다. 귤강광이 돌아가서 보고하니, 평수길은 크게 노하여 귤강광을 죽이고 또 그 일족을 멸망시켰는데, 대개 귤강광은 그 형 강년(康年)과 함께 원씨(源氏) 때부터 우리나라에 조선을 방문(來朝)하여 직명(職名)을 받았으므로, 그의 말이 자못 우리나라의 처지를 위해서 하였던 까닭으로 평수길에게 죽임을 당했다고 이른다.[140]

양산숙은 여기에 머무르지 않았다. 기록에 따르면 양산숙은 왜의 정세를 계속 분석했고, 또 장차 있을 전쟁에 대해 행보를 했다. 반계공 행장[141]에 이 장면이 나온다. 1589년 기축년 봄에 일본의 사신 현소(玄蘇; 겐소) 등이 또 와서 통신사(通信使)를 교환할 것을 청하였는데, 양산숙은 이 말을 듣고 걱정했다.

"왜놈들이 우리 병력의 능력을 시험해보기 위해 해마다 침범해오고, 또 화의를 구해오고 있구나!"[142]

---

140) 유성룡, 『징비록』.
141) 양응정, 『송천유집』, 권7, 반계공 행장(蟠溪公 行狀), 이민서.
142) 위와 같음

양산숙은 이렇게 생각했다.

"그들의 이런 모습은 (침략하려는 의도를) 숨기지 못하고, 탄로가 났다."[143]

양산숙의 판단은 정확했다. 그런데 조정에서는 아직 그에 대해 대비하지 않았다. 오히려 통신사 교환만을 주장하고 있었다.

"이러니 나랏일을 알만하다."[144]

양산숙은 걱정이 됐다. 양산숙은 그때부터 영호남 등 삼남(三南)을 두루 돌면서 세상 사람들의 마음과 지형의 형세 등을 살폈다.[145] 삼향포에 가고 그곳 등에서 기거한 것도 이와 무관치 않다.

그러나 사람들은 이를 알지 못했다. 양산숙이 그저 구경을 위하여 다닌다는 것으로 생각했다. 양산숙의 속마음을 아는 사람은 없었다.[146]

---

143) 양응정, 『송천유집』, 권7, 반계공 행장(蟠溪公 行狀), 이민서
144) 위와 같음
145) 위와 같음
146) 위와 같음

봉쇄당한 개혁

1589 양산숙과 유생 50여 명은 왜 상소 했을까?

1589년, 양산숙과 양산룡·정암수, 그리고 호남의 유생 50여 명은 나라의 앞날을 걱정하며 간절한 상소를 올렸다.

그들은 당시 조정의 실세들이 충신을 몰아내고 사리사욕에만 몰두하고 있다고 지적했다. 유성룡, 이산해, 이발, 김응남 등은 권력을 사유화하고 당파를 키우며 조정을 병들게 만든 핵심 인물로 지목되었다.

양산숙과 젊은 유생들은 이처럼 만연한 탐욕과 부정이 결국 나라를 무너뜨릴 것이라 경고했다. 이 상소는 임진왜란 발발 2년 5개월 전, 임금에게 올린 절박한 외침이었다.

당시 정치는 혼란 그 자체였다. 서인과 동인은 극렬히 대립했고, 정치는 철저히 진영 논리에 갇혀 있었다. 선과 악, 개혁과 보수, 전쟁 대비와 안일한 낙관 등 거의 모든 이슈가 당파에 따라 갈렸다.

한쪽은 '경장(更張, 개혁)'을 주장했고, 다른 쪽은 "변화는 불필요하다"며 반대했다. 전쟁 가능성조차도 "곧 일어난다"는 쪽과 "결코 일어나지 않는다"는 쪽으로 나뉘어 날 선 논쟁이 이어졌다.

정적을 질시하고 공격하며, 심지어 살인까지 감행하는 극단적 대립이 계속되었고, 이러한 정국은 선조(재위 1567~1608) 시기 내내, 특히 임진왜란 직전과 이후까지도 격화되었다.

1589년 12월, 스물아홉의 청년 양산숙은 "임금 곁에는 간신이 가득하다"며 피 끓는 상소를 올렸다. 그는 지금 임금의 눈과 귀를 가리는 자들을 멀리해야 나라가 산다고 주장하며, 도끼를 들고 대궐 앞에 엎드려[147] "유성룡 같은 간신배들과 정치를 함께하지 마소서"라고 호소했다. 이때 그의 매형 김광운도 함께하였다.

"호남의 유생 양산숙과 김광운 등이 올린 상소는, 당시 재상들의 행태를 낱낱이 지적한 것이었다."[148]

앞서 10월 말 양산숙은 또 "임금에게 바른말을 할 사람이 필요하다"며 중봉 조헌(1544~1592)의 석방을 요청했다. "조헌을 석방하고 조정에 복귀시켜야 한다"고 주장했다. 그 상소 덕분에 11월 4일 함경도 길주에 유배 중이던 조헌이 풀려났다. 석방된 조헌은 곧 임금에게 상소를 올렸다.

"반역의 조짐은 하루아침에 생긴 것이 아니며, 이미 오래전부터 싹트고 있었다. 지금 통신사를 보내는 일은 오히려 왜적에게 이용당할 수 있으니 신중해야 한다."

---

147) 양응정, 『송천유집』, "12월에는 여러 가지 일이 점점 굴러가는 것이 민방스러워 도끼를 들고 대궐 앞에 엎드려 알맞고 적절한 말을 서슴치 않고, 지위가 높고 권세가 있는 것도 아랑곳없이 재상 지위에 있는 자들을 지적하여 바로 잡았다."
148) 『선조실록』, 선조 22년 1589년 12월 15일 조헌이 방면되어 돌아오는 길에 대신을 지척하는 상소를 올리자 조헌은 간귀라고 전교하다

양산숙과 조헌은 조정에 만연한 부패, 안일한 외교 대응, 인사 실패를 비판하며 임금에게 올바른 정치를 펼칠 것을 촉구하는 상소를 올렸다. 그러나 선조는 이들의 충언을 외면하고, 오히려 동인 세력인 유성룡과 권극례 등을 감싸며 정국을 끌고 나갔다.

곧바로 홍성민을 이조판서 자리에서 파면하라는 명이 내려졌다. 앞서 양산숙 등이 올린 상소에서는 시정의 폐단을 지적했고, 이어 조헌도 집권 세력을 겨냥해 비판 상소를 올렸다. 이를 본 선조는 이렇게 교시했다. "이들이 올린 상소는 모두 당시 재상들을 비난하고, 오직 우상 정철 이하 몇 사람만 칭송하고 있다. 스스로는 직언이라 여기나, 그 행태가 가소롭다. 조헌은 간악하고 요망한 자로, 경계받는 것을 두려워하지 않고 조정을 우습게 여기고 있다. 머지않아 다시 마천령을 넘어 귀양 보내야 할 것이다." 당시 이조에서는 조헌을 학관(정5품 예조정랑(禮曹正郞))에 임명하려 했지만, 선조는 이를 문제 삼으며 다시 명을 내렸다. "조헌은 심성이 간악한 자이다. 이미 공개 처형을 면한 것만으로도 과분한데, 감히 언론의 길에 끼어들고 대사면을 구실 삼아 다시 벼슬길에 오르려 하다니, 극히 잘못된 일이다. 이런 자를 억지로 발탁해 민심을 어지럽히는 것은 있을 수 없다. 이조당상 홍성민은 파면하라." 이어 특별 교지를 내려 유성룡을 이조판서로, 권극례를 예조판서로 임명하였다.[149]

이는 양산숙과 조헌이 "조정에 좋은 선비를 두고 올곧은 정치를 하라"고 충언했음에도, 선조가 이를 거부하고 오히려 '거꾸로 가는 인사'를 단행한 것이다.

---

149) 『선조수정실록』 선조수정실록23권, 선조 22년(1589년) 12월 1일 10번째 기사 이조 판서 홍성민을 체직시키다

12월 7일부터 15일까지 1주일 사이, 동인세력이 더 공고해졌다. 임금은 동인들을 두둔하고 서인들을 내쳤다. 이런 분위기를 모르고 호남 유생 50명이 참여한 연명 상소[150]가 이어졌다. 양산숙의 형 양산룡, 매형 이경남, 그리고 정암수 등이 앞장선 상소였다.

이들은 유성룡 등을 지목하며 "간사한 무리들이 개혁을 방해하고 파당을 조장해 나라를 위태롭게 만들고 있다"고 비판했다.

"나라가 위태로운데 간사한 무리들이 조정 안팎에 퍼져 있다. 충직하고 어진 인재를 등용해 국정을 바로잡자고 말하는 이가 단 한 사람도 없다."[151]

"유성룡은 스스로를 사류의 대표라 자처하며 시류를 주도하면서도, 정작 책임 있는 발언은 피하며 요리조리 빠져나가고 있다."[152]

"간신배들이 국정을 장악해 어진 이를 내치고, 사당 세력을 키워 당파 정치를 고착화시켰다."[153]

양산숙, 양산룡, 정암수 등이 바라본 유성룡은 국가 위기 속에서도 책임을 회피하기에 급급한 정치인이었다. 조헌, 조광현, 이귀, 이연평 등도 같은 인식을 공유하고 있었다. 기축옥사 직전인 1589년 4월, 조헌은 "유성룡은 간신"이라며 임금에게 상소를 올려, 이 일로 오히려 유배되었다.

"유성룡은 머뭇거리며 눈치만 살피는 자이다. 그는 평생 어진 이를 방해해 왔고, 뉘우침이나 안타까움도 없었다. 이런 자가 어찌 전하를 위해 진심으로

---

150) 「선조수정실록」 선조 22년(1589) 12월 1일 호남 유생 정암수 등 50여 인이 정여립과 관련된 대신들에게 죄줄 것을 상소하다
151) 「선조실록」 선조 22년 1589년 12월 14일 전라 유생 정암수 등이 이산해·정언신·정인홍·유성룡 등을 지척하는 상소를 올리다 (近見國事日危, 邪黨布列, 而無一言及於汲引忠賢, 以爲改紘之計
152) 위와 같음
153) 「선조실록」 선조 22년 1589년 12월 14일 전라 유생 정암수 등이 이산해·정언신·정인홍·유성룡 등을 지척하는 상소를 올리다

직언할 수 있겠는가?"[154]

"유성룡과 김응남은 세상을 이끌 재능도, 멀리 내다볼 식견도 없는 자들이다. 그럼에도 서로 손잡고 허울뿐인 명성을 만들어내며, 뒤에서는 사악한 논의를 주도하고 있다. 어진 이를 질투하고, 바른 사람을 배척하여 결국 자신들과 같은 간신들이 악을 끌어들이고 당을 만들도록 조장하였다. 그 결과 임금은 고립되고, 은택은 아래로 전해지지 못하게 되었다. 이들은 나라를 병들게 한 고질병 같은 간신들이다."[155]

임금 선조는 간절한 충언에 귀를 닫았다. 오히려 유성룡을 감싸고, 정암수·양산룡 등 상소를 주도한 이들에게 처벌을 명했다. 백성들의 호소에 오히려 징벌로 답한 것이다.

앞서 10월 28일, 태학생 양천회도 상소를 올렸다. 그는 "지금은 백성을 구하는 정치로 나라를 바로 세워야 할 때"라며, "신뢰할 수 있는 인재를 등용해야 한다"고[156] 직언했다. 양천회는 민생의 참혹한 현실과 이를 외면한 권력자들을 정면으로 비판했다.

"가을 추수기인데도 백성들은 양식이 바닥나 굶주리고 있다. 관청의 세금과 사채 독촉이 쏟아지고, 가족들은 흩어지고 있다. 정여립보다 먼저 걱정할 대상은 굶주리는 백성들이다."[157]

양천회는 조정의 부패를 강하게 질타하면서도, 약자에 대한 과도한 수사를 경계했다. 양천회의 상소는 기축옥사 당시 삼남지방에

---

154) 『선조수정실록』 선조 22년 1589년 4월 1일 백성을 구제할 것과 김귀영 등 조정 대신을 탄핵한 전 교수 조헌의 상소문
155) 위와 같음
156) 성혼, 『우계연보』 우계연보보유 제2권 잡록(雜錄) 하
157) 『선조실록』 선조 22년(1589) 10월 28일 생원 양천회가 정여립의 옥사, 한재, 조세의 과중, 조정의 탐풍, 강상의 붕괴 등을 상소하다

심각했던 가뭄과 이로 인한 백성들의 고단함과 연결돼 있다.

"조정은 탐욕과 폐쇄에 물들어 염치를 잃었다. 신하들은 파당을 키우고 사익을 좇으며, 권력을 남용하고 있다. 탐욕스러운 자들을 내치고, 덕망 있는 인물은 중용해 국정을 바로잡아야 한다."[158]

"정여립의 역모는 고관대작들의 유착과 방조로 가능했다. 그러나 정작 하급 선비와 백성들만 가혹하게 심문당하고, 고위 관료들은 처벌받지 않는 현실이 불공정하다."[159]

"지금 가장 두려운 존재는 역모가 아니라 굶주리는 백성, 궁민(窮民)이다."

그러나 동인 세력은 양천회의 상소를 즉시 송강 정철을 겨냥한 정치적 공격 수단으로 활용했다. 그들은 "이 상소는 정철의 사주로 이루어진 것"이라 몰아붙였고, 기축옥사 초기부터 이 사건 전반을 정철이 기획한 것처럼 몰아갔다.

1589년 12월, 선조는 마침내 정철에 대한 신뢰를 거두고, 대대적인 서인 탄핵 인사를 단행하며 조정을 뒤흔들었다. 조헌의 복귀를 요청하는 인사안이 올라오자 격노한 선조는, 이를 추천한 이조판서 홍성민을 즉시 파직[160]시켰고, 정철과 서인들을 공개적으로 질책하며 유성룡을 두둔했다.

이에 그치지 않았다. 조헌을 풀어준 사헌부와 사간원의 당상관 전원을 교체[161]했고, 그를 석방한 낭청까지 문책하며 조사에 착수

---

158) 『선조실록』, 선조 22년(1589) 10월 28일 생원 양천회가 정여립의 옥사, 한재, 조세의 과중, 조정의 탐풍, 강상의 붕괴 등을 상소하다
159) 위와 같음
160) 『선조수정실록』, 선조 22년(1589년) 12월 1일 이조 판서 홍성민을 체직시키다
161) 『선조실록』, 선조 22년(1589년) 12월 15일 조헌이 방면되어 돌아오는 길에 대신을 지척하는 상소를 올리자 조헌은 간귀라고 전교하다

¹⁶²⁾했다. 문서 담당 낭청이었던 서인계 황혁도 인사 조치를 당했고, 이어 송익필·송한필 형제에게는 직접 추포령이 내려졌다.

이 시점부터 인사권은 완전히 동인 수장 유성룡의 손으로 넘어간다. 유성룡이 이조판서[163]가 되어 인사권을 장악하고, 그가 이동하며 비게 된 예조판서 자리 역시 동인 강경파 권극례가 차지[164]한다.

이로써 인사권까지 장악한 '동인 정권'이 본격적으로 출범하게 된다. 이어 1590년 1월, 송강 정철이 갖고 있던 수사권마저 동인계 심수경에게 넘기는 인사가 단행[165]된다.

---

162) 『선조실록』, 선조 22년(1589년) 12월 15일   조헌이 방면되어 돌아오는 길에 대신을 지척하는 상소를 올리자 조헌은 간귀라고 전교하다
163) 『선조수정실록』, 선조 22년(1589년) 12월 1일   이조 판서 홍성민을 체직시키다
164) 위와 같음
165) 황혁, 『기축록』, 기축록 상(己丑錄上)

1590 유성룡이 보낸 전라도 관찰사 홍여순

기축옥사가 한창이던 1590년 3월, 당시 이조판서 유성룡이 전격 단행한 전라도 관찰사 인사는 그 자체로 섬뜩한 신호였다. 새로 발탁된 인물은 다름 아닌 동인계 강경파 홍여순이었다. 역모의 진원지로 지목된 전라도에 이러한 강경 동인계 인사를 보낸 것은, 사실상 강압적인 피의 탄압이 예고되었음을 의미했다.

홍여순 부임 직후, 전라도에서는 무리하고 혹독한 조사가 일파만파 이어졌다. 그 여파로 최영경, 정개청, 김빙 등 수많은 관련 인사가 줄줄이 소환되었다. 이 광기 어린 사태의 첫 희생양은 바로 '조대중 사건'이었다.

위관(옥사 총책임자)으로 임명된 심수경이 부임한 직후인 2월, 조대중은 체포되어 혹독한 고문 끝에 결국 옥사했다. 이 사건 역시 홍여순이 수사를 뒷받침했다. 3월 조대중은 끝내 억울하게 목숨을

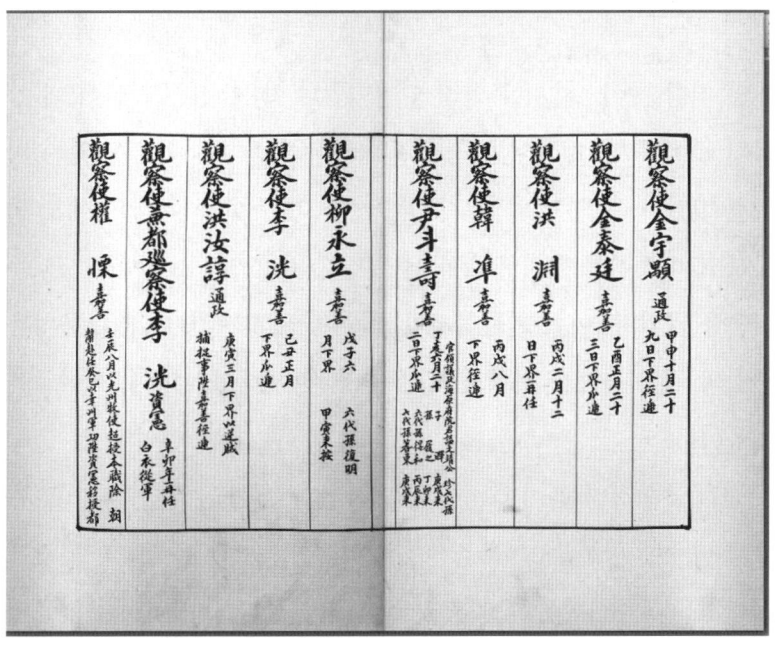

전라도 관찰사 홍여순과 한준의 기록

1590년 3월, 유성룡의 이조판서 재임 중 홍여순이 전라도 관찰사로 임명되었다. 강경한 동인계 인물이었던 그는 전라도 전역에 떠도는 소문을 근거로 다수의 인사를 구금하거나 체포했으며, 이 과정에서 최영경과 정개청 등이 피해를 입었다. 한편, 이대원 장군이 피살되던 시기의 전라도 관찰사였던 한준의 기록도 함께 전해진다.

잃었다.

  이처럼 무리하고 파렴치한 수사가 연이어 벌어지자, 심수경은 그 책임을 지고 4월경 우의정에서 물러났다. 잠시 정철이 위관직을 이어받았으나 오래가지 못했다. 유성룡이 우의정으로 승진[166]하며 수사권을 장악했다.

  유성룡이 수사 전면에 나서자, 수사는 더욱 노골적으로 정치적으로 악용되기 시작했다. 이 시기를 기점으로 동인계 강경파 인사들이 대거 요직을 장악한다. 이양원은 우찬성에, 유성룡의 대과 동

---

166) 『선조수정실록』 선조 23년(1590년) 3월 1일 유성룡을 우의정으로 삼다

기인 최황은 이조판서에 전격 임명되었다. 친 유성룡 라인이 더 강화된 것이다. 그 결과 정개청과 최영경은 억울하게 목숨을 잃는 비극을 맞았다. 특히 정개청은 호남 출신의 비주류 동인이었음에도 불구하고, 유성룡을 위시한 주류 동인 강경파의 손에 처참히 희생되는 비운을 맞았다. 이는 기축옥사가 단순한 역모 사건이 아닌, 유성룡 중심의 권력 장악을 위한 잔혹한 숙청극이었음을 여실히 보여주는 대목이다.

전라도 관찰사 홍여순은 정여립 사건의 잔당을 색출한다는 명분으로 나주에 공문을 보내 조사를 벌였고,[167] 일부 유생들과 협잡해 정개청을 살해하려는 음모를 꾸몄다. 최영경의 죽음 역시 유성룡이 보낸 홍여순의 무리한 조사 속에 이루어진 억울한 희생이었다.

기축옥사의 결정적 비극은 '양천회 사건'이었다. 김성일 등 동인 강경 세력은 양천회를 강압 수사로 몰아넣었고,[168] 결국 그를 죽음에 이르게 했다. 형 양천경, 그리고 수은 강항의 형 강해도 함께 희생되었다.[169] 기축옥사는 철저한 조작과 음모로 점철된 정치적 참사였다. 모든 실행은 동인들이 주도했으나 그 책임은 서인에게 덮어씌워졌고, 억울함을 호소할 기회조차 주어지지 않은 일방적 숙청이었다.

"(최영경과 관련된) 유언비어는 우리에게서 비롯된 것이 아니다."[170]

실제로 양천경의 상소문 어디에도 '길삼봉'이나 '최영경'에 대한

---
167) 황혁, 「기축록」, 기축록 상(己丑錄上)
168) 「선조실록」 선조 24년(1591) 8월 8일 부제학 김성일에 조강에서 최영경이 원통하게 죽은 일을 아뢰다
169) 「선조실록」 선조 24년(1591) 8월 13일 최영경을 무고한 양천경 · 양천회 · 강견 · 김극관 · 김극인 등을 국문하다
170) 송시열, 「송자대전」, 제155권 / 신도비명(神道碑銘) 송강(松江) 정공(鄭公) 신도비명

언급은 없었다. 최영경과 관련된 소문은 1589년 10월, 정여립의 아들 정옥남의 공초[171]에서 처음 등장했다. 최영경을 체포한 인물 역시 유성룡이 보낸 동인 핵심인사 홍여순이었다.

 당시 온갖 유언비어가 돌았고, 전라감사 홍여순은 제원(濟源)에서 들은 풍문을 바탕으로 상소를 올렸다. 그 내용은 "최영경이 곧 삼봉이다"는 것이었고, 이를 근거로 체포 명령이 처음 내려졌다.[172]

동인 주도의 정치 국면에서 양천회는 역모를 공모한 세력으로 몰렸다. 김성일과 홍여순은 정철을 '최영경 사건의 배후'로 몰아 제거하려 했고, 동인 세력 전체가 이에 가담했다.

정철이 파직된 뒤, 양천경 등을 보호할 사람은 아무도 없었다.

정철 탄핵의 구실로 왕세자 책봉 문제를 끄집어냈고, 서인계 인사들도 대거 탄핵이 됐다.

 홍성민, 이해수, 윤두수, 윤근수, 이산보, 박점, 유공신, 백유함, 장운익, 이춘영, 황정욱, 황혁, 김권, 황신, 유근, 이흡, 임현, 구면, 이성중, 우성전 등이 함께 탄핵당하는 초유의 정치 공세로 확산되었다.[173]

그 피해는 서인뿐 아니라, 호남계와 남명계 같은 비주류 동인들까지 포함한 정치적 참화로 번져갔다. 이들은 유배되거나 파직되었고, 당대의 명망 높은 선비와 어진 인물들이 대거 조정에서 축출되었다. 그중 이성중은 왕세자 책봉에 참여했다는 이유로, 우성전은 홍여순의 회유를 거절했다는 이유로 각각 '정철 계열'로 몰려 희생

---

171) 『선조수정실록』 선조 22년(1589) 10월 1일 이진길의 하옥을 명하고 역당을 친국하다
172) 유경서 등 『기축록 속』, 기축록 속(己丑錄續) 이해 가을 진사 유경서 등의 소[是年秋進士柳景瑞等疏]
173) 김집, 『신독재전서』, 신독재전서 제10권 / 행장(行狀)

되었다.

우성전은 분열을 중재하려 했던 인물이었다. 1591년, 대간이 정철의 죄를 논하려 하자, 사헌부 부제학 김수가 우성전에게 자문을 구했다. 우성전은 "사건의 파장을 고려하라"며 만류했지만, 대사간 홍여순은 오히려 우성전을 모함했고 결국 그를 파직시켰다.[174]

우성전 역시 동인이었지만 부당한 정치에는 뜻을 함께하지 않았다. 그는 유성룡과 동갑이었고, 퇴계 이황 문하에서 함께 수학[175]했지만 길은 달랐다. 정권을 장악한 동인 세력은 집요했다. 송강 정철이 유배지에 도착하기도 전에, 대사헌 홍여순 등은 이미 정철을 사형에 처해야 한다고 논의했다. 그러나 대사간 이덕형은 "정철의 죄가 명확하지 않아 백성들이 납득하지 못할 것"이라며 반대했다.

결국 홍여순의 계획은 이덕형의 반대[176]로 무산되었다. 이덕형은 동인 계열이었지만, 부당한 탄압에는 동조하지 않았다. 기축옥사 당시 옥사를 담당했던 인물들을 보호하기 위해 상소를 올리기도 했다.[177]

정철을 궁지로 몰기 위한 또 다른 수단이 '최영경 사건'이었다.

최영경의 체포 역시 홍여순의 조작된 보고에서 비롯되었다. 홍여순은 전라도 관찰사로서 풍문을 바탕으로 임금에게 보고했고, "최영경이 삼봉"이라 주장하여 체포 명령을 이끌어냈다.[178]

---

174) 이익, 『星湖全集』 星湖先生全集卷之五十九 / 墓碣銘 秋淵禹先生墓碣銘 幷序
175) 채제공, 『樊巖集』 樊巖先生集卷之四十三 / 諡狀
176) 김집, 『신독재전서』 신독재전서 제10권 / 행장(行狀)
177) 『漢陰文稿』 [漢陰先生年譜]
178) 『기축록 속(己丑錄續)』 기축록 속(己丑錄續) 이해 가을 진사 유경서 등의 소[是年秋進士柳景瑞等疏]

이 보고로 최영경은 서울로 압송되었고, 조정은 국청을 열어 홍여순에게 사실 여부를 조사하게 했다. 이때 정철은 최영경 수사에 반대했다.

그는 "'삼봉'이 최영경을 지칭하는지 경상·전라 양도의 관찰사로 하여금 철저히 조사한 뒤 신문하게 해달라"고 요청했다. 또 최영경이 투옥되자, "그는 효성과 우애로 이름난 인물로 역적과 내통할 리 없다"며 임금에게 강력히 변호했다.[179]

이 같은 정철의 입장에는 성혼의 요청도 작용했던 것으로 보인다. 유경서는 "정철은 최영경뿐 아니라 정개청, 정언신 등도 변호하고자 했으며, 사형을 감형하거나 부당한 처벌을 막기 위해 힘썼다"고 평가한다. 그러나 동인 세력은 이 사건을 다시 꺼내 정철을 귀양 보낸 뒤, 양천경과 강해를 체포하여 자신들이 원하는 자백을 받아내려 했다. 양천경 등이 자백한 것처럼 꾸몄지만, 양천경은 상소에서 "유언비어는 우리가 퍼뜨린 것이 아니다"라고 강하게 항변하였다.[180]

그러나 진실은 끝내 묻혔다. 최영경은 이미 사망했고, 사건의 진상은 더 이상 규명되지 못했다. 홍여순은 밀계(密啓)로 올린 자신의 보고에 대한 책임을 피하려 했다.

그는 "최삼봉의 발언은 누군가의 지시에 따른 것"이라며 다시 양천경을 심문했다. 이 과정에서 가혹한 형벌이 가해졌고, 양천경 등은 전언자로서 임예신 등 십여 명을 증인으로 지목했다.

---

179) 「기축록 속(己丑錄續)」 기축록 속(己丑錄續) 이해 가을 진사 유경서 등의 소[是年秋進士柳景瑞等疏]
180) 이덕형, 「漢陰文稿」 [漢陰先生年譜]

그러나 국청의 심문은 멈추지 않았고, 강압은 계속되었다.[181]

이때 김성일은 양천경의 인척인 기효증(기대승의 아들)을 통해 그를 회유하기 시작했다.[182]

"정철을 지목하면 전언자는 목숨을 건질 수 있다."[183]

즉, "송강 정철이 시킨 일이라고 말하면 살려주겠다"[184]는 회유이자 협박이었다. 이는 명백한 정치적 술수였다. 결국 죽음을 피할 수 없음을 직감한 양천경 등은 김성일의 회유에 굴복했고, 송강 정철을 주모자로 무고(誣告)하기에 이른다.[185] 강해는 죽기 직전, 자신의 억울함을 담은 유소(遺疏)를 남겼지만, 그 상소는 끝내 접수조차 되지 못했다.[186] 홍여순과 동인 세력은 양천경의 '자백'을 받아낸 뒤, 정철을 잡아넣는 데 성공했다며 기뻐했다.[187]

그러나 그들은 자신들이 회유한 양천경과 강해마저 죽였다.[188]

결국, 정철을 유배 보낸 뒤 동인 세력은 양천회, 강해 등 호남 유생들을 통해 "최영경의 죽음은 정철 때문이다"라고 조작한 것이었다.

그로부터 1년 뒤, 조선은 임진왜란이라는 국가적 재난을 맞이했다.

---

181) 이덕형, 『漢陰文稿』, [漢陰先生年譜]
182) 위와 같음
183) 위와 같음
184) 송시열, 『송자대전』, 제155권 / 신도비명(神道碑銘) 송강(松江) 정공(鄭公) 신도비명
185) 김집, 『신독재전서』 신독재전서 제10권 / 행장(行狀)
186) 위와 같음
187) 위와 같음
188) 송시열, 『송자대전』, 제155권 / 신도비명(神道碑銘) 송강(松江) 정공(鄭公) 신도비명

1569 양명학 배척한 유성룡, 애초부터 개혁반대

　기축옥사 시기에만 유성룡이 문제가 된 것은 아니었다. 그 이전부터 그는 시대의 개혁 흐름을 거스르는 시각과 태도를 보였다.
　대표적인 사례가 양명학의 조선 유입을 유성룡이 차단한 일이다. 이는 조선 정치가 새로운 길로 나아가는 것을 근본적으로 가로막는 중대한 사태로 이어졌다.
　유성룡은 임금 선조의 최측근으로서 조정의 실권을 장악하고 있었고, 스승 퇴계 이황의 노선을 철저히 계승하며 양명학의 유입과 확산을 봉쇄한 핵심 인물이 되었다. 이미 1569년, 28세의 유성룡은 명나라 사행 중 북경에서 태학생들과 문답을 나누는 자리에서, 그들이 유학의 종주로 왕양명과 진백사를 언급하자 곧바로 반박했다.
　국자감 등지에서 중국 유생들과 토론하며, 주자 성리학의 입장에서 양명학 유행을 강하게 비판하였다.

그는 "요즘 중국의 태학생들이 왕양명을 추앙해 학풍이 문란해졌다"고 지적하며, 진정한 유학은 송대 주자의 학설을 계승한 정통 성리학에 있다고 역설했다.

심지어 "본받아야 할 인물은 왕양명이 아니라, 명 초의 성리학자 설문청(薛文清, 즉 설헌 薛瑄)이다"라고까지 주장했다.[189]

이러한 자신의 논리에 대해 "중국 조정의 관료와 유생들까지 감탄했다"고 자평[190]하며, 스스로 만족하는 '정신승리'의 태도도 보였다.

귀국 후 그는 이 사실을 퇴계에게 보고했고, 퇴계는 "양명학의 오류를 꿰뚫어 본 것은 매우 어려운 일인데, 그대가 잘 해냈다"며 칭찬했다.[191] 이 일로 유성룡은 퇴계 철학을 실천한 대표 제자로 부각되었지만, 동시에 조선은 새로운 정치 사상의 태동을 가로막고, 정체와 암흑의 시대로 들어가는 비극을 맞이하게 되었다.

흥미롭게도, 젊은 시절의 유성룡은 한때 왕양명의 저작인 『양명집』을 구해 읽을 정도로 새로운 사상에 관심을 보였던 것으로 전해진다.

그러나 스승 퇴계 이황이 양명학을 '사문(斯文)의 화(禍)', 즉 유학을 무너뜨리는 해로운 이단으로 규정하며 비판하자, 유성룡 역시 곧 양명학에 대한 관심을 끊고 철저히 배척하는 태도로 돌아선다.

이는 그가 학문적으로 자율적 탐구를 한 인물이라기보다는, 스승의 권위를 절대시하고 그 노선을 충실히 따랐음을 보여준다.

이후 유성룡은 양명학을 주자학적 도통(道統)을 어지럽히는 사상

---

189) 유성룡, 「서애집」 서애선생 연보 제1권
190) 위와 같음
191) 유성룡, 「서애집」 서애선생 연보 제1권 先生二十九歲 三月, 回自燕京, 旣歸, 上退溪先生書, 略陳在燕京時與諸生問答語. 老先生覆書曰. 陸禪懷襄於天下, 公能發此正論, 點檢其迷, 誠不易得也.

	"유성룡, 일생 동안 양명학의 유입을 막고 맹렬히 비판"	
연도	유성룡 행적	유성룡의 양명학 저지 활동 내용
1569 (28세)	명나라 연경 사행 중	북경 태학생들, 왕양명·진백사 도학 종주라 칭함 유성룡, "왕양명은 선종적이고 진백사는 도가 미흡하다"고 강력 비판
1570 (29세)	귀국 후 퇴계에 서한	연경에서 양명학을 반박한 일 스승 퇴계에 보고 퇴계로부터 "양명학 오류 꿰뚫은 것" 칭찬 받음
1583 (42세)	경안령 이요, "유성룡 탄핵"	경안령, 임금에 유성룡 등 양명학 반대자들 비판 임금 선조, 경안령 이요의 의견 두둔함 유성룡, 외직 발령-유성룡 거부, 유성룡, 성리학 진영의 정통성 유지 다짐
1586 (45세)	성리학중시 서원운동 남계서당/옥연서당	자신의 철학을 실현할 대규모 서당 건립 퇴계 학맥 강화 및 주자학 중심 교육 공간 운영
1587 (46세)	성리학에 더 몰두	주역을 읽으며 성리학 공부에 몰두 병산서원에서 퇴계 문집 편집
1588 (47세)	형조판서 되고 경연에서	임금이 양명학의 심즉리, 치양지에 대해 질문 유성룡, "양명학은 기준이 없는 마음론"이라며 조목조목 반박
1594 (53세)	경안령 이요, 임금 만난 뒤 유성룡, 임금과 면담	왕이 양명학에 우호적인 반응 보임 유성룡, "양명학은 방자해지기 쉬우며, 양지론은 허황된다"고 주장해 반대

으로 간주하고, 정치와 제도, 경세 이념 역시 오직 주자 성리학의 틀 안에서만 찾으려는 태도를 고수하게 된다.

당시 조정 일각에서는 양명학에 대한 관심이 서서히 나타났으나, 번번이 유성룡의 반대에 부딪혔다.

1583년, 왕족이자 양명학에 호감을 가졌던 경안령 이요(李瑤)가 유성룡, 김효원, 이발 등을 권력을 독점하는 세력으로 지목하며 외직 전보를 건의하자, 선조는 이를 중요하게 받아들였다.

비록 해당 제안은 강한 저항에 부딪혀 실현되진 못했지만, 이후에도 선조는 양명학에 상당한 관심을 보이고 있었다.

1594년 7월, 선조는 경안령 이요와 양명학에 대해 직접 대화를 나눈 뒤 유성룡을 불러 의견을 묻는다. 그러자 유성룡은 "왕양명의 심즉리(心卽理)와 치양지(致良知)는 선불교의 폐단과 유사하며, 결국 이기(理氣)의 질서를 무너뜨리는 위험한 사상"이라 단언하며 양명학 논의 자체를 봉쇄하려 했다.

　　그는 "마음을 중심에 두는 학문은 처음에는 밝아 보이지만, 끝내는 혼란과 방자함에 빠지기 쉽다", "양지(良知)를 이룬다는 말은 허황되고 교만한 주장이다"라며 맹렬히 비판하였다.

　　또한 1588년, 판서와 대제학을 겸임하던 시절 경연(經筵)에서도 왕양명의 학설이 잘못되었음을 강하게 주장했고,[192] 임진왜란 중이던 1594년 7월, 선조가 "양명이 말한 '양지를 이룬다'는 표현은 어떤가?"라고 묻자,[193] 유성룡은 망설임 없이 "그 말은 거짓입니다"라고 단칼에 잘라 말했다.[194]

　　이 일화는 유성룡이 얼마나 양명학을 철저히 배척했는지를 여실히 보여주는 대표적인 사례로 자주 인용된다.

　　결국, 퇴계가 학문적으로 양명학을 비판한 인물이라면, 유성룡은 그것의 사회적 영향력을 정치적으로 봉쇄한 인물이 되었다.

　　그의 강경한 입장과 철저한 배척은 실학과 과학, 그리고 사상의 다양성을 차단하는 결과를 낳았고, 조선을 '실사구시 정치'로부터 멀어지게 하였다. 그 결과 조선은 명분에 집착하고 '대명천지론'에 갇히게 되었으며, 이는 훗날 각종 전란을 자초하는 사상적·제도적 기반이 되었다.

---

192) 유성룡,『서애집』서애선생 연보 제1권　後先生入經筵, 又極陳陽明心術之非, 學問之謬.
193)『선조실록』선조 27년(1594) 7월 17일　유성룡이 요동의 자문에 대한 일, 성문을 지키며 척간하게 하는 일, 군량에 관한 일, 이요를 청대한 일 등을 아뢰다
194) 위와 같음

유성룡의 '정신승리'와 달리 성리학의 종주국이었던 중국은 당시 양명학이 풍조를 이뤘다. 정치가 개혁 방향으로 바뀌고 있었다. 왕양명은 '마음이면 곧 이치'라는 주장에서 드러나듯이 인간 개개인의 마음과 양지(良知)를 중시하여, 이론적으로는 신분과 관계없이 누구나 성인이 될 수 있다는 평등 세상으로 바뀌고 있었다. 실제로 명말 청초에 일부 양명학자들은 '만민평등'이나 '민본주의'적인 발상을 펼치기도 했고, 양명학 좌파로 분류되는 이지(李贄) 같은 인물은 성리학의 형식주의를 비판하며 사회 기득권을 공격했다.

조선에서도 양명학에 관심을 가진 지식인들이 있었고, 또 기존 신분제나 예속 질서에 문제의식을 가지는 일도 있었다. 율곡 이이 같은 이가 그랬다. 그는 "양반과 과거 제도로 인재 등용을 한정하니 인재 부족이 생긴다"며 "서얼이라 해서 어진 이를 버려두는 폐단은 옳지 않다"는 입장에 섰다. 신분제 개혁 입장에 선 것이다. 동시대의 서인 계열이 이 기조를 따랐다.

그러나 유성룡과 동시대의 주류 동인들은 율곡 이이와 같은 움직임을 용납하지 않았다. 게다가 이를 강조하는 이들을 공격했다. 율곡 이이는 정치에서 배척되고 이즈음 죽음을 맞이하게 된다.

그런 그가 예조판서, 이조판서, 병조판서 등 요직과 우의정, 좌의정, 영의정 지위에까지 올랐으니, 개혁정치에 상당한 장애가 되었음이 짐작될 만한 일이다.

조선 정치는 우려처럼 폐단을 낳았다. 앞서 살펴본 바와 같이 퇴계 이황의 「전습록논변」, 그리고 유성룡의 '반(反)양명학 논거' 이후 양명학은 조선 유학계에서 일종의 '금기'가 되었다.

조선 사회에서 양명학이 '이단'으로 규정된다. 문제는 유성룡이 조정의 핵심 실세이자, 임금의 최측근이라는 점이었다.

이렇듯 조선의 사상 지형에서 양명학이 뿌리내리지 못한 데에는, 유성룡의 강력한 견제가 결정적이었다.

실제 앞서 이런 황당한 일화도 있다. 임진왜란이 발발했을 당시, 성리학의 종주국이었던 명나라에서는 이미 '양명학'이 학문적 주류를 이루고 있었다. 반면, 중국으로부터 성리학을 받아들인 조선은 오히려 양명학을 철저히 거부하고, 오직 주자학만을 절대화하고 있는 상태였다. 이처럼 경직된 조선의 학문 풍토는 중국의 시각에서 볼 때 매우 폐쇄적이고 답답한 것이었다.

1593년 9월 명나라 경략 송응창은 조선을 돕기 위해 파견되어 조선의 학문 실태를 직접 보고는 놀라움을 감추지 못했다.

그는 조선이 학문을 어떤 자세로 대하고 있는지 알고자 하였고, 이에 조선 조정에 도학(道學)을 함께 강론할 학자를 보내 달라고 요청하였다. 이에 조선 조정은 가장 뛰어난 학자들이 포진한 세자 시강원에서 문학 유몽인, 사서 황신, 설서 이정귀를 선발해 보냈다. 세자를 가르치는 대표 학자들이 나선 것이다.[195]

송응창은 자신의 군영에서 이들과 함께 『대학』의 뜻을 주제로 도학 토론을 열었다. 이정귀는 『경』의 첫 장부터 『전(傳)』의 열 장까지 장별로 주자의 해석을 따라 강론하였는데, 송응창은 이에 대해 "주석을 그대로 답습하지 말라"고 제동을 걸었다.[196]

---

195) 『선조수정실록』 선조 26년(1593) 9월 1일 경략이 처음 이르렀을 때 황신·이정구 등과 도학을 강론하다
196) 이정귀, 『월사집』 월사집 연보 제1권 월사선생연보(月沙先生年譜)

송응창은 정자의 '친민(親民)' 개념을 조선이 '신민(新民)'으로 잘 못 해석하고 있다며 주자학 자체의 해석에까지 이의를 제기했고,[197] 이는 사실상 주자 중심의 학문 체계에 대한 비판이었다.

이는 명나라에서는 이미 육상산(陸象山)과 왕양명(王陽明)으로 이어지는 양명학이 주류를 이루고 있었기 때문에 가능한 비판이었다.

그러나 이정귀는 이에 굴하지 않고 정주(程朱)와 육성(陸姓)의 학문 차이를 설명하면서, "우리 조선은 오직 정주만을 스승으로 삼고 따를 뿐, 다른 학설은 배우지 않았다"고 응수하였다.[198]

결국, 이정귀는 주자의 견해를 근간으로 『대학』 전체를 해석해 제출하였고, 송응창은 형식적으로는 이를 칭찬하면서도 조선의 학문적 경직성을 뚜렷이 인식하게 된다. 이 일화는 단순한 학술 논쟁이 아니라, 조선이 왜 양명학이라는 새로운 학문을 끝내 받아들이지 못했는지를 잘 보여주는 역사적 장면이다.

유성룡은 조선에서 학문의 경직성을 조장한 대표적인 인물이었다. 그는 스승 퇴계 이황과 마찬가지로 양명학을 철저히 이단시하며, 조선 유학계에서 '유연성'이라는 가능성의 문을 완전히 닫아버렸다.

만약 그때 조선이 송응창의 문제 제기를 보다 열린 자세로 받아들였더라면, 조선의 학문은 더 넓은 세계와 소통하며 사상적 전환점을 맞이할 수도 있었을 것이다. 그러나 조선은 주자 성리학이라는 좁은 틀에 자신을 가두었고, 이는 훗날 실학의 성장도 가로막고 시대 변화에 유연하게 대응하는 데도 큰 걸림돌이 되었다.

---

197) 『승정원일기』 승정원일기 834책 (탈초본 46책) 영조 12년 9월 29일 경신 13/14 기사 1736년 乾隆(淸/高宗) 1년
198) 이정귀, 『월사집』 월사집 연보 제1권 월사선생연보(月沙先生年譜)

1575 당쟁의 시작은 개혁에 대한 반발이었다

1575년, 조선을 뒤흔든 동서분당이 일어났지만, 그 조짐은 이미 이전부터 시작되고 있었다.

양산숙은 아버지 양응정으로부터 그 폐해를 직접 들으며 자랐다.

1557년, 외척 권신 윤원형과 이량의 후원을 받은 김여부(金汝孚)가 신진 명망가 김홍도(金弘度)와 양응정 등을 공격하면서 붕당 정치가 현실화된다. 김홍도는 진사·대과 모두 장원급제한 엘리트였으나, 김여부는 "김홍도가 상중에 근신하지 않았다"며 공개 비방했다.[199] 이는 정적 제거를 위한 정치적 음해에 가까웠다. 당시 김홍도가 과거에서 장원하고 재능과 명성이 있었을 때로, 이조에서 낭관이 김홍도를 추천하려 하였는데, 김여부가 "그가 가정생활에 문제가 있다"며 추천을 방해했다.[200]

199) 정유일 「문봉집」 문봉집 제5권 한중필록(閑中筆錄)
200) 「명종실록」 명종 12년(1557) 2월 13일 송찬·이탁·김여부에게 관직을 제수하다

그 배후엔 당시 권세가였던 윤원형과 이량이 있었다. 윤원형-이량-김여부 측의 공세로 김홍도가 몰리고, 양응정, 김계휘, 고경허 등이 김홍도 계열로 분류되어 일제히 파직·좌천되었다.[201]

특히 양응정은 직전 해인 1556년 중시 장원[202]이자 조정의 기대주였기에 충격은 컸다. 이 사건은 조선 중기 당쟁의 서막이며, 외척 권신이 개혁 세력을 제거한 대표적 정치 탄압 사례였다.

당시엔 윤원형 측이 이긴 듯 보였지만, 후대에는 김여부 일파가 '질투심이 많고 음험했으며, 거칠고 도리에 어긋나는 일을 자주 저질렀다'고 기록[203]되었고, 김여부 역시 삼사의 탄핵으로 축출되고, 윤원형도 몰락의 길을 걷게 된다.

18년 뒤 벌어진 동서분당 역시, 1557년의 양상이 반복된 것이었다. 동인 세력이 먼저 정치 세력화해 반대편을 '서인'이라 규정하고 공격했다. 초기엔 심의겸 측이 서인으로 몰렸고, 이후 정철 지지파, 중립파인 율곡 이이와 성혼까지 무차별적으로 서인으로 규정되며 갈등은 확산됐다. 이정암의 기록에 따르면 갑술년(1574년)부터 사림은 동서로 나뉘어 붕당을 형성했고,[204] 동인의 핵심은 유성룡을 비롯하여 오건, 정탁, 김우옹, 김효원, 김성일 등[205]으로 지목됐다.

조광현, 이귀 등 서인계 인사들도 유성룡을 비롯하여 이발, 김우옹 등을 거론했고,[206] 이들이 공론을 독점하며 다른 노선을 철저히 배척했다고 봤다. 율곡은 한 때 이발의 배척을 우려해 정철에게 "당색

---

201) 정유일 『문봉집』 문봉집 제5권 한중필록(閑中筆錄)
202) 심수경, 『견한잡록』 견한잡록(遣閑雜錄) 견한잡록(遣閑雜錄)
203) 『명종실록』 명종 12년(1557) 2월 13일 송찬·이탁·김여부에게 관직을 제수하다
204) 이정암 『四留齋集』 四留齋集卷之八 行年日記[上]
205) 위와 같음
206) 『선조수정실록』 선조 20년(1587) 3월 1일 성균 진사 조광현·이귀 등이 스승 이이가 무함당한 정상을 논한 상소문

봉쇄당한 개혁 | 117

을 넘어 이발 등과도 협력할 것"을 조언하며 조정의 통합을 시도했다.[207] 그러나 동인은 윤근수 형제와 조카 윤현[208]은 물론, 중립 성향의 김계휘마저 탄핵해 쫓아냈다. 이 과정에서 비동인계 인사들은 정치의 주변으로 밀려났고, 정철이 본격적으로 동인과 대립하면서 동서 간 분열은 극단으로 치달았다.

정책 노선도 뚜렷하게 갈렸다. 서인은 개혁을 강조하며 정치 전반의 제도 개혁을 주장했고, 동인은 이를 보수적 논리로 거부했다.

특히 유성룡은 통합 의지를 보이지 않았고, 1579년 율곡이 '수사(收司)의 법칙'을 제안하자,[209] 유성룡은 이를 "상앙의 법을 인용한 부적절한 망발"이라며 강하게 비난했다.[210] 이는 단순한 반대가 아니라 율곡의 개혁 의도를 왜곡하고 갈등을 부추긴 처사였다. 결국 동서 대립은 돌이킬 수 없는 당쟁의 고착으로 이어졌다.

1581년, 조헌이 전라도 도사로 부임하자 친구이자 동인 측 거물 인사가 된 이발의 말을 믿고 정철을 피하려 한다. 이에 정철이 조헌에게 직접 말한다:

"공과 나는 원래 아는 사이도 아닌데, 어찌 나를 소인이라 단정하시오?"[211]

조헌은 처음엔 거절했지만, 율곡 이이와 우계 성혼의 설득으로 전주로 돌아와 정철과 함께 일하며 신뢰를 쌓는다. 훗날 조헌은 고백했다.

"사람들 말을 믿고 선생님을 잃을 뻔했습니다."[212]

---

207) 『선조수정실록』 선조11년(1578) 10월 1일 양사가 윤두수·윤근수·윤현을 논핵하여 파직시키다
208) 위와 같음
209) 『선조실록』 선조 12년(1579) 6월8일 집의 홍혼 등이 이이의 동·서 보합에 대한 상소를 가지고 논란을 벌이다
210) 위와 같음
211) 조헌, 『중봉집』, 重峯先生文集附錄卷之一 / [附錄] 年譜   正與此符合, 先生料敵之妙, 於此益驗, 至於備倭策中所薦十餘人, 在平時皆未知名, 及後亂作, 竟獲其用, 其中如金時敏, 趙熊等, 尤表表可.
212) 위와 같음

1579 더욱 심해지는 동인들의 공세

1575년, 조선의 정치권은 동인과 서인으로 나뉘어 격렬한 대립이 시작되었다. 이 대립은 시간이 지날수록 심화하였고, 특히 동인들이 서인에 대한 공세를 집요하게 이어가며 조정은 극심한 혼란에 빠졌다.

1579년(선조 12년), 동서분당으로 인한 갈등이 심화하자, 율곡 이이는 이를 막기 위해 중재자로 나섰다. 대사간으로 임명된 그는 병을 이유로 부름에 응하지 않고, 대신 상소를 올려 '동서분당의 문제'를 정면으로 제기했다.

그는 "동인이 서인을 지나치게 공격하고, 옳고 그름을 억지로 규정하고 있다"고 비판하고, "당파를 타파하고 선비들을 하나로 모아 나라를 위해 힘쓰게 해야 한다"고 주장했다.[213]

그러나 임금은 "상소의 표현이 부적절하다"며 동인의 손을 들어주

---

213) 『선조실록』 선조 12년(1579) 6월 8일 집의 홍혼 등이 이이의 동·서 보합에 대한 상소를 가지고 논란을 벌이다

었고, 오히려 "이이를 파면하라"고 명했다.[214]

이에 사헌부·사간원과 홍문관에서는 논쟁이 끊이지 않았다.[215]

이 사건은 율곡 이이가 동서 간 갈등을 막기 위해 노력했으나, 선조는 이미 동인 쪽의 주장을 두둔한 사례로 남았다.

1583년, 북방에서는 여진족 이탕개의 침략으로 인해 조선이 위기를 맞았다. 병조판서로 임명된 율곡 이이는 병마와 물자를 동원하여 북방 방어를 주도했다. 그러나 동인들은 이이가 임금의 허락 없이 말을 바치게 한 일을 문제 삼으며, 이를 권력 남용으로 몰아갔다.

이를 빌미로 동인들은 이이를 "나라를 그르친 소인(小人)"으로 몰아가며 그를 집중적으로 공격하기 시작했다. 동인들은 이이가 신진 선비들을 억누르고 정적을 배척했다고 주장하며, 그를 "임금을 무시하고 권력을 남용한 재상"으로 몰아갔다.

선조는 처음에는 동인들의 이러한 공세가 과도하다고 판단했다.

그는 율곡 이이가 전쟁 상황에서 빠른 결정을 내린 것일 뿐, 임금을 업신여길 의도가 없었다고 보았다. 선조는 또 동인들이 이이를 공격하면서도 명확한 증거를 제시하지 못하는 점을 지적하며, 공론을 담당해야 할 대간이 사적인 감정을 앞세워 사람을 배척해서는 안 된다고 경고했다.

그는 조정이 동인과 서인으로 분열되는 상황을 우려하며, "각자가 유파를 만들어 나라를 어지럽히는 일을 멈춰야 한다"고 강조했다.

그러나 동인들의 공세는 계속되었다. 7월 16일, 대사간 송응개, 허

---

214) 『선조실록』 선조 12년(1579) 6월 8일 집의 홍혼 등이 이이의 동·서 보합에 대한 상소를 가지고 논란을 벌이다
215) 위와 같음

봉 등 동인들이 율곡 이이와 심의겸을 비판하는 상소를 올리며, 이이를 논박하며 "이이는 원래 머리를 깎은 승려였다. 임금과 부모를 버리고 인간의 도리를 어겼다…그는 다시 속세로 돌아와 권세가에 기생했다…그가 과거시험에 합격해 임금께 인사드리러 갈 때, 유생들 다수가 그와 함께 서는 것을 부끄러워했다. 통로를 막아 출입을 허락하지 않았다"고 비난했다.[216] 실제 1564년 당시 유성룡 등 동인들이 대과에서 장원한 율곡이 임금을 만나는 일을 집단으로 방해했다.

이들 동인은 7월 19일, 이이, 성혼, 박순 등을 공격하며 그들이 사적인 당을 만들어 조정을 어지럽혔다고 비난했고[217], 7월 21일에는 박순의 파직을 요구하며 이이와 성혼이 조정을 사적으로 운영했다고 주장했다.[218]

동인들의 비판 속에서도 일부 신하들은 이이가 북방 방어를 위해 행동했던 점을 옹호하며, 그의 행동이 고의적인 권력 남용이 아니었다고 변호했다. 그러나 동인들은 9월 11일에도 추가로 이이와 성혼이 당을 형성해 조정을 혼란에 빠뜨렸다고 비난하며, 이이와 정철의 파직을 요구했다.[219]

결국, 1583년은 조선 정치사에서 동인과 서인의 붕당 갈등이 본격적으로 심화한 해였다. 동인은 율곡 이이를 중심으로 서인을 집중적으로 공격하며 공세를 강화했고, 조정은 극심한 혼란 속에 휘말렸다.

---

216) 『선조실록』 선조 16년(1583) 7월 16일 대사간 송응개가 성혼의 상소를 계기로 이이와 심의겸의 일을 아뢰다
217) 『선조실록』 선조 16년(1583) 7월 19일 양사가 영상 박순·심의겸·이이·성혼을 비판하는 차자를 올리다
218) 『선조실록』 선조 16년(1583) 7월 21일 양사가 영상 박순이 사적인 당을 만들기에 급급하였다며 파직을 청하다
219) 『선조실록』 선조 16년(1583) 9월 11일 간원이 양사가 이이를 비판한 본의를 말하고 정철의 파직을 청하다

1573 유성룡, 젊은 선비들의 언로를 틀어막다!

1575년 동서 사림이 분열되기 2년 전인 1573년, 젊은 선비들의 언로가 막히는 사건이 발생했다. 그 중심에는 유성룡이 있었다.

조선 시대 사마소(司馬所)는 각 지방에 설치된 젊은 선비들의 대화와 토론 공간으로, 생원과 진사들이 지역 문제와 국가적 사안을 논의하던 장소였다. 이는 지방 자치기관과 비슷한 역할을 하며, 유향소(留鄕所)의 한계를 보완하려는 취지에서 만들어졌다. 당시 유향소는 훈구파의 영향 아래 수령의 자문기관으로 전락해 있었기 때문이다. 그러나 사마소가 점차 활성화되자 이를 위협으로 여긴 세력들이 폐지를 주장했고, 결국 선조 6년(1573년) 정6품 이조좌랑이던 유성룡의 주도로 사마소는 혁파되었다.[220]

---

220) 이제신, 『청강선생 후청쇄어(淸江先生鯸鯖瑣語)』

유성룡은 "사마소가 세력을 키워 폐단을 초래하고 있다"고 주장하며 폐지를 강행했다. 그러나 당시 영남 지방에는 이미 사마소를 대체할 조직적인 언로 체계인 서원이 존재했으며, 조정에서는 양명학(陽明學)을 수용하자는 논의도 진행 중이었다.

박순의 기록에 따르면, 절강 순무(浙江巡撫) 사정걸(謝廷傑)은 왕수인(王守仁)을 문묘(文廟)에 배향(配享)할 것을 청했다고 한다.[221] 그는 왕수인이 육구연(陸九淵)을 스승으로 삼았으며, 두 학자가 독서와 수양을 중시했다고 언급했다. 또한 주자(朱子)가 제자들에게 몸과 마음을 다스리는 것을 가르친 점을 들어, 주자와 육구연의 학문을 대립시키는 것은 두 사람의 학문을 제대로 이해하지 못한 것이라 주장했다.[222]

이에 선조는 "예부(禮部)가 이를 검토하고 논의한 후 보고하라"고 명령했다.[223]

그러나 왕수인의 문묘 배향 시도는 곧 반발에 부딪혔다.

"왕수인이 스스로 성인(聖人)을 자처하며 주자를 비방했다. 중국의 학문을 좋아하는 자 중 일부가 이에 동조하고 있다"[224]며 거센 비판이 일었다. 이들은 오히려 명나라 학자 진건(陳建, 1479-1567)이 쓴 《학부통변(學蔀通辯)》을 출판해 보급[225]하자고 주장했다. 《학부통

---

221) 『선조실록』, 선조 6년(1573) 1월 17일 하등극사 박순이 명의 정치 상황과 왕수인의 문묘 배향 논의를 아뢰다
222) 위와 같음
223) 위와 같음
224) 위와 같음
225) 『선조실록』, 선조 6년(1573) 3월 17일 조강에 유성룡 등이 토지 겸병, 명의 왕수인, 교서관 출판 등을 논하다

변》은 불교, 육구연, 왕수인의 학문을 이단으로 규정하고 이를 비판하기 위해 쓴 책이었다. 이러한 강경한 주장에 선조는 우려를 표했다.

"왕수인도 재능과 기개가 있었고, 업적을 세운 인물이다."[226]

이에 유희춘은 즉각 반박하며 말했다.

"왕수인은 주자의 저술을 비방하며 '홍수와 맹수의 재앙보다 더하다'고 표현했으니, 그의 사상은 매우 사악합니다."[227]

선조는 이를 지나친 표현이라 여기며 말했다.

"이를 사악하다고 하는 것은 너무 과한 말이 아니겠는가?"[228]

이 논쟁은 퇴계 이황이 1566년《전습록 논변》에서 양명학을 비판한 논리에 기반하고 있었다. 이러한 흐름 속에서 1573년은《주자대전》등 보수적 성리학 중심의 책들이 대대적으로 편찬되며 조선이 보수화로 돌아가는 전환점이 되었다. 사마소의 혁파 역시 이러한 보수화 흐름과 무관하지 않았다.

유성룡은 사마소를 "많은 폐단을 초래하는 곳"으로 규정하며 혁파를 주장했다. 이는 지방에서 젊은 선비들이 형성하는 개혁 세력이 중앙 권력 구조에 도전할 가능성을 사전에 차단하려는 정치적 판단으로 보인다. 이 결정은 개혁의 불씨를 억제하고 기득권 체제를 유지하며 정국 안정을 도모하려는 의도였지만, 결과적으로 젊은 유생들의 정치적 성장과 개혁 가능성을 저해하는 결과를 초래했다.

226) 「선조실록」, 선조 6년(1573) 3월 17일 조강에 유성룡 등이 토지 겸병, 명의 왕수인, 교서관 출판 등을 논하다
227) 위와 같음
228) 위와 같음

연산군 시기에도 유사한 논쟁이 있었다. 연산군 4년(1498년) 무오사화 당시, 유자광은 "유향소 외에 사마소 같은 무리가 모이는 것은 결코 허용될 수 없다"[229]고 주장했으며, 윤필상은 "김종직의 간당(姦黨)들이 떼 지어 비뚤어진 논의를 일삼던 곳이 바로 사마소다. 이런 풍조를 반드시 개혁해야 한다"[230]며 강하게 비판했다.

유성룡의 논리는 이와 본질에서 다르지 않았다.

결국, 사마소는 젊은 선비들의 언로 역할을 했지만, 서원의 세력 확장과 성리학 중심의 보수적 시대 흐름 속에서 사라졌다. 사마소가 폐지된 이후 서원이 파당의 온상으로 급격히 부상했으며, 명종 때 17개에 불과했던 서원의 수는 선조 때 100개를 넘어 성리학적 질서를 강화하는 중심지가 되었다.

---

229) 『연산군일기』, 연산군 4년(1498년) 8월 10일 윤필상 등이 사마소의 폐단에 대해 논하다
230) 위와 같음

1582 10만 양병 반대한 자는 유성룡이었다!

유성룡은 단순히 언로를 막는 데 그치지 않고, 경장(更張)과 개혁의 움직임마저 방해했다.

'경장'이란 원래 거문고의 느슨해진 줄을 팽팽하게 조여 다시 제대로 된 소리를 내게 한다는 뜻이다. 그러나 일반적으로는 '오래된 문제를 해결하고 나라의 체제와 문화를 새롭게 개혁한다'는 의미로 사용된다. 즉, 해이해진 기존 체제를 바로잡아 새롭게 바꾸자는 뜻이다.

조선 시대에 '경장'을 주창한 대표적인 인물은 율곡 이이였으며, 이를 방해한 중심에 있던 사람이 바로 유성룡이었다.

이이는 1574년 1월과 2월에 각각 열린 만언소와 주강에서 처음으로 '경장'을 언급하며, "경장할 생각이 왜 적으신가?"[231] 또는 "경장

---
231) 『선조수정실록』, 선조 7년 1574년 1월 1일 우부승지 이이의 시폐와 재변에 관한 만언소

하지 않으면 나라가 제대로 돌아갈 수 없다"[232]고 말하며 개혁의 필요성을 제기했다. 특히 그는 "법이 오래되면 반드시 문제가 생긴다. 특히 조세 제도는 반드시 고쳐야 하며, 낡은 법을 그대로 두고 개혁하지 않으면 좋은 정치를 기대할 수 없다"[233]고 주장했다.

이후에도 이이는 지속해서 '경장'을 주장했다. 1574년 2월 29일에는 공안(貢案, 조세 제도)의 개정을 요청하며 경장의 필요성을 강조[234]했고, 1575년에는 백성을 구제하려면 반드시 경장이 필요하다[235]고 역설했다.

1578년과 1581년에도 국가 체제와 제도를 개혁해야 한다고 주장하며 계속해서 경장을 요구했다. 1582년에는 의정부 우참찬에 오른 뒤 사직 상소를 통해 "전하께서는 오랫동안 쌓인 폐단을 계승하셨으니, 반드시 경장할 방법을 모색하셔야 합니다. 경장 하지 않으면 나라가 망할 것이 분명한데, 그냥 기다릴 수만은 없습니다. 경장이 필요합니다."[236]라고 못 박았다.

1582년에는 군사력을 강화하기 위한 양병 계획과 더불어 경장(개혁)을 요구했다. 이이가 여러 차례 경장을 강조한 이유는 국가의 제도와 법이 오래되어 부패하고, 이를 개혁하지 않으면 백성들이 고통받을 수밖에 없다는 절박한 인식에서 비롯되었다. 그의 경장 주장의 핵심은 조선 사회의 문제를 해결하고 국가를 더욱 강하게 만들기 위해 낡은 법과 제도를 바꾸자는 것이었다.

---

232) 「선조실록」, 선조 7년 1574년 2월 1일 주강에서 지와 행, 역대의 정사, 폐정 개혁, 향약 시행, 《이륜행실》 등을 논하다
233) 위와 같음
234) 「선조실록」, 선조 7년 1574년 2월 29일 이이가 공안의 개정, 성혼의 인물됨, 현자를 격외로 대우해야 함을 아뢰다
235) 「선조실록」, 선조 8년 1575년 6월 24일 이이가 백성을 위해 개혁 정치를 할 것을 청하다
236) 「선조수정실록」, 선조 15년 1582년 9월 1일 이이가 네 가지 시폐의 개정을 논한 상소문

율곡 이이는 1582년 9월 우참찬에 이어 우찬성에 임명된 뒤 만언소(萬言疏)를 올려 나라의 병폐를 직언했다.

이이는 신분이나 출신을 가리지 않고 능력 중심으로 인재를 등용하고, 권한을 분산함으로써 공정한 행정과 국가의 권위 확립을 주장했다. 또한, 공납제 개혁, 관직 축소 및 적재적소 배치, 감사의 장기 재직을 핵심 개혁 과제로 제시했다.[237]

이는 단순한 제안이 아니라, 국가의 안정과 발전을 위한 절실한 개혁 요구였다. 하지만 이이의 개혁안은 유성룡의 반대에 부딪혔다.

당시 선조 역시 경장의 필요성을 느끼며 "경장 시키는 것이 어떻겠는가?"[238]라고 물었고, 장령 홍가신이 "지금 가장 급한 문제입니다"[239]라고 대답했다. 홍가신은 경장의 필요성을 설명하며, 낡은 궁전을 수리하듯 나라의 제도도 고쳐야 한다[240]고 비유했다.

"비유하면 이 궁전은 본시 조종이 창건하신 것입니다. 그러나 세월이 오래되어 무너질 형편이라면 조종이 창건한 집이라 하여 수리하여 고치지 않고 그저 앉아서 무너지는 것을 보고만 있을 수 있겠습니까. 필시 재목을 모으고 공장(工匠)을 불러들여 썩은 것은 갈아내고, 허물어진 데는 보수한 뒤에야 산뜻하게 새로워지는 것인데 경장 시키는 계책이 무엇이 이것과 다르겠습니까."[241]

이에 선조도 고개를 끄덕였다. 그러나 다음날 유성룡이 차자를 올려 "이이의 논의가 시기에 맞지 않는다"[242]고 강력히 비판하면서 경

---

237) 이이, 「율곡전서」, 栗谷先生全書卷之三十四 / 附錄 二 年譜下
238) 「선조수정실록」, 선조 15년 1582년 9월 1일 이이가 네 가지 시폐의 개정을 논한 상소문
239) 위와 같음
240) 위와 같음
241) 위와 같음
242) 위와 같음

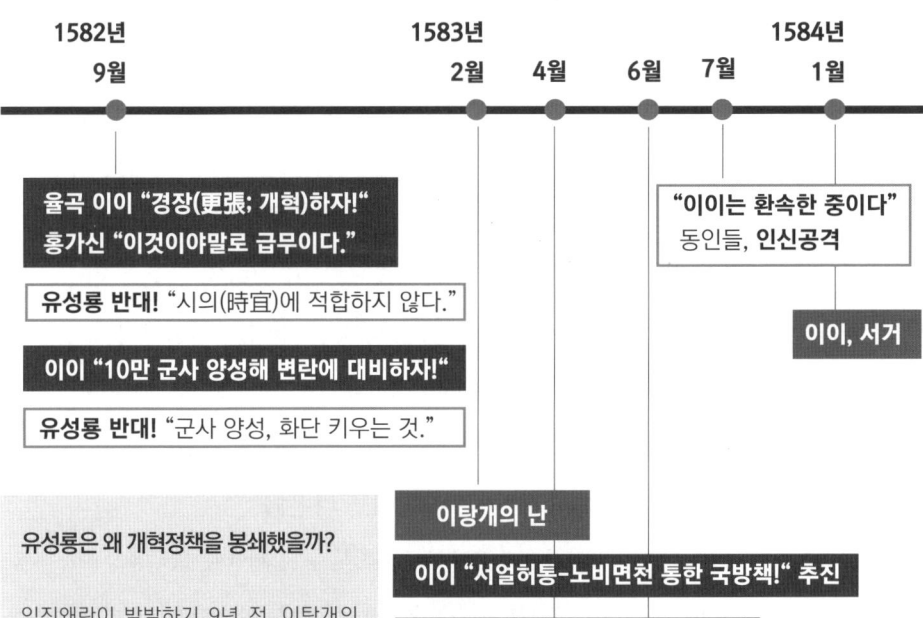

유성룡은 왜 개혁정책을 봉쇄했을까?

임진왜란이 발발하기 9년 전, 이탕개의 난이 있었다. 이 사건은 조선에 국방 강화를 요구하며, 군사력 증대와 전투용 말 확보 같은 시급한 과제를 안겼다. 당시 병조판서 율곡 이이는 이를 해결하기 위해 '서얼 허통'과 '노비 면천법'을 제안하며 '10만 양병론'을 강력히 주장했다. 그는 구체적인 개혁안인 '경장(更張)'을 임금에게 제시했지만, 유성룡과 동인들에 의해 철저히 봉쇄당했다.
단순한 반대가 아니었다. 그들은 집단적으로 율곡을 공격하며 결국 그를 조정에서 물러나게 만들었다. 이로 인해 율곡은 정치적 좌절 속에 생을 마감했다. 8년 후, 조선은 임진왜란이라는 참혹한 전쟁을 겪게됐다. 이 전쟁으로 416만 명이던 인구는 165만 명으로 급감하며 국가의 존립까지 위협받는 비극을 겪었다.

봉쇄당한 개혁

장 논의는 중단되었다.[243] 홍가신은 이해할 수 없었다. 그런데 유성룡이 오히려 홍가신을 힐책하고, 홍가신은 이에 반문했다.

유성룡 : "(장령 홍가신은) 이이의 논의에 동조했습니다."[244]

홍가신 : "유공(유성룡)은 과연 경장 하는 것을 그르다고 여깁니까?"[245]

그것으로 끝나지 않았다. 유성룡은 국방 대비책까지 반대한다.

이이는 경연에서 "미리 10만의 군사를 양성하여 뜻하지 않은 변란에 대비해야 한다"[246]고 주장하며 국방을 대비할 대책을 제시했다.

그러나 유성룡은 "군사를 기르는 것이 곧 재앙을 기르는 것(養兵所以養禍也)"[247]이라며 강하게 반대했다.

이 기록은 백사 이항복이 쓴 율곡 비명에도 나온다.

이이는 "군사 10만 명을 양성하여 유사시에 대비하자"고 제안했지만, 유성룡은 이를 반대했다. 이이가 조정에서 물러나 유성룡에게 "나라의 형세가 오랫동안 부진한데, 속된 유학자들이 시의에 밝지 못하더니, 그대도 이러한 말씀을 하십니까?"라고 말했다.[248]

결국, 유성룡의 반대로 이이의 국방대책은 실행되지 못했고, 이 결정은 결국 큰 문제를 일으키게 된다. 이 논의가 있던 이듬해인 선조 16년(1583년), 여진족 이탕개(尼湯介)가 북방을 침략[249]한다.

우선 이를 막을 군사가 부족했고, 병마도 턱없이 부족했다. 당장

---

243) 『선조수정실록』, 선조 15년 1582년 9월 1일 이이가 네 가지 시폐의 개정을 논한 상소문
244) 위와 같음
245) 위와 같음
246) 위와 같음
247) 위와 같음
248) 이항복 『백사집』, 백사집 제4권 / 비명(碑銘) 율곡 선생(栗谷先生)의 비명(碑銘)
249) 『선조실록』, 선조 16년 1583년 2월 7일 북도 병사 이제신이 경원부 오랑캐의 도적 행위를 보고하자 조방장을 파견하다

군사를 늘리기도 쉽지 않았다. 막대한 국방비가 필요했다. 하지만 이미 도탄에 빠진 백성들에게 더 이상의 국방비를 징수할 수 없는 상황이었다. 이는 유성룡의 잘못된 판단이 초래한 인재(人災)였고, 그 피해는 막대했다.

이이는 병조판서 겸 비변사 유사로서 군무 전반을 총괄하며 밤낮없이 대응에 헌신했다. 군복 구입을 위한 자금을 마련하고, 백관들의 봉급을 줄여 가족을 위로했으며, 곡식을 운반할 인력을 조직하고, 말을 낸 자에게는 징병을 면제하는 등 현실적인 조치를 연이어 시행해 군심을 안정시키고 군량도 확보했다. 그러나 과로로 쓰러져 임금의 명으로 잠시 요양하게 되자, 삼사(사헌부·사간원·홍문관)는 이를 문제 삼아, "권한을 독단적으로 행사하고 임금을 무시했다"며 탄핵했다.

이 틈을 타 송응개, 박근원, 허봉 등 과거에 이이에게 질책당했던 인물들이 모함에 가세했고, 동인 세력 전체가 총동원되어 공격에 나섰다. 삼사와 홍문관은 결국 이이를 '국가를 망친 소인'이라 규정하며 파직을 강력히 요구했다.

이이는 국가적 위기 속에서도 신분제를 완화하고, 재정 부담 없이 군사력을 확대할 수 있는 현실적인 해법을 제시했다.

그는 "육진 방어에 자원해 3년 이상 복무한 서얼에게는 과거 응시를 허용하고, 공사천 노비는 부모 중 양인을 따라 양인 신분을 얻게 하자"[250]고 건의했다. 이에 선조도 크게 공감하며 말했다.

"사노(私奴)의 존재 자체가 이치에 맞지 않는다. 나라가 이처럼 위급한데 양반도 나서 싸워야 한다. 하물며 노비들이야 말할 필요가 있겠는가? 안변 이북의

---

250) 『선조실록』, 선조 16년 1583년 2월 12일 육진 방어에 임한 서얼의 과거 허용, 공·사천의 종량한다는 병조의 사목

건장한 사노들을 징집해 군대로 편성하고, 그 대신 하삼도(충청·전라·경상)의 공노비를 보내거나, 다른 방식으로 보상해보라."[251]

그러나 유성룡을 비롯한 동인계가 다수 포진한 사간원·사헌부 양사는 즉각 반대하며 단언했다.

"거행해서는 아니 됩니다."[252]

결국 이이의 개혁안은 폐기되었다.[253]

서얼에게 기회를 주려던 '서얼 허통법', 노비에게 해방의 길을 열어주려던 '노비 면천책'은 모두 봉쇄되었다. 앞서 이이가 제시했던, 지방 무과 응시자를 정로위(定虜衛)로 편입시켜 요충지를 방어하게 하자는 군사 개혁안[254] 역시 같은 운명을 맞았다.

동인 세력은 오히려 이를 빌미로 이이를 탄핵하려 했다.

이탕개의 침입 당시 병조판서였던 이이가 조정의 허락 없이 녹봉을 군량으로 돌린 일, 임금의 호출에 즉시 응하지 못한 일, 말을 바친 자에게 방어 임무를 면제해준 조치 등을 문제 삼아 공격에 나섰다.

이는 시대의 흐름을 거스른 퇴행이었다. 변화와 개혁을 거부한 조정 실세들의 집단적 퇴보였다.

이 상황을 지켜본 양산숙은 분노했다. 그는 결단력 있는 대응이 절실하다고 느꼈다.

"국경이 이렇게 무너지고, 민심이 요동치는데도 이를 제대로 보는 이가 없다니, 참으로 한심하고 걱정스러운 일이다."[255]

---

251) 『선조실록』, 선조 16년 1583년 2월 10일 북방의 대책, 사노 징발, 채은 금지령 해제, 인재 천거에 대해 비변사에 내린 전교
252) 『선조실록』, 선조 16년 1583년 2월 12일 육진 방어에 임한 서얼의 과거 허용, 공사천의 종량한다는 병조의 사목
253) 위와 같음
254) 『선조실록』, 선조 16년 (1583) 2월 16일 이이가 건의 했던 과거 응시자의 정로위 배속 문제를 다시 의논하다
255) 양응정, 『송천유집』, 忠臣贈通政大夫, 承政院左承旨兼經筵參贊官, 宣敎郞, 守工曹佐郞蟠溪公行狀.   癸未, 北有胡變.

1583 노비 면천 놓고 갈등

 율곡 이이는 굽히지 않고 개혁 정책을 계속 제시했다. 1583년 4월, 그는 국방력 강화를 위한 실질적인 방안을 내놓았다.

 "서얼과 공천·사천 노비 중 무인의 재능(武才)을 갖춘 자를 뽑아 스스로 식량을 준비하게 하고, 남도에는 20개월, 북도에는 1년씩 파견해 국방을 맡기게 하소서. 병조에서 능력을 시험한 후 파견하면 됩니다. 서얼에게는 벼슬길을 열어주고, 천민은 양인으로 신분을 바꾸게 하며, 사천은 주인의 허락을 받아 배반을 막고 자원에 따라 대가를 지급하게 하소서. 무재가 없는 경우 곡식을 바치게 하고, 이 경우에도 양인으로 신분을 올리게 하면 군사와 양식이 마련되니 방비에 도움이 될 것입니다."[256]

 이는 단순한 군사 방안이 아닌 신분 개혁책이었다. 특히 열악한 북

栗谷李先生時以兵判, 規畫庶務, 事遂得定, 自甲申以來, 人心大叛, 當道者猶不覺悟, 公曰, 邊警若此, 人情如彼, 而人無有知者, 甚可憂也.
256) 『선조수정실록』, 선조 16년 1583년 4월 1일 당파를 초월한 인재 등용과 폐정의 혁신을 진달한 병조 판서 이이의 상소문

도에는 1년, 남도에는 20개월 근무하게 하여 서얼과 천민, 노비에게도 기회를 주자는 혁신적 제안이었다. 국방과 인재 양성, 신분 제도 개혁을 아우르는 방책이었다.

임금도 긍정적으로 받아들였고, 오히려 율곡이 제안한 기간보다 더 긴 3년간 변방 근무자에게 벼슬길을 열어주는 조정안을 제시했다.

"서얼과 공천·사천에도 벼슬길을 허락하되, 스스로 무장을 갖추고 변방에 나가 3년간 근무한 자는 종량(從良; 천인을 양인의 신분으로 올려주는)하게 하라. 또 곡식을 바친 자에게도 차등을 두어 신분을 올릴 수 있게 하라."[257]

하지만 동인들은 또다시 집단 연명 상소를 통해 이 제안을 문제 삼았다. 병조판서였던 율곡의 국방 강화책을 사적인 이익을 위한 제도인 양 몰아세웠다. 동인들은 율곡 이이를 향해 인신공격까지 일삼았다. 그가 제안한 '서얼 허통법'을 두고 "송익필을 위해 만든 것 아니냐"[258], "자기 서자(庶子)를 위한 사심에서 나온 법이다"[259]라며 모함했다.

이처럼 동인들은 근거 없는 음해와 집단 반발로 개혁을 가로막았다. 이 혼란한 상황에서 조정을 가만히 두고 보지 않은 인물이 있었다. 바로 경안령 이요(李瑤)였다. 왕실의 친족인 그는 직접 임금을 만나, 유성룡 등을 "동인의 수괴"라고 거명하며 특히 유성룡을 처벌해 달라"고 요청했다.

"조정이 제대로 안정되지 못한 채 동인과 서인으로 갈라져 당쟁이 심해지고, 정사가 여러 갈래로 흩어져 혼란스러운 상황이라고 지적했다. 또한 류성룡, 이

---

257) 『선조수정실록』, 선조 16년 1583년 4월 1일 서얼과 공천·사천의 벼슬길을 터주고 종량하게 하는 것을 허락하다
258) 송익필, 『구봉집』, 제10권 / 부록(附錄) 행장(行狀)
259) 『선조실록』, 선조 17년 1584년 3월 4일 심희수가 이이가 서얼 허통법을 주장한 이유를 계달하자 그에 답하는 전교

발, 김효원, 김응남 등을 동인의 수괴로 지목하며, 이들이 자의적으로 권력을 행사하는 일이 많다고 비판하고, 특히 류성룡을 처벌해달라고 청했다. ."[260]

그러자 동인계 사헌부와 사간원이 즉각 반발하며 상소를 올렸지만,[261] 임금 선조는 이요를 감쌌다.

"요의 말에도 일리가 있다. 나는 우매하다고 하지만, 어리석은 임금은 아니다. 이번 일에서 이요에게 벌줄 일은 없다. 이런 말이 내 귀에 들어온 것도 이유가 있는 것이다."[262]

임금은 율곡이 제안한 서얼과 천인 허통을 통한 국방 강화책에 대해 긍정적 생각이었다.

"서얼과 천인을 허통하는 일은 이전 전쟁 때 그대(이이)가 올린 방책에 따라 시행을 명했던 일이다. 그 당시에도 이를 논한 자들이 있었고, 지금 다시 비변사에 물어 처리하도록 하겠다."[263]

이는 신분제 개혁과 현실적 국방 강화를 결합한, 매우 혁신적인 정책이었다. 하지만 병조판서였던 율곡 이이의 이런 기민한 대응은 동인들에게는 공격의 표적이 되었다.

동인의 공세는 더욱 집요하고 악의적이었다. 그들이 들고나온 마지막 카드는 율곡의 파직 요구였다. 1583년 6월 11일, 동인들은 "이이가 군정을 독단적으로 처리하고, 조정 회의에 소홀했다"며 파직을

---

260) 『선조실록』, 선조 16년 1583년 4월 17일 경안령 이요가 조정이 동·서로 갈리었다며, 유성룡 등을 동변 괴수로 지목하다
261) 위와 같음
262) 위와 같음
263) 『선조실록』, 선조 16년 1583년 4월 14일 이이가 시폐를 들어 상소하자, 공안·주군 합병·서얼 허통 등에 대한 전교

봉쇄당한 개혁 | 135

요구했다. 이어 6월 19일에도 같은 이유로 다시 상소를 올렸다.

"율곡 이이를 파직하소서!"[264]

양사와 동인 관료들은 며칠 동안 줄기차게 율곡을 공격했다.

"군사에 관한 정무는 중대한 일인데도 임금께 보고하지 않고 이이가 독단적으로 처리했습니다. 또한, 궐에 들어왔으면서도 대죄를 고하지 않았고, 승정원에는 들르지도 않았습니다. 이는 임금을 업신여긴 큰 죄이니 파직을 명하소서."[265]

이후 여러 날에 걸쳐 율곡 이이를 파직하라는 주장이 이어졌다. 대사간 송응개, 직제학 허봉 등은 삼사와 연명으로 상소했다.

"이이는 병권을 마음대로 휘두르고, 임금을 무시하며, 당파를 형성해 올곧은 인사를 배척하고 있습니다. 이는 마치 왕안석과 같은 간신입니다."[266]

이에 허봉은 물론 대사헌 이기, 헌납 유영경, 정언 정숙남, 집의 홍여순, 장령 이징, 부제학 권덕여 등이 일제히 가세했다.

"그가 저지른 죄는 병권의 전횡과 임금 모독입니다. 이는 사실에 따른 탄핵이지, 사적인 감정이 아닙니다."[267]

하지만 이들의 주장은 사실과 거리가 멀었다. 당시 율곡은 과로로 쓰러져 궁궐 안에서 치료를 받고 있었고, 그가 추진한 국방 대책은

---

264) 『선조실록』, 선조 16년 1583년 6월 19일 양사가 이이가 군정을 보고하지 않고 행한 점 등을 들어 파직을 청하다
265) 위와 같음
266) 왕안석(王安石, 1021-1086)은 송나라의 개혁 정치가이다. 보수파는 왕안석의 정치를 매도했다. 왕안석의 정책이 국가와 일반 서민 총인 농민과 중소 상인들에게는 이로웠지만, 대상인과 대지주와 권력자 등 기득권 세력에는 치명상이 될 만한 반발을 불러왔기 때문이다. 개혁을 반대한 동인들이 율곡 이이를 왕안석 같다고 한 것으로 보인다.
267) 이긍익, 『연려실기술』, 제13권 / 선조조 고사본말(宣祖朝故事本末) 이이(李珥)가 졸서(卒逝)하다 이제신(李濟臣)의 귀양 간 사실을 붙임

율곡 이이의 서얼허통-노비면천 개혁정책에, 동인들 집단 반대				
시기	항목	율곡 이이의 개혁정책	동인들의 반대
1583년 4월	정책 제안	서얼과 노비에게 군사 역할을 부여하고 벼슬길을 열어주는 신분 개혁 제안.	서얼 허통법 개인적 이익 위한 것이라며 비판
	임금의 반응	긍정적 반응, 변방에서 3년간 근무한 자에게 벼슬길 제공 제안	집단 연명으로 율곡 이이 공격하고, 파직 시도
1583년 6월	정치적 공세	동인들의 공격으로 율곡 이이 파직(6월 11일).	이이의 군정 운영 비판, 파직 요구
	결과	개혁 정책 좌절, 율곡 이이 국정에서 배제	동인들 정국 주도권 장악

누구보다도 현실적이고 효과적인 것이었다.

그러나 동인들은 국가의 안보나 백성의 삶보다, 정적을 공격하는 데만 집중하고 있었다. 급기야 동인들은 이이가 젊은 시절 잠시 절에 들어갔던 사실까지 들추며 심한 인신공격을 가했다.

"이이는 본래 승려 출신으로, 부모와 군주를 저버려 인륜을 어긴 자입니다. 환속해 권세 있는 집안의 비호를 받았지만, 이는 세상의 비난을 면할 수 없습니다."[268]

이처럼 삼사와 정원, 이조까지 모두 동인 세력이 장악하면서, 율곡에 대한 집중 공격이 이어졌다. 이에 분노한 전라도의 유생 서태수 등은 동인 세력을 강하게 비판하며 맞섰다.

"삼사와 정원, 이조가 간신들의 소굴이 되고 있습니다. 조정은 속히 위엄을 보여 잘잘못을 바로잡아야 합니다."[269]

---
[268] 『선조실록』, 선조 16년 1583년 7월 16일 대사간 송응개가 성혼의 상소를 계기로 이이와 심의겸의 일을 아뢰다
[269] 『선조실록』, 선조 16년 1583년 8월 23일 전라도 유생 서태수 등이 삼사·정원·이조가 간사한 무리의 소굴이 되고 있다고 상소하다

우계 성혼은 율곡을 변호했고, 우의정 정지연은 영의정 박순을 두둔했다.[270] 박순과 성혼은 "이번 사태의 발언 주동자를 밝혀 처벌해야 한다"고 주장하며, 송응개와 허봉을 외직으로 보내야 한다고 요구했다.

그러자 삼사와 동인 세력은 다시 강하게 반발했다. 조정은 연일 소란스러웠다. 승지 박근원, 송응개 등은 날마다 율곡 이이를 공격했고, 동인계는 이에 총동원되었다. 이들은 "이이는 이익을 탐하고 지방관을 위협했으며, 선비들을 미워해 해쳤다"[271]고 공격했다.

이에 태학생들과 전라도·황해도 유생들이 연명으로 상소를 올려 반박했다.

"이이는 억울하게 모함을 당했습니다."[272]

임금 선조는 동인의 주장이 무리라는 사실을 잘 알고 있었다.

"계미년 여름, 양사와 홍문관이 병조판서 이이를 탄핵했으나 내가 받아들이지 않았다. 이후 이이와 영의정 박순이 당파를 만들었다는 주장도 있었지만, 이 또한 허락하지 않았다."[273]

이때 정철이 나서 시비를 가리자고 주장했다.

"죄가 있다면 밝혀야 하고, 그렇지 않다면 그 억울함을 풀어야 합니다."[274]

선조는 정철의 말에 동의했고, 동인의 일방적 공격에 피로를 느낀

---

270) 『선조실록』, 선조 16년 1583년 8월 12일 우상 정지연이 병이 중해지자 우승지를 보내 문명하고 하고 싶은 말을 하도록 권하다
271) 『강한집』, 강한집 제26권 / 발미(跋尾) 조제고(詔制考)
272) 위와 같음
273) 『동각잡기(東閣雜記)』, 하(下) 본조선원보록 2
274) 『선조실록』, 선조 16년 1583년 8월 28일 정2품 이상을 모아 놓고 심의겸과 김효원 등을 귀양보낼 일을 의논하다

일부 동인계 인사들마저 이이를 두둔하고 나섰다.

43세라는 다소 늦은 나이에 조정에 들어온 신잡(申磼)은 조정에서 벌어지고 있는 일방적인 율곡 이이에 대한 공세를 비판했다.

"김첨, 김수, 홍진, 정희적 등이 결탁해 선량한 인사를 모함하고 있다."[275]

신잡은 임진왜란 당시 충주 탄금대에서 전사한 신립과 경기 수어사(京畿守禦使)로 임진강 하류에서 전사한 신할(申硈)이 그의 동생이고, 이산해의 문인으로, 동인계에 가까운 인물이었다.

남명 조식의 문인인 하락(河洛)[276]도 상소를 올려 이이를 두둔했다.[277] 이로써 일방적인 동인계의 공세는 잠시 멈칫했지만, 여전히 조정은 극심하게 양분되었다. 동인은 매번 공격하고 서인은 방어하는 식이었다. 정원에서는 "이이와 박순이 편당을 했다"[278]며 탄핵을 시도했고, 이에 태학생 유공신 등은 "삼사가 이이를 모함했다"[279]고 강하게 반발했다.

선조는 동인계 승지들이 조정 논의 결과를 왜곡하여 올린 의계(議啓)에 격노했고, 결국 직접 나서 파면 조처를 내렸다.

왕은 친히 교서를 써 동인계 핵심 인사들을 유배 또는 좌천시켰다. 박근원은 평안도 강계로, 송응개는 함경도 회령으로, 허봉은 함경도 갑산으로 유배시킨다.[280] "송응개, 허봉, 박근원 등은 간사한 무리로, 요직을 차지해 조정을 어지럽히고 국정을 혼란에 빠뜨렸다. 이들을 유배 보낸 것은 후세의 경

---

275) 『동각잡기(東閣雜記)』, 하(下) 본조선원보록 2
276) 이경석, 『白軒集』, 白軒先生集卷之四十七○文稿 / 墓碣　王子師傅河公墓碣銘 『선조실록』, 선조 16년(1583년) 8월 5일 왕자 사부 하락이 이이의 군정이 정당한 일이었으며 삼사가 지나쳤다고 상소하다
277) 이경석, 『白軒集』, 白軒先生集卷之四十七○文稿 / 墓碣　王子師傅河公墓碣銘 『선조실록』, 선조 16년(1583년) 8월 5일 왕자 사부 하락이 이이의 군정이 정당한 일이었으며 삼사가 지나쳤다고 상소하다
278) 『동각잡기(東閣雜記)』, 하(下) 본조선원보록 2
279) 위와 같음
280) 『포저집』, 포저집 제13권 / 차(劄) 12수(十二首) 붕당(朋党)에 대해서 논한 차자

계가 되게 하려는 것이다."[281]

 아울러 김성일 등 관련된 인사들도 대거 지방으로 좌천시킨다. 대사헌 이기는 장흥부사로, 부제학 권덕여는 성주목사로, 대사간 박승임은 창원부사로, 집의 홍여순은 창평현령으로, 응교 홍진은 용담현령으로, 교리 김첨은 지례현감으로, 동부승지 김응남은 제주목사로, 수찬 홍적은 장연현감으로, 사인 김성일은 나주목사로, 김우굉은 광주목사로 보냈다.[282]

 반면, 이이·성혼·정철 등 서인 계열 인사들이 중앙 요직에 전면 배치된다. 임금 선조가 동인들의 조직적 정치 공세를 단호히 차단했고, 이이를 중심으로 한 국정 개혁의 흐름은 다시 살아나게 되었다.
 이이는 이조판서로, 성혼은 이조참판으로, 이우직은 대사헌으로, 홍성민은 부제학으로, 이해수는 대사간으로, 정철은 예조판서로 제수하였다.[283]

 이 인사 조처로 갈등이 일단락되는 듯했지만, 그것은 겉보기일 뿐이었다. 이이는 이후에도 동인 세력의 집요한 공격에 시달렸다. 송응개, 박근원, 허봉이 북방으로 유배되자, 이조좌랑 김홍민은 선조의 조치를 비판하는 상소를 올렸다.[284]
 이에 선조는 처음에는 단호하게 말했다.
 "나도 주희의 뜻을 따라 이이·성혼의 당에 들고자 한다. 이제부터 너희는 나를 이이·성혼의 당이라 부르라."[285]

---

281) 『선조실록』, 선조 16년(1583년) 8월 28일 정2품 이상을 모아 놓고 심의겸과 김효원 등을 귀양보낼 일을 의논하다
282) 『동각잡기(東閣雜記)』, 하(下) 본조선원보록 2
283) 위와 같음
284) 『선조실록』, 선조 16년 1583년 9월 3일 이조 좌랑 김홍민이 이이와 성혼 등이 경솔하고 당을 만들었다고 비판하다
285) 『선조실록』, 선조 16년 1583년 9월 3일 이조 좌랑 김홍민이 이이와 성혼 등이 경솔하고 당을 만들었다고 비판하다

그러나 동인의 공세는 멈추지 않았다. 지방 서원 세력까지 동원한 동인들은 공격 수위를 더욱 높였고, 7월에는 이이·박순·심의겸·성혼을 비판하더니, 결국 정철 탄핵으로 정쟁을 전국적으로 확대시켰다. 이는 당시 병조판서였던 이이의 인재 등용과 개혁정책에 대한 조직적 반발이었다.

그가 추진한 양병론, 서얼 허통, 노비 면천 같은 개혁안은 성리학의 질서를 흔드는 위험한 시도로 여겨졌고, 동인들에게는 '절대 허용할 수 없는 역행(逆行)'이었다.

동인은 삼사와 서원 세력을 총동원해 대대적인 정치 공세를 펼쳤고, 서인이 정국 주도권을 잡은 지 한 달 만에 다시 정권을 장악했다.

6월, 이이는 삼사의 탄핵을 받고 벼슬에서 물러나 파주 율곡으로 낙향했고,[286] 7월, 성혼도 파산으로 물러났다.[287]

그리고 이듬해 1584년(갑신년) 정월, 율곡 이이는 세상을 떠났고,[288] 그의 개혁정치는 사실상 끝이 났다.

민심도 크게 흔들렸다. 이 틈을 타 유성룡 등 동인 세력이 정권을 장악하고 조정을 좌지우지했다.

이런 상황을 지켜보며 양산숙은 깊은 우려 속에 탄식했다.

"변방 경계는 허물어지고, 민심은 흉흉한데, 이를 아는 자가 하나도 없으니, 참으로 걱정스러운 일이다."[289]

---

286) 이이, 「율곡전서(栗谷全書)」
287) 성혼, 「우계집(牛溪集)」
288) 이이, 「율곡전서(栗谷全書)」, 「선조실록」 선조 17년(1584) 1월 16일 이조 판서 이이의 졸기
289) 이민서, 「송천집」, 松川先生遺集卷之七 / 附錄下 忠臣贈通政大夫, 承政院左承旨兼經筵參贊官, 宣敎郎, 守工曺佐郎 蟠溪公行狀

그해 8월에는 오히려 송강 정철 등이 양사의 논척을 받아 물러나게 된다. 정쟁은 멈출 기미가 없었다. 같은 달, 이귀는 성균관의 수백 명 유생과 함께 상소를 올려 이이와 성혼을 변호하였다.[290]

"이이와 성혼을 심의겸과 결탁한 것처럼 몰아 억울하게 만들었습니다."[291]

이에 임금도 반응하지 않을 수 없었다.

"그대들 말도 일리가 있다. 대간들이 그들을 함께 거론한 것이 우연일 수도 있고, 심의겸을 옳다 한 것도, 이이와 성혼을 나쁘게 본 것도 옳지 않다. 무조건 편 가르고 덧씌우는 건 옳지 않다. 내 생각은 그렇다."[292]

그렇다고 동인들의 공세는 멈추지 않았다. 그 집요함은 극에 달했다. 1585년에도 내내 그랬다. 오죽했으면 그해 5월에는 의주목사 서익이 동인들의 이런 비열한 행동을 비판하고 나섰다. 서익은 상소에서 "갈등의 진원지, 그 핵심은 유성룡"이라고 지목했다.

"계미삼찬(癸未三竄)으로 송응개·허봉·박근원은 쫓겨났지만, 진짜 간신은 여전히 조정에 남아 있다"라며 유성룡을 '큰 간인(奸人)'이라 불렀다."[293]

임금 선조 역시 이 말에 주목했다.

"서익의 말도 일리가 있다. 조정이 시끄러운 건 좋은 일이 아니다. 그의 상소는 깊은 충정에서 비롯된 듯해 가상하게 여긴다."[294]

---

290) 최명길, 「遲川集」, 奮忠贊謨立紀明倫靖社功臣輔國崇祿大夫議政府左贊成延平府院君李公行狀
291) 「선조실록」, 선조 17년(1584년) 8월 18일 2번째 기사 생원 이귀가 이이·성혼이 심의겸과 결탁하였다는 비판은 억울하다는 상소를 올리다
292) 위와 같음
293) 「선조수정실록」, 선조 18년 1585년 6월 1일 예조 판서 유성룡이 사직을 청하다
294) 「선조실록」, 선조 18년 1585년 5월 28일 서익의 상소에 대해 분분히 논하지 말라고 전교하다

하지만 결과는 정반대였다. 유성룡은 아무런 처벌도 받지 않았고, 되레 파직당한 쪽은 서익이었다. 동인들이 여전히 조정을 장악한 가운데, 그들의 공세는 더욱 거세졌다.

이러한 정국을 예의주시하던 양산숙과 조헌 등은, 계속되는 갈등과 개혁 봉쇄를 더는 좌시할 수 없었다. 1586년 10월, 조헌은 상소를 올려 이이·성혼·박순·정철 등의 무고함을 논리적으로 변호했다.
율곡 이이는 이조판서로서 능력 중심의 공정한 인사 원칙을 고수했으며, 자신을 비판한 이라도 재능이 있으면 등용했다. 그러나 그는 유성룡·김응남·이발 등의 속셈을 간파한 뒤, 추천을 중단했고, 이에 반발한 그들은 오히려 이이를 정치적으로 공격하고 배척하기 시작했다. 그 결과, 생전에는 이이를 정치적으로 고립시켰고, 사후에는 험담과 왜곡된 평가로 명예를 훼손했으며, 결국 이이와 성혼을 중심으로 한 학통과 인맥은 조정에서 완전히 축출되었다. 이는 충신과 현자를 몰아낸 처사였다.[295]

1589년 12월, 조헌이 옥에서 풀려나 귀향하던 중 다시 상소를 올렸고, 호남의 유생 양산숙과 김광운 등도 상소를 통해 뜻을 함께했다. 그들의 상소는 공통적으로 당대 집권자들을 정면으로 비판한 내용이었다.[296] 갈등의 진원지가 된 유성룡을 비판했다.

---

[295] 『선조수정실록』, 선조 19년(1586) 10월 1일 주학 제독관으로 제수된 조헌이 붕당의 시비와 학정의 폐단을 논한 상소문①
[296] 『선조실록』, 선조 22년 1589년 12월 15일 조헌이 방면되어 돌아오는 길에 대신을 지척하는 상소를 올리자 조헌은 간귀라고 전교하다

1583 그들은 왜?

율곡 이이의 개혁 정책에 가장 강하게 반대한 세력은 다름 아닌 '주류 동인'이었다. 이들은 율곡이 제안한 신분제 개혁을 배척했다.

유성룡 등은 성리학(주자학)을 중심으로 한 동인 계열의 핵심 인물들이었고, 학문적으로도 중심적인 위치를 차지하고 있었다.

조선은 주자학을 국가의 통치 이념으로 삼아 세워진 나라였다. 주자학자들은 자신들의 학문을 도학(道學)이라 칭하며, 이를 요순과 공자의 도를 계승한 정통 학문으로 여겼다. 이 도통(道統) 의식은 주자학자들이 자신들의 학문을 유일한 정학(正學)으로 간주하게 했고, 다른 사상이나 학문을 이단(異端)으로 배격하는 폐쇄적 태도를 낳았다.[297]

이른바 '도통' 의식은 조선 학계에 깊이 뿌리내렸다. 주자학자들은 '이단을 배격하고 도학을 수호한다'는 명분 아래, 노장사상(노자·장자)은 물론, 실천적 학

---

297) 정인보 『양명학연론』

문으로 평가되던 양명학(陽明學)까지 이단으로 몰아 철저히 배척했다.[298]

이런 배타적 분위기는 퇴계 이황과 유성룡에 의해 더욱 강화되었다. 퇴계는 주자학의 절대적 권위를 강조하며, 다른 사상을 철저히 경계했다. 특히 양명학은 이단 중의 이단으로 간주되어, 수용 자체를 막는 경계심이 학계 전반에 깊이 심어졌다. 그의 제자였던 유성룡 역시 주자학의 정통성을 확립하는 데 앞장섰으며, 양명학을 비롯한 이단 사상에 대한 배척을 더욱 강화했다.

그 결과 조선의 학문 세계는 주자학만을 정통으로 삼고, 다른 사상은 철저히 배척하는 분위기로 고착되었다. 이런 경직된 태도는 조선 사회의 사상적 다양성과 학문적 발전을 크게 제약했고, 결국 학문과 백성의 삶 모두가 점점 더 폐쇄되고 곤궁해졌다.

특히 '노비 면천'이나 '서얼 허통'과 같은 신분제 개혁안은 주자학적 질서에 위배된다는 이유로 강하게 거부되었다. 주자학은 위계질서를 중시하고, 충(忠)과 효(孝)를 핵심 가치로 삼았기에, 이 사상은 신분제를 정당화하는 논리로 작용했다. 주자학자들은 이를 통해 사회 질서를 유지하고자 했고, 그 결과 조선은 봉건적 위계에서 쉽게 벗어나지 못했다.

노비와 서얼은 신분제의 하층을 구성했으며, 신분제는 양반들의 경제적, 사회적 권력을 유지하는 핵심 기반이었다. '노비 면천'이나 '서얼 허통' 같은 개혁은 양반들의 특권을 위협했기에, 그들은 이를 철저히 막고 오히려 신분제를 더욱 공고히 하려 했다.

---

298) 정인보 『양명학연론』

이러한 분위기 속에서 당시 지도층은 노비를 재산으로 삼아 부를 축적하는 데 몰두했다. "도적이 성행하는 것은 수령의 가렴주구 탓이며, 수령의 가렴주구는 재상이 청렴하지 못한 탓이다"라는 기록은 당시 조선 사회의 부패와 불평등이 얼마나 심각했는지를 보여준다.
　그런 가운데 '임꺽정의 난'이 발생했다. 사관들은 임꺽정을 단순히 도적이 아니라, 부패한 체제에 맞선 '의인'으로 묘사하기도 했다. 이는 당시 백성들이 얼마나 고통받았는지를 바로 보여주는 사례다.

　율곡 이이가 주창한 개혁안은 시대를 앞서간 비전이었지만, 주류 동인의 반대와 조선 사회의 폐쇄적 분위기 속에서 실현되지 못한 채 묻히고 말았다. 동인들이 면천법 등을 반대한 데는 그들 나름의 이유가 있었을 것이다. 그러나 임금의 최측근이었던 유성룡 역시 부 축적에 상당한 관심을 둔 것으로 보인다.
　"유성룡은 지난 6~7년 동안 영의정 자리에 있었지만, 실제로는 아무런 성과 없이 이름만 남긴 채 일을 제대로 하지 않았습니다. 그는 매일 글을 쓰며 시간을 보내고, 남들이 비판하면 고집을 부렸으며, 나라를 다스리는 일을 그르치는 행동도 서슴지 않았습니다. 그는 훈련도감(군사 조직), 체찰군문(군대 점검 기구), 속오작미법(군량을 거두는 법), 선봉차관(백성들에게 미리 곡식을 거두는 법) 등의 제도를 악용하여 사적인 이익을 챙겼습니다. 명령을 엉망으로 내리고, 백성들에게 무리하게 세금을 걷어 결국 백성들이 굶주리고 고통받게 만들었습니다. 마을은 황폐해졌고, 닭과 돼지조차 피해를 보아 생활이 무너졌습니다. 그런데도 백성들의 불만은 임금에게 돌아갔고, 정작 유성룡 자신은 아무런 책임도 지지 않은 채 이득만 챙겼습니다. 그는 자신의 이익을 챙기는 일에는 열심이면

율곡 이이의 노비 개혁 주장과 주류 동인들의 노비 매매 관행 여전			
시기	인물	노비면천법	반대 및 한계
1583년 4월	율곡 이이	노비 면천법 제안 서얼과 노비에게 병역 신분 상승 기회 제공	동인들, 강한 반대 오히려 정치적 공세 전개 결국, 개혁 실패
	임금	이이의 개혁안 동조	동인의 반대에 직면 노비면천 개혁 실패
6월	동인들		율곡 이이 파직 공세 동인들, 정국 주도권 장악 노비면천법 등 개혁 좌절
1585년 9월	유성룡		노비면천 주장 중 유성룡, 노비 거래
1593년	이준(李浚) (회재 손자)		임진왜란 중, 이준, 여종 매매
1611년	이준(李寯) (퇴계 아들)		360여 명의 노비 상속 3,000두락 전답 상속
1640년	반계 유형원	노비 제도 비판 개혁 필요성 주장 사회개혁 필요성 강조	여전히 노비제도 유지

서도, 정작 나라를 위해서는 아무런 노력도 하지 않았습니다. 그는 높은 벼슬과 명예를 이용해 권력을 남용하며 자기 사람들만 챙겼고, 충성하는 자들에게 보상을 주는 방식으로 정치를 운영했습니다. 조정과 지방의 주요 직책은 모두 그의 측근들이 차지했고, 군대 장수와 각 고을 관리들 또한 그의 친척이나 친한 사람들로만 채웠습니다. 지방 관리들을 선발할 때도 "이 사람은 능력이 있어 관리로 적합하다"는 이유를 내세웠지만, 실제로는 절반가량이 그의 고향 사람들뿐이었습니다. 또한, 천민 신분에서 벗어나려는 사람들에게는 둔전(국가 소유 농장)을 지키는 관리 자리를 주었지만, 그들 대부분은 그에게 아첨하는 자들이었습니다. 뇌물과 뒷거래가 몰래 이루어졌으며, 이러한 부정한 행위들은 차마 입에 담기조

봉쇄당한 개혁

차 부끄러운 수준이었습니다. 그는 광주에서는 백성들을 강제로 부려 자신의 농사를 짓게 했고, 단양에서는 도망친 사람들을 모아 일하게 시켰습니다. 안동에서는 비옥한 땅을 넓게 차지하고도 부역 의무를 지지 않았습니다. 단양부사 정사호가 유성룡의 집에도 부역을 부과하려 하자, 유성룡은 조용히 자신의 측근을 시켜 정사호를 내쫓게 했습니다. 이 사실을 알게 된 남쪽 지방의 선비들은 유성룡을 비난하며 조롱했습니다. 그런데도 유성룡에 대한 처벌은 솜방망이에 그쳤습니다. 그가 조정에 출근하지 않은 일로 가벼운 꾸지람만 들었고, 그에 따른 처벌도 단지 재상직에서 물러나는 수준에 그쳤습니다."[299]

유성룡은 군사 책임을 맡으면서도 자신에게 이익이 되는 방향으로 정책을 운용했다. 그는 이를 통해 권력을 강화하고 부를 축적하려 했다.

게다가 조선은 명백한 노예제 사회였다. 노비는 매매, 상속, 증여의 대상이었으며, 조선 양반의 상속 문서에서 가장 먼저 기록되는 것이 노비의 이름이었다.[300] 양반들은 노비를 재산으로 여겼고, 이를 통해 부를 축적했다. 심지어 자신이 소유한 노비를 양민과 혼인시키고 그 후손을 다시 노비로 삼아 재산을 불리는 풍습이 성행했다. 노비의 가치는 나이가 젊을수록 높았고, 특히 여종은 출산 능력으로 인해 남자 종보다 더 높은 가치를 지녔다. 조선의 봉건 양반제는 이렇게 노예를 기반으로 유지되었다.

당시 노비는 상전에 무조건 복종해야 했고, 모진 형벌을 감수해야 했다. 상전의 명령을 따르지 않으면 코와 귀가 잘리고 힘줄이 끊기

---

299) 「선조실록」, 선조 31년 1598년 11월 16일 사간원이 유성룡을 탄핵하다
300) 노주석, 「한겨레」 [노주석의 서울 풋돌 순례기]종로구 장예원 터 上

며, 잔혹한 구타를 당했다. 이런 형벌을 가해도 상전은 처벌받지 않았다. 노비는 상전을 고발할 권리조차 없었다.

퇴계 이황은 우리에게 존경받는 유학자로 알려져 있지만, 동시에 360여 명의 노비를 거느리고 약 30만 평에 달하는 방대한 전답을 소유한 대단한 재력가이기도 했다. 퇴계가 사망한 지 약 40년 뒤, 그의 장남 이준(李寯, 1554?1584)이 자녀들에게 남긴 분재기(分財記)[301]를 통해 퇴계 가문의 자산 규모를 엿볼 수 있다.

이준은 다섯 자녀에게 360여 명의 노비를 분배했는데, 장자인 이안도에게는 제사에 쓰일 노비 10명을 포함해 94명, 장녀에게 72명, 차남 이순도에게 61명, 차녀에게 64명, 막내 이영도에게는 73명을[302] 나눠주었다. 또한 퇴계의 다른 자식들인 진사 허찬(許瓚)의 딸 김해 허씨에게서 난 둘째 아들 이채(李寀)와 측실 소생인 이적(李寂)에게도 일정한 노비가 분배된 것으로 보아, 실제 전체 노비 수는 이보다 더 많았을 것으로 추정된다.

퇴계의 막대한 재산은 대부분 그의 생전에 형성된 것으로 보인다. 그는 진사 이식의 7남 1녀 중 막내로 태어나, 형 여섯과 누나 한 명을 둔 8남매 중 막내였다. 모친은 춘천 박씨였으며, 유년기에는 집안 형편이 넉넉하지 않았던 것으로 보인다.

그는 남명 조식에게 보낸 편지에서 다음과 같이 회고했다.

"집안이 가난하고 부모님은 연로하셨으며, 친척과 친구들이 억지로 과거에 응시해 벼슬을 얻으라고 권하였습니다."[303]

---

301) 『분재기(상속문서)』, 1611년(광해3) 퇴계 이황의 손녀인 김용(金涌)의 처 진성이씨 남매가 부모인 이준(李寯) 부부의 재산을 분할상속하면서 작성한 화회문기
302) 영남대 이수건 교수, '영남사림파의 형성'
303) 이황, 『퇴계집』퇴계선생연보 제1권, 연보　緣家貧親老, 親舊强使之由科第取利祿

퇴계 이황의 가계도와 큰아들 이준이 자녀에게 분배한 노비 수

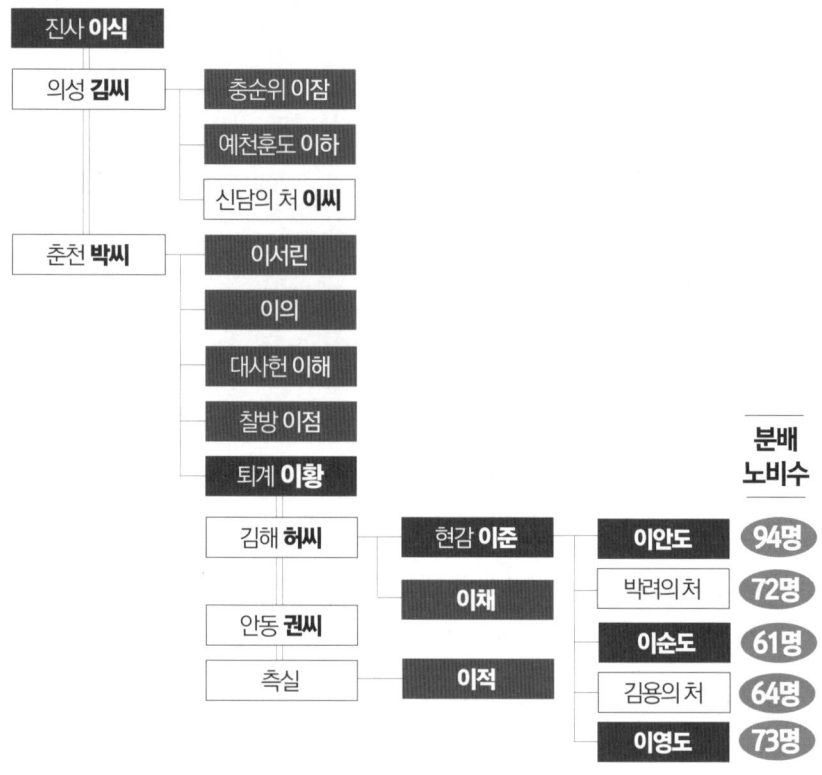

이처럼 가난한 집안 출신이었던 퇴계가 중앙 정계에 진출한 뒤, 총 3000두락(約 36만 4천 평)의 전답과 360여 명의 노비를 소유하게 되었다는 사실은 놀라움을 자아낸다.

그가 청빈한 성리학자로 알려져 있음에도, 실제로는 수백 명의 노비를 부리며 대지주로 살았다는 점은 상당한 충격과 당혹감을 준다.

퇴계는 노비를 하나의 경제 자산으로 인식하고 적극적으로 불리는 데도 열심이었다. 그는 단순히 재산을 상속받은 것이 아니라, 직

퇴계의 사후 40년 뒤, 퇴계의 장자 이준이 자신의 다섯 남매에게 남긴 분재기(分財記)
분재기를 통해서 보면 퇴계는 360여 명의 노비를 거느리고 3,000두락(斗落: 마지기의 이두식 표기), 현대적인 평수로, 약 30만~60만 평이나 되는 방대한 전답(田畓)을 보유한 상당한 재력가였음을 엿볼 수 있다.

접 재산 관리를 주도했다.

특히 노비를 양인과 결혼시켜 자식을 낳게 하고, 그 자식들을 다시 노비로 삼는 '양천교혼(良賤交婚)' 제도를 활용해 노비 수를 늘렸다.

이러한 방식은 노비 증가를 통한 재산 확대 전략이었으며, 퇴계는 이를 자식들에게도 가르쳤다.[304]

이러한 사실은 퇴계 이황이 유학자로서 지녔던 도덕적 이상과 현실의 경제 활동 사이의 간극, 그리고 조선 사회가 지닌 모순된 신분제 구조를 생생히 보여주는 단적인 사례라 할 수 있다.

또한, 회재 이언적의 손자인 이준(李浚, 1540-1623)이 임진왜란 중이던 1593년에 대구로 피난 온 정익(鄭釴)으로부터 18세 계집종

---

[304] 이황, 『도산전서(陶山全書)』. "범금(范金)과 범운(范雲) 등을 불러다가 믿을만한 양인 중에 부모가 있어 생업을 의탁할 수 있는 자를 골라 시집을 보내고, 죽동에 와서 살게 한다면 더욱 좋겠다."

봉쇄당한 개혁 | 151

만향(晩香)을 사드린 기록[305]도 있다.

정익은 전란 속에서 온 가족을 데리고 피난 중 할아버지 상을 당해 거창에서 장례를 치렀으나 생계를 유지하기 힘들어 떠돌던 중 경주에 이르러 만향을 이준에게 팔게 된 것이다.

정익은 이준으로부터 고운 면포(綿布)인 세목(細木) 8필과 품질이 조금 떨어지는 면포인 6·7승목(升木) 10필을 만향을 넘긴 대가로 받았다. 이 기록은 전란 속 고단한 피난살이의 현실을 생생히 보여준다. 또 팔린 노비의 심정은 어떠했을까?

이준은 당시 경주 옥산의 여주 이씨 가문의 주인이었으며, 종6품직인 주부로 재직 중이었다.

유성룡 역시 노비 거래에 관여한 정황이 있다. 그것도 율곡 이이가 공노비와 사노비에게 병역을 통해 신분 상승의 기회를 주자는 노비 면천법을 제안하며 논의가 활발하던 1585년 윤9월 3일이다. 이때 유성룡은 천안 삼거리에 거주하는 사람[306]으로부터 노비를 납공받는다. 유성룡의 수결(서명 날인)이 들어간 노비 매매 문서(노비 매매명문)에는 여종 은비와 그녀의 다섯 자녀가 유성룡 집에 납공으로 바쳐졌다는 내용이 적혀 있다.

은비의 자녀는 25세 남종 유복, 23세 남종 대례, 여종 명개, 12세 여종 몽개, 그리고 이름이 단순히 '개'로 기록된 어린 여종이 있다.

이들은 유성룡 집안에 나뉘어 속하며 납공 의무를 지게 되었다.

당시 핵심 정치인이었던 유성룡이 노비 납공에 직접 관여했다는

---

305) 「이준(李浚) 노비매매명문(奴婢賣買明文)」, 1593년
306) 「고문서집성 16 - 하회 풍산류씨편」, 한국정신문화연구원, 1994

사실 자체가 충격적이다. 조정에서는 노비 면천법을 논의하고 있었지만, 그 중심에 있던 유성룡이 오히려 노비납공 같은 거래에 관련됐다는 것은 시대적 모순을 여실히 보여준 사례이기 때문이다.

특히, 납공 노비 중 12세 소녀와 그보다 어린 여자아이까지 포함되었다는 점은 더욱 가슴 아픈 대목이다.

아무것도 모른 채 물건처럼 취급되어 이리저리 팔려가는 자신들의 처지는 당시 사회의 잔혹한 현실을 드러내기 때문이다.

유성룡 집안에서 노비 관련 문서가 특히 많았다는 점도 주목할 만하다. 그중에는 도망가거나 죽은 노비의 자녀가 부모의 의무를 대신해야 한다는 내용도 포함되어 있어 가히 충격적이다.

노비와 양민 여인의 혼인을 통해 태어난 자식을 노비로 삼는 관행이나, 노비 매매와 관련된 소송 및 문서 위조 사건들은 당시 신분제 사회의 불합리함과 착취 구조를 적나라하게 드러낸다. 특히, 재판 과정에서 노비를 다시 매매하려는 시도와 그와 관련된 문서들은 당시 법적, 사회적 부조리를 생생히 기록하고 있어 더욱 충격적이다. 이러한 기록을 통해 당시 사회 구조와 제도가 얼마나 비인간적이고 불공평했는지 확인할 수 있다.

실학자인 반계 유형원(1622-1673)은 이러한 노비 제도에 대해 강하게 비판했다. 그는 다음과 같이 말했다.

"지금 우리나라에서는 노비를 재산으로 여긴다. 사람은 모두 평등한데, 어찌 사람이 사람을 재산으로 여기는가? 예부터 이런 법이 없었다. 우리나라의 노비

법은 죄가 있든 없든 따지지 않고, 오직 가계만 살펴 영원히 노비로 삼는다. 이 때문에 무지한 천부(賤夫; 천박한 사람)가 사람의 목숨을 쥐락펴락하며, 인재가 나더라도 신분에 매여 노비 신분을 벗을 수 없다. 이것이 어찌 옳다 하겠는가? 예전엔 나라의 부유함을 말의 마릿수로 대답했는데, 오늘날에는 부자냐 아니냐를 묻는 말에 반드시 노예와 전답의 수로 대답한다. 사람은 모두 평등한데, 어찌 사람을 재산으로 삼을 수 있단 말인가? 그 법이 잘못됐음을 알 것이다. 이는 속된 고질병이다."[307]

유성룡이나 이황을 유형원이 말한 '천박한 사람(천부)'이라고 한다면 그들은 펄쩍 뛸지도 모른다. 그러나 심지어 임금도 노비 제도의 문제를 인정하며 다음과 같이 말했다.

"우리나라에 사노(私奴)가 있는 것이 원래 무리한 일이다."[308]

이 말은 율곡 이이의 노비 면천법에 대해 동인들이 거세게 반대하던 상황에서 나온 것이다. 이는 공론의 반발을 잠재우고 율곡의 주장에 힘을 실어준 발언이었다.

조선의 노비 문제는 중국인의 눈에도 기이하게 보였던 것으로 보인다. 임진왜란 당시 명나라 장수 낙상지(駱尙志)는 유성룡에게 다음과 같이 말했다.

"조선에는 관노와 사노의 법이 있어 이들이 영원히 벼슬길에 오르지 못하게 하니, 어찌 불평하는 마음이 없겠소? 더구나 이런 위태로운 시기에 이런 법이 존재하니, 적에게 투항한 자들이 돌아오기를 좋아하지 않을 것이오. 그 법의 폐단

---

307) 유형원, 『반계수록』.
308) 『선조실록』, 선조 16년 1583년 2월 10일 북방의 대책, 사노 징발, 채은 금지령 해제, 인재 천거에 대해 비변사에 내린 전교

유성룡, 서얼 허통-노비 면천법 반대하다가 소 잃고서야 뒷북 찬성

| 1583년 2월 | 4월 | 1585 윤9월 | 1592년 | 1593년 | 1594년 2월 |

- **이탕개의 난** (1583년 2월)
- **이이 "서얼허통-노비면천!" 추진해야** (4월)
- **동인들 "노비면천 반대" "서얼허통 반대"**
- **유성룡 "노비매매"** (1585 윤9월)
- **임진왜란** (1592년)
- **소 잃고 외양간 고친, 영의정 유성룡**
  "전에는 노비는 병사가 될 수 없지만, 오늘날 적병이 날뛰니 노비도 병사가 되어야"
- **회재 이언적 손자 이준 "노비매매"** (1594년 2월)

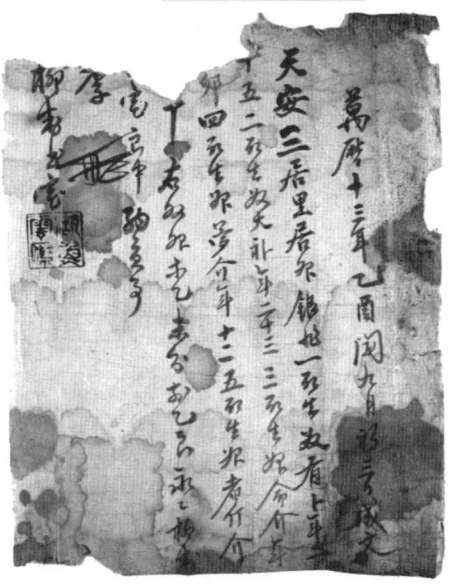

1585년 유성룡의 노비거래 문서

율곡 이이는 공노비와 사노비에게 병역 복무를 통해 양민이 될 수 있는 기회를 부여하자는 '노비면천법'을 발의했다. 이 법안은 조정에서 한때 활발히 논의되었지만, 동인 세력의 반대로 끝내 채택되지 못했다. 그 직후인 1585년 윤 9월 3일, 유성룡은 천안 삼거리에 거주하던 이 모 씨를 통해 다섯 명의 노비를 공납으로 넘겨받는 문서를 작성한다. 이들은 모두 여종 은비가 낳은 자녀들이었으며, 그중에는 겨우 12세 된 여아와 그보다 더 어린 여자아이까지 포함되어 있었다. 병역을 통해 신분 상승의 기회를 얻을 수 있는 법안은 폐기되고, 어린아이들까지 '공납 노비'로 거래되는 일이 버젓이 벌어진 것이다. 아무것도 모른 채 물건처럼 다뤄진 이들의 처지를 떠올리면, 참으로 가슴 아픈 역사다.

이 심각하오."309)

낙상지의 말처럼, 조선의 노비 제도는 당시 사회적 불평등의 핵심이었다. 이는 단지 국가의 경제 구조에 국한된 문제가 아니라, 전쟁과 같은 위기 상황에서도 조선의 안보와 내부 결속을 저해하는 중요한 원인으로 작용했다. 당시 중국은 양명학이 주류를 이루며 신분제를 약화하고 평등사회를 지향하는 방향으로 나아가고 있었다. 중국에서는 노비와 양민의 구분이 거의 없을 정도로 평등 의식이 확산하였다. 반면 조선은 퇴계 이황으로부터 성리학이 더욱 공고히 자리 잡으면서 신분제 사회 질서를 유지하기 위해 혈안이 되어 있었다. 조선은 상하 관계를 강조하고 명분론을 중시하며, 성리학을 절대적 통치 이념으로 삼았다.

성리학 중심의 사회에서는 종교적 차이나 출신 배경만으로도 사람을 배척하거나 깎아내리는 일이 빈번했다. 율곡 이이 역시 과거시험에 장원한 인재였음에도, 개혁 정책을 제안했다는 이유로 정치적 탄압을 받았다.

이이가 젊은 시절 절에서 공부했던 경력과 금강산에 출가했던 것 때문에 동인들로부터 큰 저항에 직면했다.

"생원시에 장원으로 합격하고 성균관에 들어가려 하였으나, 성균관의 유생들은 그가 출가한 전력이 있다 하여 입학을 반대하였다. 여러 사람의 논란에도 불구하고, 그는 태연히 변함이 없었다."310)

---

309) 「선조수정실록」, 선조 27년 1594년 1월 1일 명나라 장수 낙상지와 사대수 등이 군사를 이끌고 돌아가다
310) 「명종실록」, 명종 21년 1566년 3월 24일 송하·김억령 등에게 관직을 제수하다

동인들의 집요한 공격 속에 율곡 이이는 결국 선조 17년(1584년) 1월 16일, 한양 대사동 자택에서 49세의 나이로 세상을 떠났다.

그러나 그의 죽음 이후에도 공격은 멈추지 않았다.

1584년 어느 날, 율곡 이이의 집에는 불에 태운 쥐와 나무로 만든 인형을 이용한 저주의 흔적이 발견되었다.[311]

동인들은 이이가 서얼의 관직 진출을 허용하고 납속의 법(곡식을 바친 사람에게 관직을 부여)을 만든 것이 자신의 후손, 특히 아들을 위한 조처였다고 비난[312] 하며 그를 공격했다.

그러나 동인들의 이런 행태는 그들의 속내를 드러내는 일이기도 했다. 자신들은 노비를 모으고 재산을 축적하며 자신의 영달을 추구하면서도 상대를 비난하는 데 열중했다.

퇴계나 서애 같은 인물들이 과연 가난한 백성이나 사노(私奴)로 전락한 이들의 애환을 이해하거나 그들을 위한 정치를 제대로 펼쳤을까? 그들은 자신의 삶을 '청빈'으로 포장했지만, 실상은 노비를 재산으로 삼고 부를 축적하며 위선적인 삶을 살았다. 퇴계 사후 사관이 남긴 '퇴계 졸기'에서도 이러한 포장은 여실히 드러난다.

""퇴계 이황은 검소한 삶에 만족하고, 청빈하고 담백한 생활을 즐기며, 부귀영화와 권력을 뜬구름처럼 여겼다. 그러나 평소에는 자신을 특별히 내세우지 않았고, 보통 사람과 다를 바 없이 지냈으며…"[313]

퇴계가 생전 축적한 부와 노비 수는 철저히 감춰지고, 오히려 '청

---

311) 우성전 『계갑일록』 만력 12년 갑신(萬曆十二年甲申) 〈선조 17년, 1584년〉
312) 위와 같음
313) 『선조수정실록』 선조 3년 1570년 12월 1일 숭정 대부 판중추부사 이황의 졸기

빈한 퇴계'라는 이미지로 포장되었다.

그러나 이는 사실과 다르다. 이탕개의 난 이후, 노비 면천법을 추진하려는 세력과 이를 거부하려는 정치세력이 충돌했다. 노비 면천법을 지지한 세력은 율곡 이이, 우계 성혼, 중봉 조헌, 양산숙 등이었고, 이를 거부한 세력은 서애 유성룡을 중심으로 한 동인들이었다.

노비 면천법을 거부한 세력에게 노비는 사람이 아니라 재산이었다. 이들은 노비를 거래하고 상속하는 데 몰두했고, 이를 통해 자신들의 부와 권력을 공고히 했다. 이러한 정치 구조는 조선을 위선과 부조리로 가득 찬 사회로 만들었다. 동인들이 조선의 정치 주도권을 잡고 노비제를 더욱 공고히 한 것은 조선 사회에 치명적이었다. 임진왜란 발발까지 이 제도는 개혁되지 않았고, 이는 조선의 국방력을 심각하게 약화하는 결과를 낳았다.

율곡 이이와 성혼, 조헌, 양산숙, 양산룡 등은 임금에게 이러한 분위기를 바꾸고, 장애 세력을 정치에서 제거할 것을 강력히 호소했다. 그러나 이러한 충언은 오히려 임금의 노여움을 사는 일이 되었고, 그들은 정치적 보복과 앙갚음을 당해야 했다. 이들의 노력에도 불구하고, 조선은 성리학과 신분제의 굴레에서 벗어나지 못하며 국가적 위기를 더욱 심화시켰다.

파행

1589 정철은 주도자가 아니었다-기축옥사의 진실

기축년(1589) 겨울, (이항복이) 문사랑(問事郎)으로 정여립 사건 수사에 참여하였다. 선조께서 친히 죄수를 심문할 때, 공(이항복)은 대답이 치밀하고 민첩하였으며, 걸음걸이조차 법도에 맞고 단정하였다. 임금이 눈으로 살피고, 귀로 듣고, 입으로 묻고, 손으로 기록할 때, 공은 한마디 말도 놓치지 않고 받아 적었고, 붓이 쉬지 않았다. 진술이 서로 얽히고 혼란스러운 상황 속에서도 요점을 정확히 파악하였다.
/ 신흠이 쓴 신도비

송강 정철은 정말 기축옥사의 주범이었는가? 송강 정철은 정여립 사건의 관련자들을 무자비하게 처형한 주범으로 알려졌지만, 이는 사실과 거리가 멀다. 정치적 희생양으로 몰린 측면이 크다.

정철에게 기축옥사의 책임이 전가된 배경에는 유성룡을 중심으로 한 동인 세력의 의도가 분명히 있었다. 정철에게 책임을 돌리고 그를 제거함으로써 자신들에게 돌아올 정치적 화살을 돌리려 했던 것이다.

하지만 실제 기축옥사 현장 가장 가까이에서 지켜본 인물들의 기록은 전혀 다른 사실을 보여준다. 대표적인 증언이 바로 백사 이항복 관련 기록이다.

당시 상황을 기록한 상촌 신흠의 《백사 이항복 신도비》[314]에 따르

---

314) 신흠, 「白沙集」, 白沙先生集附錄 / 附錄 鼇城府院君李公神道碑銘

면, 1589년 기축옥사 초기 수사는 정철의 단독 판단이 아닌, 임금 선조가 직접 죄수를 신문하는 '친국(親鞫)' 방식으로 진행되었다.[315] 정철은 위관으로 수사를 진두지휘 했지만, 이항복도 수사 현장에서 이를 기록하는 문사랑으로 함께 수사에 참여했고, 여러 대신이 수사에 협력한 체제였다. 독단적 처리가 구조적으로 불가능한 구도였다.

특히 이항복은 "눈으로 보고, 귀로 듣고, 입으로 묻고, 손으로 적었다"[316]고 할 만큼 신중하고 철저한 태도를 보였다. 기존 판례에만 의존하지 않고, 억울한 희생이 없도록 의심 가는 사안은 직접 재확인[317]했으며, 연좌 확대에도 분명한 선을 그었다.

이러한 기록은 '정철이 기축옥사를 조작해 동인을 탄압했다'는 동인계 사관의 주장에 강한 의문을 제기한다. 실제 심문에는 선조를 비롯해 유성룡, 이산해, 심수경, 한준, 유운룡, 권문해 등 동인 측 인사들도 대거 참여했다. 그 속에는 이항복처럼 비교적 중립적인 인물도 있었다. 게다가 무엇보다 중요한 점은, 정철이 위관으로 활동한 기간이 매우 짧았다는 것이다. 그는 1589년 12월 초 유성룡의 편을 든 임금으로부터 신임을 잃고, 불과 한 달 만에 수사 책임자에서 전격 배제[318]됐다.

이후 1590년 1월에는 심수경이, 그해 3월에는 유성룡이 수사 책임자로 등장하면서 기축옥사의 전개를 주도하게 된다. 결국 송강 정철은 기축옥사의 전 과정에서 철저히 배제되었음에도, 모든 책임을 뒤집어쓴 것이다.

---

315) 신흠, 「白沙集」, 白沙先生集附錄 / 附錄 李公神道碑銘   己丑冬,以問事郞,參鞫鄭汝立獄.宣廟親臨論囚.
316) 위와 같음   目覽耳受,口詢手書.
317) 위와 같음   公慇囚多株連不遽斷,啓倖禍者.
318) 이긍익, 「연려실기술」, 연려실기술 제14권 선조조 고사본말   鄭澈解委官沈守慶拜相仍爲委官

1589 유성룡-한준-최황 66동기에 쏠린 의문들

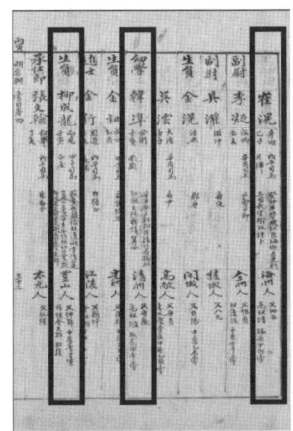

유성룡과 한준-최황은 1566년(명종 21년) 별시 대과에 함께 급제한 '동년(同年)'이다.

기축옥사의 문제는 단순히 수사 책임을 송강 정철에게만 떠넘기는 데 그치지 않는다. 사건의 출발부터가 의문투성이였다.

1589년 10월, 임진왜란 발발 불과 2년 6개월 전, 조선 조정은 정여립 사건을 계기로 대규모 숙청을 단행한다. 바로 기축옥사다. 이는 선조 8년(1575) 이후 본격화된 사림의 분열이 빚어낸 정치적 참사였다. 그러나 그 실체는 지금까지도 명확히 드러나지 않았다.

조선 후기 학자 택당 이식은 기축옥사를 이렇게 평가했다.

"정여립 사건은 혐의만으로 조작되었을 가능성이 크다. 당시 공식 기록조차 진실 여부를 밝히지 못한 채 의혹만 남겼고, 당대의 현명한 재상들조차 사실로 받아들이지 않았다."[319]

---

319) 이식, 『택당집』, 澤堂先生別集卷之十八 / 書 與安牛山 別紙　鄭汝立事, 史以因嫌羅織爲主意, 又以爲當時賢人以爲非實, 竝其魁而傳疑之筆, 作兩端說, 今無盡狀 a088_575b其逆謀, 而人間傳說多過實, 今以此欲得一紀事文字也.

이식의 말처럼, 사건을 겪은 당시 고위 관료들조차 진실을 의심했다. 정여립 옥사를 주도한 영의정 이산해, 그리고 훗날 영의정이 된 이덕형조차 의문을 품고 있었다. 이덕형이 직접 작성한 이산해의 묘지명에는 결정적인 장면이 기록돼 있다.

정여립 사건이 한창 진행되던 어느 날, 대신 한 사람이 이산해를 중서문에서 만나 이렇게 말했다. "영남 우도 사림들 사이에서 '이번 옥사는 조작된 것'이라는 말이 퍼지고 있습니다. 속히 전하께 보고드려야 합니다."[320]

이 대목은, 사건을 주도한 이산해와 이덕형조차 기축옥사의 진실성에 내심 의문을 품고 있었음을 보여준다. 실제로 조정은 정여립을 제거하면서도 사초나 공식 문서에 명확한 결론을 내리지 않았고, 기록 곳곳에 여운을 남겼다.

기축옥사는 단순한 반역 사건이 아니었다. 정치적 기획의 냄새가 짙었고, 발단부터 전개까지 핵심 인물들이 서로 긴밀하게 얽혀 있었다. 이는 곧, 철저히 계산된 정치 숙청이었음을 강하게 시사한다.

그렇다면 정여립 고변 사건이 발생하기 직전, 조선 사회의 분위기는 어땠을까? 그 실체를 파악하기 위해 당시 조선의 상황부터 짚어볼 필요가 있다.

1589년 가을, 조선은 거대한 혼란 속에 빠져 있었다. 먼저 7월, 황해도 전역에 역병이 퍼지면서 민심이 크게 흔들렸다. 조정도 이를 중대 사태로 인식하고 있었다. 당시 황해도 관찰사였던 한준은 7월 3일 다음과 같은 급보를 올렸다.

---

[320] 이덕형, 「漢陰文稿」, 輸忠翼謨光國推忠奮義協策平難功臣, 大匡輔國崇祿大夫, 議政府領議政, 鵝城府院君李公墓誌銘

"황해도 내에 역질이 발생하여 곡산, 안악, 우봉, 강령, 강음, 토산 등지에서 앓거나 사망한 자가 속출하고 있어 극히 염려스럽습니다."[321]

역병은 강원도로도 확산되었다. 강원도 관찰사 유영길 역시 거의 같은 시기에 보고했다.

"강원도 전역에 역질이 퍼져 금화, 홍천, 안협, 횡성, 영월, 회양, 인제, 양구, 평해, 간성 등지에서 병으로 앓거나 죽는 자가 속출하고 있습니다."[322]

역병만이 아니었다. 삼남 지방(경상·전라·충청)은 대가뭄으로 초토화되었다. 경상도 감사 김수는 긴급히 보고했다.

"경상도에 한재가 심각하여, 내년의 구휼 정책조차 우려되는 상황입니다."[323]

전라도의 상황은 더 심각했다. 전라감사 이광은 구체적인 피해 내용을 다음과 같이 보고했다.

"5월 초 이후 비가 한 번도 내리지 않아 하천과 샘이 모두 말랐습니다. 들판과 습지도 타들어 가고, 높은 지대는 마치 불에 탄 듯합니다. 메뚜기떼는 날마다 급증해 작물 뿌리를 갉아먹고 있어 피해가 심각합니다. 전주, 광주, 영광, 임실, 김제, 태인, 무장, 무안 등지의 상황이 모두 심각합니다. 이번 가뭄은 근래 보기 드문 재해로, 내년 흉년에 대비한 선제적 구제책이 필요합니다."[324]

이처럼 1589년 후반 조선은 역병과 가뭄이라는 이중 재난에 직면

---

321) 『선조실록』, 선조 22년(1589) 7월 3일 황해 감사 한준이 도내에 역질이 발생한 고을을 보고하다
322) 『선조실록』, 선조 22년(1589) 7월 3일 강원 감사 유영길이 도내에 역질이 발생한 고을을 보고하다
323) 『선조실록』, 선조 22년(1589) 7월 3일 경상 감사 김수가 도내에 한재가 심하다고 아뢰다
324) 『선조실록』, 선조 22년(1589) 7월 8일 전라 감사 이광이 한재와 병충해를 보고하고 구황 정책을 미리 세우자고 말하다

정여립 사건의 시기 구분

연도	월	내용
1583	말	**정여립, 율곡 이이에게 보낸 편지에서 유성룡을 '거간(巨奸)'으로 지목** "송응개 등을 귀양 보냈지만, 거간(파당의 원흉)이 조정에 있다. '거간'은 유성룡이다."
1585	5월	**"유성룡은 거간" 알린 정여립의 편지 공개 : 의주목사 서익** 서익, 정여립의 편지 내용 공개 … "'거간(원흉)'은 유성룡이었다!"라며 상소
1586	3월	**유성룡 탄핵**(정여립의 편지로 파당 주동자로 몰려) **정치에서 물러남** 정여립 편지 공개 뒤 탄핵 후폭풍 … 파당의 원흉은 다름 아닌 유성룡이다! 공격
1588	10월	**유성룡, 정치 복귀**(형조판서로 복귀) 유성룡, 홍문관 대제학, 경연 참찬관, 춘추관, 성균관 등 직책 겸임
1589	봄	**유성룡 권력 부활** : 병조판서 → 조헌 "유성룡 안된다" 공격 → 조헌 귀양 – 병조판서 겸 대사헌, 지중추부사에 임명, 유성룡 병판은 안된다고 한 조헌은 귀양
	7월	**황해도 전역 역질 발발** : 관찰사 한준(유성룡 동기) 역질 발생 보고 "곡산, 안악, 우봉, 강령 등지에서 연이어 사망, 참으로 가엾고 염려된다."
		강원도 전역 역질 발발 : 관찰사 유영길 역질 발생 보고 "김화, 홍천, 안협, 횡성, 영월 등에서 연이어 사망, 참으로 애통함."
		경상도 전역 가뭄 보고 : 관찰사 김수 심한 가뭄 보고 "심한 가뭄으로, 내년 흉년 구제가 매우 우려된다."
		전라도 전역 가뭄 보고 : 관찰사 이광 역대급 가뭄과 병충해 보고 "5월 초 이후 비 한 방울 없고, 메뚜기 떼 심각하다. 내년 대비책이 시급하다."
		인동회동 : 유성룡-권문해-유운룡 등 동인 핵심 인사들 – 유성룡·권문해·유운룡 등 핵심 동인계 인사, 영남 인동에서 긴급 회동
		전라·충청·경상 3도 재해 실태 조사 : 어사 파견 "추수할 가망이 없고, 굶어 죽는 백성들 속출한다! – 참혹한 상황이다!"
		영의정 유전 : 재앙과 변고 등 난세를 수습하고 다스릴 계책 진술
		하삼도(전라도 충청도 경상도) 군사지휘 체제 전면 교체 비밀교서
	8월	**군사 대책 회의 개최** : 민심 이반에 대한 우의정 정언신, 동지 신립, 전라 병사 이일 등 참석
	9월	**흉년 대책 회의 개최** : 내년 모든 공사 중단 결정 "흉년 대책 회의에서 향교·궁전 축조 등 재정 투입되는 토목 건축사업 중지하자!"
	10월	**황해도 관찰사 한준, 역모 보고** : 안악·재령·신천군수 연명 보고 – 선전관·의금부 도사 전라도로 파견
		인동회동 인사들 유운룡·권문해 추관(수사책임자)으로 **전진 배치**
	11월	**정철 우의정** : 위관 맡다
	12월	**이조판서 교체** : 홍성민 → **유성룡으로** (인사권 서인에서 동인으로 전격 교체)
1590	1월	**위관 교체** : 정철 → **심수경으로** (수사책임자 서인에서 동인으로 전격 교체)
	3월	강성 동인계 핵심 인사 **홍여순 전라도 관찰사** 임명
	5월	**우의정 유성룡 위관/인사 겸직** : 위관 맡고 – 이조판서(인사권) 겸직

해 있었다. 조정은 사태의 심각성을 인식하고 긴급 대응에 나섰다. 1589년 7월 11일, 조정은 비상 회의를 소집했다. 회의에서 공유된 삼남 지방의 피해 상황은 충격적이었다.

"전라·충청·경상 삼도의 재해는 근세에 유례가 없습니다. 여름 내내 비가 오지 않아 곡식이 모두 말라 죽었고, 천 리 땅이 붉게 타들어갔습니다. 가을 수확은 기대할 수 없으며, 백성들은 굶어 죽을 지경입니다."[325]

그러나 민심은 이미 요동치고 있었고, 이러한 불안은 곧 거대한 정치적 격변으로 전환하게 된다. 이 회의 직후, 조정은 곧바로 하삼도(전라·충청·경상)의 군사 지휘 체제를 전면 교체하는 비밀 교서를 내렸다. 7월 28일, 대대적인 인사 개편이 전격 단행된다.

서득운이 전라 병사, 이혼이 경상 우수사, 신할이 경상 좌수사, 조경이 제주 목사로 각각 임명되었다.[326]

여기서 끝이 아니었다. 추가로 다음과 같은 특명도 내려졌다.

"대읍의 수령은 방어사나 조방장 중에서 적임자를 선발해 임명하라."[327]

이는 단순한 인사가 아니었다. 경험 있는 군사 관료에게 지방 통제권을 이양하라는 조치였다. 조정은 이미 비상사태 수준의 통치 체제로 전환하고 있었던 것이다. 게다가 사태는 계속 악화되었다.

9월 17일, 기축옥사 발발을 불과 보름 앞두고, 조정에 또 하나의

---

325) 『선조실록』, 선조 22년(1589) 7월 11일 헌부가 재해 조사를 위해 어사를 파견할 것과 사족의 집을 임의로 수색한 포도 대장의 추고를 청하다
326) 『선조실록』, 선조 22년(1589) 7월 28일 좌부승지 황우한이 하삼도 병·수사를 선발한 비변사의 밀계를 아뢰다
327) 위와 같음 且大邑守令遞差, 以防禦使,助防將可當人差遣至當.

기축옥사 발발 80일 전부터 직전까지

1589년 7월 → 9월까지.
역대급 재난 → 국가위기 경보 → 민심 이반

역질 황해도

역질 강원도

가뭄 충청도

가뭄 경상도

가뭄 전라도

충격적인 상소가 접수된다.

"올해 흉년은 전례 없는 재앙입니다. 내년에는 향교, 동헌, 궁궐을 비롯한 국가 건축 사업을 전면 중단해 주시길 청합니다."328)

국가가 모든 건축사업을 멈추라는 요청이 공식 상소로 올라올 만큼 상황은 심각했고, 조정은 정치·군사·경제 전반에 걸쳐 극도의 긴장 상태에 빠져 있었다. 당시 영의정이었던 유전의 기록에는 당시 상황을 이렇게 묘사했다.

"기축년 여름 영의정에 임명되었다. 당시 재앙과 변고가 잇따라 나타나고 기근이 거듭됐다. 늘 이를 걱정했다. 여러 번 상소하여 면직시켜 줄 것을 청하고, 난세를 수습하고 다스릴 계책을 진술했다. 겨울에 정여립이 모반을…."329)

이 기록을 살펴보면, 당시 조선 조정은 극심한 역병과 기록적인 가뭄이라는 이중의 재난 속에 민심이 극도로 흔들리고 있었고, 이를 수습하려는 다양한 시도들이 이루어지고 있었다. 그런데 영의정 유전의 발언처럼, 혹시 그 '난세를 수습할 계책'이라는 것이 다름 아닌 '역모 사건 고변'의 기획이었는지는 의문이 아닐 수 없다. 마침 그 시점에 고변 상소가 도착한다. 황해도 관찰사 한준이 재령, 안악, 신천 세 고을 수령들의 첩보를 종합하여 올린 보고서였다.

"정여립이 전라도에서 역모를 꾀하고 있다."330)

---

328) 『선조실록』, 선조 22년(1589) 9월 17일 간원이 흉년이 들었으니 향교동에 궁전을 축조하는 일은 중지하라고 청하다
329) 성해응, 『研經齋全集』, 유전 행장 己丑陞左議政,夏拜領議政,時災異屢現,饑饉薦臻,公常憂之,屢上章乞免,且陳修治之策,冬鄭汝立謀叛,變旣上,委公充其獄,
330) 『선조수정실록』, 선조 22년(1589) 10월 7일 한준·박충간·이축·한응인 등이 정여립의 모반에 대한 변서를 올리다

1589년 7월부터 기축옥사 발발 때까지
역대급 재난 → 국가 위기에 직면한 조선정치

7월
인동회동 →

7월. 8월. 9월
비상대책회의 →

10월
역모 고변
인동회동 인사들 전진 배치

10월
역모 고변
황해도 3군+관찰사

7월. 8월. 9월
비상대책회의
한양

7월
인동 회동
유성룡-권문해-유운룡

10월
역모지
전라도

기축옥사 고변자 한준, 반복된 위기 끝에 자청했을까?

파당을 조장해 거간으로 지목된 유성룡, 그리고 한준은 기축옥사 직전 정치적 위기를 겪었다. 특히 한준은 1587년 손죽도 왜변 당시 도망쳤고, 이대원 전사 책임으로 파직 요구를 받았다. 이후 이천사건과 광주 도적사건 부실 처리로 탄핵되었지만, 유성룡 등의 도움으로 간신히 살아났다. 그는 황해도 관찰사로 전출되었으나 1589년 7월, 황해도에 전염병이 돌고 민심이 흔들리자, 위태로웠다. 벼랑 끝 조선 조정은 이를 돌파하려 한다

이 고변 상소가 조정에 접수된 순간, 기축옥사의 서막이 열렸다. 혼란과 재난, 극도의 위기 속에서 터져 나온 이 사건은, 조선 정치사에 깊은 그림자를 드리우게 된다.

기축옥사의 시작을 알린 관찰사 한준은 누구인가? 놀랍게도 그는 당시 조정의 실세였던 유성룡과 각별한 관계에 있었다. 두 사람은 1566년(명종 21년) 별시 대과에 함께 급제한 '동년(同年)'이었다. 오늘날로 치면 고시 합격 동기와 같아, 이들은 막강한 인맥 네트워크를 공유했다. 더군다나 두 사람은 1542년생으로 나이까지 같았다.

그동안 동인 후예들은 "기축옥사는 송익필이 기획하고 정철이 실행한 사건"이라 주장해왔다. 그러나 실제 정황을 보면, 사건을 촉발한 것은 한준이고, 이를 주도한 인물은 유성룡이라 보는 것이 더 타당하다. 왜냐하면 송익필은 기축옥사 발발 한 달 만에 체포되어 사실

기축옥사 시작과 전반을 주도한, 1566년 대과 동년 핵심 세 인물			
인물	남강 한 준	서애 유성룡	월담 최 황
핵심 기축옥사	기축옥사 시작/고변자	기축옥사 전반 주도자	기축옥사 인사권자
출생	1542년 **동년배**	1542년	1529년
동년 대과	1566년(명종 21년)	1566년(명종 21년)	1566년(명종 21년)
별시 성적	병과 8위(12/17)	병과 11위(15/17)	병과 3위(7/17)
합격연령	25세	25세	38세
본관	청주(淸州)	풍산(豊山)	해주(海州)
거주지	한성	한성	한성
승승장구 관직	이조판서 추천,호조판서	이조판서+대제학+ 영의정	이조판서
공신	평난공신	광국공신, 호성공신	평난 · 광국 공신
봉호	청천군(淸川君)	풍원부원군(豊原府院君)	해성군(海城君)

한준과 최황, 유성룡은 1566년 대과에 함께 합격한 동년(同年)이다. 가장 가까운 사이였던 이들은 기축옥사를 주도했다. 한준은 고변으로, 유성룡과 최황은 연이어 인사권을 장악해 정국을 주도했다. 기축옥사 때 유성룡은 자신이 겸직하고 있던 이조판서직까지 한준에게 추천해 반대에 부딪히자 역시 동기인 최황에게 맡긴다.

상 사건에서 배제되었고, 정철 역시 1589년 말 임금 선조의 신임을 잃고 1590년 정월에 위관직에서 해임[331]되었기 때문이다.

반면, 유성룡과 한준은 끝까지 권력의 핵심에 남았다. 유성룡이 좌의정으로 승진한 후, 이조판서 자리에 한준을 추천[332]한 사실은 두 사람이 단순한 학연을 넘어 사건을 함께 이끈 정치적 동지였음을 보여준다. 이들의 관계는 기축옥사 이전에도 확인된다. 1587년 정해왜변 당시, 한준은 전라도 관찰사로 재직 중이었다. 이대원 장군이 전사하는 일이 벌어지며 파직 위기[333]에 몰렸으나, 유성룡의 지원 덕분에 목숨을 건졌고, 이후 중국 사신단에 포함되며 정치적으로 부활한

---

331) 이긍익, 『연려실기술』, 연려실기술 제14권 / 선조조 고사본말(宣祖朝故事本末) 기축년 정여립 (鄭汝立)의 옥사(獄事)
332) 허목, 『기언 별집』, 제16권 / 구묘문(丘墓文) 우참찬 청천군 한공 신도비명   左相柳成龍欲薦爲銓曹, 爲首相所沮.
333) 『선조실록』, 선조 20년(1587) 6월 4일   헌부가 전라 감사 한준이 왜적의 형세를 보고 도망갔다며 파직을 청하다

다. 그는 곧 황해도 관찰사로 다시 기용되며, 실질적으로 유성룡 덕분에 살아난 셈이었다. 하지만 한준은 황해도 부임 이후 다시 위기를 맞는다. 1589년 7월, 황해도에 전염병이 퍼지고 민심이 극도로 흔들리면서 정세가 불안해졌다. 이 불안한 지역의 정치적 돌파구를 위해 한준은 정여립을 고발하게 된다. 곧 기축옥사의 서막이 열린다.

기축옥사 이후, 유성룡은 중앙 권력을 사실상 장악했고, 한준 역시 중앙 정계에 입성했다. 유성룡은 자신이 겸임하던 이조판서직을 한준에게 넘기려 했고,[334] 이는 두 사람의 권력 동맹이 얼마나 견고했는지를 단적으로 보여주는 사례다. 결국 영의정이 반대해 한준의 이조판서는 불발되고, 역시 같은 기수인 최황이 이조 판서에 오른다.

만약 유성룡이 기축옥사를 기획했다면 왜 '정여립'을 타깃 삼았을까? 그 실마리는 유성룡과 정여립 사이에 있었던 깊은 악연에서 찾을 수 있다. 1585년 5월 28일, 의주목사 서익은 조정에 충격적인 상소를 올린다. 그 상소에는 유성룡을 '거간(巨奸)'[335], 즉 '진짜 큰 간신'이라고 지목한 내용이 담겨 있었는데, 그 출처는 다름 아닌 정여립이었다. 서익은 상소문에서 율곡 이이가 세상을 떠나기 직전, 정여립이 이이에게 보낸 편지를 직접 보았다[336]고 밝혔다. 그 편지에는 "삼찬(三竄) 사건은 비록 정리되었지만, 더 큰 간신이 아직 남아 있다"는 문장이 있었고, 여기서 말한 '더 큰 간신'이 바로 유성룡[337]이라는 것이다.

이러한 맥락을 고려하면, 정여립이 단지 우연히 지목된 것이 아니라, 정치적 원한과 권력 투쟁의 희생양으로 삼았을 가능성이 있다.

---

334) 허목, 「기언 별집」, 제16권 / 구묘문(丘墓文) 우참찬 청천군 한공 신도비명 左相柳成龍欲薦爲銓曹, 爲首相所沮.
335) 「선조실록」, 선조 18년(1585) 5월 28일 의주 목사 서익이 정여립의 처신을 비판하고 이산보·박점 등의 성품을 상소하다
336) 위와 같음
337) 위와 같음

파행 | 173

1589 기축옥사의 주도자는 오히려 유성룡?

  기축옥사(1589)의 실질적인 주도자는 송강 정철이 아니라, 오히려 유성룡과 그의 측근들이었다. 특히 주목할 인물은 고변을 올린 황해도 관찰사 한준, 수사 책임을 맡은 유성룡의 형 유운룡, 그리고 유성룡의 정치적 우군이자 동문인 권문해다. 역모자들 색출은 유성룡이 보낸 전라도 관찰사 홍여순이 맡는다. 이 가운데 한준과 홍여순을 제외한 유운룡과 권문해는 모두 퇴계 이황의 문하에서 수학한 사이로, 유성룡과 학문적으로도 정치적으로도 깊이 연결되어 있었다. 그중 권문해(1534~1591)는 유성룡보다 여덟 살 연상이었지만, 줄곧 유성룡을 옹호하며 서인 세력을 강하게 비판했다.

  그는 1583년 사헌부 장령 재직 시절, 율곡 이이와 송강 정철이 추진한 병제 개편과 서얼·노비에 대한 신분 완화 개혁을 정면으로 반대했다.[338]

---
338) 권문해, 「초간집」, 草澗集年譜 草澗先生年譜

1589년 7월, 기축옥사 직전 인동에서 권문해가 유성룡과 회동한 기록과, 같은 해 10월 기축옥사 발발 직후 유성룡의 형 유운룡과 함께 추관으로 임명된 사실을 담은 권문해의 《초간집》 연보.

이이의 개혁안에 대해서는 "장차 큰 폐단이 될 것"이라며 저지[339]했고, 정철이 예조판서로 승진하자 "과분한 인사"[340]라며 탄핵을 시도했다. 또한 유성룡을 동인 수괴로 지목한 경안령 이요를 오히려 탄핵[341]하며 유성룡을 적극적으로 보호하려 했다.

그러나 당시 조정의 분위기는 이와 달랐다. 선조는 이이와 정철을 신임했고, 결국 권문해는 파직[342]되었다. 한동안 외직을 전전하던 그는 기축옥사 직전 다시 중앙 정계로 복귀하게 된다.

1589년 7월, 권문해는 인동에 머물던 유성룡과 유운룡 형제를 찾아가 만났다. 이는 기축옥사 발발 불과 2~3개월 전의 일이며, 그의 연보에는 "7월, 유서애(유성룡)를 만나 담소했다"[343]는 기록이 남아 있다. 그리고 두 달 뒤인 10월, 정여립의 모반 사건[344]이 발발하자, 권문

---

339) 권문해, 「초간집」, 草澗集年譜 草澗先生年譜
340) 위와 같음
341) 위와 같음
342) 권문해, 「초간집」, 草澗先生文集附錄/附錄 通政大夫,行承政院左副承旨兼經筵參贊官, 春秋館修撰官, 草澗先生權公行狀
343) 권문해, 「초간집」, 草澗集年譜 草澗先生年譜
344) 「선조실록」, 선조 22년 (1589) 10월 2일 황해 감사가 안악 · 재령 등에 역모 사건을 보고하였는데 전라도에는 정여립이 관련되다

해와 유운룡은 동시에 추관(수사 책임자)으로 임명되었다.

권문해의 연보에는 "10월, 정여립의 역모 사건으로 인해 선생이 수사관으로 임명되었다. 옥사는 매우 엄중하게 진행되었다"는 기록[345]이, 유운룡의 문집《겸암집》에는 "1589년 겨울, 유운룡이 추관으로서 정여립 사건 수사에 참여하였고, 전국적으로 대대적인 체포가 이루어졌다"는 내용[346]이 실려 있다.

반면 송강 정철은 사건이 벌어진 뒤 한 달이 지난 1589년 11월 8일에야 우의정에 임명되어 위관을 맡았기 때문에, 기축옥사 초기의 수사권은 이미 유성룡과 그의 측근들에 의해 장악된 상태였다.

여기서 주목해야 할 점은 고변자 한준, 임금의 최측근 유성룡, 그리고 역시 동년(同年)인 최황, 이 세 인물의 연결 고리다. 이들은 1566년 별시 대과에 함께 급제한 동기 관계로, 학문적·정치적으로 긴밀히 얽혀 있었다. 기축옥사의 발발과 전개, 그리고 이후의 정국 운영 전반에 걸쳐 이 세 사람은 핵심 축으로 작동했다.

사건이 터진 이후, 이들은 조정의 주요 요직을 차지하며 권력의 중심에 섰다. 유성룡은 1589년 12월 16일 이조판서로 이동[347]하며 인사권을 장악했고, 실질적인 정국 운영의 주도자가 되었다. 한준 또한 이조판서 후보에 오를 정도로 유력한 인물이었으며, 비록 밀려나긴 했지만 그 자리는 마침내 또 다른 동년인 최황에게 돌아갔다.

결국 기축옥사는 유성룡을 중심으로, 한준·최황·권문해·유운룡으로 이어지는 동년 및 형제와 동문 네트워크에 의해 기획되고 주도된 사건이었다.

---
345) 권문해,「초간집」,草澗集年譜 草澗先生年譜
346) 유운룡,「겸암집」,謙菴先生年譜卷之一 冬,爲推官,時鄭汝立逆獄起,逮捕四出.
347)「선조실록」, 선조 22년 기축 12월 16일 유성룡·권극례·박충간·이축·한응인 등에게 관직을 제수하다

사건의 발단부터 수사, 전개 과정까지 일관되게 유성룡과 그의 인맥의 주도 아래 이뤄졌다는 점에서, 기축옥사의 실질적 책임자는 송강 정철이 아니라 유성룡이라는 주장이 더욱 설득력을 가진다.

게다가 사건 직전의 배경도 심상치 않았다.

1589년 7월, 황해도와 강원도 일대에 역병이 창궐했고, 이를 조정에 보고한 인물이 바로 한준이었다. 같은 시기, 경상·전라·충청 삼남 지방은 기록적인 가뭄에 시달렸다. 7월과 9월에 열린 비상 회의 등은 조정이 국가적 재난 앞에서 위기감을 느끼고 있었음을 보여준다. 이 와중에 기축옥사가 발발한 것은, 국난에서 시선을 돌리기 위한 정략적 의도가 깔려 있었던 것이 아닌지 의문을 품게 만든다.

게다가 역모의 대상이 유성룡과 반대편에 서 있던 정여립이었고, 고변자는 유성룡과 막역한 사이였다는 점도 석연치 않다. 사건이 발생하자마자 기다렸다는 듯이 수사 책임자로 유성룡의 형 유운룡과 동문 권문해가 임명된 점 역시 의심을 더한다.

송강 정철이 위관으로 임명된 것은 11월 8일이었고, 불과 한 달도 채 지나지 않아 임금의 신뢰에서 멀어지기 시작했다. 그 사이 조정은 유성룡의 입장을 대변하며 서인 세력에 대한 공세를 본격화했다.

1589년 11월 28일과 12월에 양산숙·양산룡·양천회·조헌·정암수 등 서인계 인사들이 올린 상소는 모두 묵살당했고, 12월 16일에는 송익필·송한필 형제에게 체포령이 내려졌다.

이는 기축옥사 이후 조정의 권력 구도가 유성룡 중심으로 완전히 재편되었음을 보여주는 명백한 증거다.

1590 최영경 죽음과 숨은 방조자

최영경의 억울한 죽음에 대해 시간이 흐른 뒤, 새로운 주장이 제기되었다. 진짜 책임자는 정철이 아니라 유성룡이라는 것이다. 이 주장은 당시 사건을 가장 가까이에서 지켜본 이항복에 의해 제기되었다.

이항복은 《백사집》과 《기축기사》에 당시 상황을 생생하게 기록하며, 유성룡의 책임을 분명히 밝혔다. 그는 사건 당시 문랑(問郞)으로서 심문 기록관을 맡아, 최영경이 억울하게 죄인으로 몰리는 장면을 직접 목격했다.

하루는 이항복이 정철과 최영경의 옥사에 관해 이야기하며 이렇게 말했다.

"이 사건(기축옥사)이 벌어진 지도 벌써 일 년이 지났습니다. 그동안 그(최영경)를 '삼봉'이라 부르는 사람이 단 한 명이라도 있었습니까? 지금 아무런 증거도 없이 소문만으로 체포해 가두었다가, 그(최영경)가 죽기라도 한다면 공론이

"최영경 사건: 이항복의 대화로 본 정철과 유성룡의 역할 비교"		
항목	송강 정철	서애 유성룡
초기 대응	이항복과의 대화에서 최영경을 구하려는 의지 표명	최영경 사건에 대해 유성룡은 시큰둥한 반응, 또 구명에 소극적
구명 노력	최영경을 구하기 위해 탄원서 작성 및 구명 계획 세움	구해줄 뜻을 분명히 밝히지 않음.
이항복과 대화	최영경의 억울함 이해하고, 구명 의지를 확고히 다짐	최영경을 구해달라고 요청한 이항복에게 유성룡이 "세상이 험하니 조심하라"며 오히려 경고함
최종 운명	정철의 상소로 최영경이 일시적으로 풀려남	최영경이 다시 하옥된 후에도 별다른 구명 활동 없음
사건 태도	최영경의 억울함을 해소하기 위해 적극적으로 행동함	최영경의 구명에 미온적, 사건에 소극적 태도

일어날 것입니다. 그때 대감(정철)께서는 책임을 어떻게 피하시겠습니까?"[348]

정철은 놀라며 답했다.

"내가 영경과 의견이 달랐던 건 사실이지만, 그를 해치려 한 적은 없습니다. 이건 지방에서 잘못 전해진 소문일 뿐이지, 나와는 무관합니다."[349]

그러자 이항복은 다시 말했다.

"대감(정철)께서 모함하지 않으셨더라도, (최영경이)죄가 없음을 알고도 방관하는 건 옳지 못한 일입니다. 영경은 죄수 가운데서도 죄가 없고, 그 사람은 효

---

348) 이긍익, 「연려실기술」, 제14권, 선조조 고사본말 기축년 정여립의 옥사, 《백사집(白沙集)》 《기축기사(己丑記事)》
「선조수정실록」,선조 30년 1597년 4월 1일 성균관 유생 최희남이 정철 등에 대한 처벌이 가벼움을 아뢰다
349) 위와 같음

도하고 우애가 깊은 사람입니다. 어찌 구하려 하지 않으십니까?"[350]

정철은 이 말을 듣고, "내가 반드시 그를 구하겠소."[351]라고 답했다.

그는 직접 상소문을 작성해 최영경의 구명을 추진했고, 형벌이 더 해지면 유성룡과 함께 연명 상소를 하자는 계획도 세웠다. 그러나 유성룡은 이 문제에 대해 소극적이었다.

이항복이 유성룡을 찾아가 단호히 말했다.

"대신(유성룡)께서 그를 구해야 합니다."[352]

그러자 유성룡은 이렇게 답했다.

"내가 어찌 감히 구명을 청할 수 있겠소? 세상 인심이 험하니 사인(이항복)께서도 조심하시오."[353]

유성룡 그는 오히려 이항복에게 몸조심하라며 말을 아끼라는 충고만 했다. 결국, 최영경은 억울하게 죽었다.

왜 유성룡은 같은 최영경을 도우려 하지 않았을까? 최영경이나 이발도 동인이었지만 같은 동인이 아니었다. 동인에서도 주류 동인과 비주류 동인(호남계 · 남명계 동인)으로 다른 라인이었다. 게다가 사이도 좋지 않았다는 기록도 있다.

처음부터 유성룡과 이발은 사이가 좋지 않았다. 유성룡은 일파를 이루어 그가 우두머리가 되었고, 김성일 · 이성중 · 이덕형 등이 그의 심복(羽翼)이었다. 이발 일파를 만들어 그가 우두머리가 되었으며, 정여립 · 최영경 · 정인홍 등

---

350) 이긍익, 「연려실기술」, 제14권, 선조조 고사본말 기축년 정여립의 옥사, 《백사집(白沙集)》 《기축기사(己丑記事)》
351) 위와 같음
352) 위와 같음
353) 위와 같음

이 그를 밀었다. 두 파벌은 서로 배척하고 싸웠지만, 겉으로는 드러나지 않은 채 5~6년간 이어졌다. 그러다가 기축옥사(1589년)가 일어났다. 유성룡은 연회 석상에서 "이경중이 먼저 알아차렸다"고 언급했다. 그러나 당시 대간(臺諫)들이 이를 논박하며 정인홍이 관직을 삭탈(削爵)당하는 지경에 이르렀다.[354]

유성룡이 "일찍이 이경중은 정여립을 전랑(銓郞)의 물망에 올리려는 것을 막았다. 그때 오히려 대간이 이경중을 탄핵했다."고 임금에게 알렸다. 이에 임금은 이경중에게 특별히 증직(贈職)을 명했고, 그 당시 이경중을 탄핵했던 정인홍과 박광옥의 벼슬을 삭탈(削奪)했다.[355]

7년 뒤인 1597년 4월, 성균관 유생 최희남은 정철이 최영경의 죽음에 책임이 있다고 지목하며 상소를 올렸으나 임금은 "그대의 말은 지나치다."[356]며 이를 일축했다.

이항복은 이에 대해 정철이 최영경을 해치려 한 것이 아니라, 오히려 후세의 비난을 두려워해 그를 살리려 했던 인물임을 강조했다.

"정철은 최영경을 해치려 하지 않았고, 구명하고자 애썼으며, 후세의 죄인이 될까 몹시 두려워했다."

그러나 동인들은 이러한 설명을 무시한 채 정철을 계속 비난했다.

---

354) 윤순거, 「혼정록」, 初柳成龍與李澄有隙成龍一隊成龍爲首而金誠一李誠中李德馨等爲羽翼一隊澄爲首而鄭女立崔永慶鄭仁弘等爲羽翼互相排斥蹤跡猶未著見五六年而己丑獄起成龍嘗於筵中言李敬中先見而其時爲臺諫駁遞以致鄭仁弘削爵見上己丑錄 仁弘遂與成龍永爲仇敵始有南北之分
355) 「일월록」, 연려실기술 제14권
356) 「선조실록」, 선조 30년 1597년 4월 11일 성균관 유생 최희남 등이 정여립의 난에 연루된 정개청 등의 신원을 상소하다

1591 곧 전쟁인데, 대대적인 서인 탄압

1589년 12월 초, 유성룡을 중심으로 한 주류 동인 세력이 본격적으로 역사 전면에 등장했다.

12월 15일, 서인계 이조판서 홍성민이 전격 경질되고, 그 자리에 동인계 유성룡이 임명되었다. 동시에 권극례가 예조판서로 기용[357]되며 조정 인사 전반에 대대적인 변화가 일어났다.

특히 유성룡의 이조판서 임명은 단순한 자리 이동이 아니라, 동인이 조정의 인사권을 사실상 장악했음을 의미한다. 조선 육조 중 이조는 인사 행정을 전담하는 핵심 부서로, 오늘날의 행정안전부 장관에 해당하는 직책이다. 따라서 유성룡의 등장은 곧 동인이 실질적인 권력을 손에 넣었다는 선언과도 같았다.

유성룡은 이조판서 취임 직후인 1591년 12월 16일, 첫 인사를 단

---

357) 『선조수정실록』, 선조 22년(1589) 12월 1일   이조 판서 홍성민을 체직시키다

기축옥사 두 달 만에 권력은 동인 손에

1589년 10월 기축옥사 직후, 조헌 석방 등 서인의 반격 기류가 있었지만, 조헌·양산숙·정암수 등이 "유성룡과 간신들을 멀리하라"는 상소를 올리자 선조는 격노했다. 곧 홍성민이 파면되고, 정암수 등 호남 유생들에겐 체포령이 내려졌으며, 조헌은 비난을 받고 송익필·송한필 형제까지 추포 대상이 됐다. 반면 유성룡은 이조판서로 중용되며 동인이 정국을 장악했다. 불과 두 달 만에 권력은 동인으로 넘어갔고, 이 구도는 2~3년간 이어졌다.

행했다.

역모 고변에 기여한 이들을 대거 발탁하며 권력 재편에 나섰다. 한준을 도운 공으로 재령군수 박충간을 형조참판에, 전 안악군수 이축을 공조참판에, 신천군수 한응인을 호조참의에 각각 파격 승진시켰다. 또한 밀고에 가담했던 이수, 강응기 등도 전면 등용[358]되었다.

---

358) 『선조실록』 선조 22년 1589년 12월 16일 유성룡·권극례·박충간·이축·한응인 등에게 관직을 제수하다

기축옥사 전 기간, 주류 동인은 승승장구 - 서인은 끝없이 추락			
년	월일	서인	동인
1589	10월 2일	황해 감사 한준, 역모 사건을 보고하다	
	11월 초	양산숙이 조헌 석방 상소 조헌 석방(11월 4일)	
	12월 초	이조판서 홍성민, 조헌 전적 인사요청(7일)	이발, 이길(유배, 8일)
	12월 9일	**서인 정철의 권한에 제동**	임금, 유성룡과 이산해 두둔
	12월 14일	전라 유생 정암수, 양산숙, 양산룡 등 이산해·유성룡 등 지척하는 상소에 **서인 정암수 등 주동자 10명 추포 명령**	임금, 유성룡과 이산해 위로
	12월 15일	조헌, 이산해·유성룡 등 겨냥한 상소 임금, 조헌 맹비난 **서인 이조판서 홍성민 파직**	임금, 유성룡 위로 **유성룡 이조판서 승진** **동인 권극례 예조판서 승진**
	12월 16일	서인 송익필 송한필 형제 체포, 추고	동인 박충간, 이축 승진
1590	3월 1일		**유성룡 우의정 승진** 이양원(승진), 최황(승진)
	6월 1일		북인 최영경(하옥)
	9월		북인 최영경(옥중 사망)
1591	1월		**유성룡, 우의정+이조판서+대제학**
	2월 1일	광해 세자 책봉건-**정철을 '간철'이라 비난** **서인 정철 좌의정 체직**	**유성룡, 좌의정+이조판서+대제학**
	3월	**대대적 서인 숙청**: 줄줄이 파직 및 유배 서인 정철, 이호영, 유공신, 백유함, 윤두수, 홍성민, 이해수, 장운익, 박점, 황혁, 우성전, 윤근수, 황정욱, 이산보, 이성중, 이흡, 임현, 김권, 황신, 구면 등	
	윤3월	정철 영돈령부사 파직 이항복 정철 두둔했다고 파직	
	4월 4일	서인 줄탄핵: 고경명과 조붕 파직	
	4월 11일	서인 고종후 지제교 파직 유희규, 이순수, 유정량 파직	
	4월 12일	서인 안상, 이이수, 신광필 파직	
	5월		유성룡 위관 이발의 노모와 아들 죽임
	6월 23일	**서인 정철 유배**(진주→강계로), 백유함 경흥 유배, 유공신 경원 유배, 이춘영 삼수 유배	
	7월 1일	**서인 황정욱-황혁 부자 파직-개돼지 취급**	
	8월	서인 양천경-양천회 형제, 강해 죽임	
	9월 16일	서인 김여물, 임예신, 김공휘 파직	
1592	1월	서인 의주목사 김여물 투옥	
	4월 13일	임진왜란 발발	

이로써 동인 세력은 조정의 중심 권력으로 자리매김했고, 이에 따라 서인은 완전히 밀려났으며, 비주류 동인들 역시 주도권을 상실하고 점차 주변으로 밀려났다.

유성룡은 호남계 동인이나 남명계열의 비주류 동인에 대해 비판적이었다. 그의 인식은 1581년, 김성일에게 보낸 편지에 고스란히 담겨져 있다.

"경함(이발; 호남계 동인)은 식견이 넓지 못하고, 일을 일으키는 데에만 재미를 느껴 분란을 쉬지 않고 만들어냅니다."[359]

"덕원(정인홍; 남명계 동인)은 산골 출신으로 성미가 거칠고 곧아, 사리에 맞는지 아닌지를 헤아리지 못하고 오로지 격렬한 말만 앞세워 비난을 멈추지 않으니, 안팎의 사람들 모두 그를 경계하고 있습니다."[360]

유성룡이 급부상 되면서 송강 정철은 철저히 배제된다. 정철은 사건 수사에서 소외되었을 뿐 아니라, 임금과의 소통 채널도 정철에서 동인계 영의정 이산해로 바뀐다.

선조는 12월 1일 "역적의 문인이라 하더라도 죄질이 가벼운 자는 중하게 다스리지 말라"고 지시했고[361], 12월 7일과 9일에는 이산해에게 "역적 관련자들을 과도하게 논핵하지 말라"[362], "과격한 논의는 제재하라"[363]고 명했다. 사실상 정철의 권한을 억제한 것이다.

이 무렵 조정에서는 조헌을 관직에 임명하려는 움직임도 있었으

---

359) 유성룡, 「서애집」 西厓先生別集卷之三 / 書 與金士純 辛巳
360) 위와 같음
361) 「선조실록」 선조 22년 1589년 12월 1일 역적 정여립의 문도 중 진술에 관련되지 않은 자는 다스리지 말라고 명하다
362) 「선조실록」 선조 22년 1589년 12월 7일 좌상에게 언관이 역적과 관련하여 지나치게 논핵한다며 조정을 잘 이끌라고 전교하다
363) 「선조실록」 선조 22년 1589년 12월 9일 역적과 관련하여 의논이 과격한 사람은 제재하라고 좌상 이산해에게 전교

기축옥사 초기부터 선조는 "서인 비난"하고, "주류 동인만 신뢰"했다	
1589년 12월 14일~16일까지 정철/서인에게	**이 기간 유성룡에게 한 무한 신뢰의 발언들**
"그 흉참(凶慘)한 양상이 해괴하다." "이는 간인(奸人)의 사주를 받은 것이 의심된다" "잡아들여 추국하고 율에 따라 죄를 물어라!" "정암수의 상소가 정철의 손에서 나왔다" "인심의 패역(悖逆)함이 이 지경에 이르렀다." "그 정상을 환히 드러냈으니, 웃을 일이다." "조헌은 간귀(奸鬼)이다." "아직도 조정을 경멸하여 거리낌 없이 날뛴다." "다시 마천령(磨天嶺)을 넘게 될 것." "그날 조헌 풀어줬던 당상(堂上)을 체차하라!" "풀어준 당시 낭청(郎廳) 추고하라!" "송익필·송한필 형제를 체포하여 추고하라!"	"백유양의 초사가 경에게 무슨 관계가 된단 말인가." "경은 금옥(金玉)처럼 아름다운 선비다." "경의 심지(心志)를 저 태양에 묻는다 하더라도 부끄럽지 않을 것임을 내가 이미 알고 있다." "조금도 개의치 말라." "마음을 편안히 가지라."

기축옥사 초반부터, 임금 선조는 "주류 동인만 신뢰"했고, "서인에겐 노골적 비난"했다

기축옥사 초기, 선조는 서인을 '패역한 무리'로 몰아붙이며 정철을 공격했고, 유성룡에게는 '금옥 같은 선비'라며 절대적 신뢰를 보냈다. 정국 주도권은 정철에서 유성룡으로 넘어갔고, 이후 2~3년간 동인이 정국을 장악했다.

나, 선조는 "경솔하게 벼슬을 줄 수 없다"[364]며 단호히 거절했다.

이 일련의 조치들은 정철이 오히려 조정의 권력에 이용당한 존재 아니냐는 의혹을 낳게 했다. 실제로 선조는 유성룡과 이산해를 중심으로 한 동인 세력에 분명한 지지를 보내고 있었다.

정철이 위관으로 임명된 지 한 달쯤 지난 12월 8일, 백유양 사건과 관련해 유성룡과의 연루 의혹이 제기[365]되었다.

"백유양이 유성룡을 다시 조정에 나오게 하려는 뜻을 정여립에게 전한 편지가 있었다. 그런데 그 편지가 조정에 발각되었다."[366]

유성룡은 자신을 변호하는 상소를 올렸다.

---
364) 『선조실록』 선조 22년 1589년 12월 7일 조헌을 전적에 주의하니 경솔히 임명할 수 없다고 전교하다
365) 『선조실록』 선조 22년 1589년 12월 8일 예조 판서 유성룡이 백유양의 초사에 이름이 나왔다며 소를 올리자 개의치 말라고 답하다
366) 이준, 『창석집』 蒼石先生文集卷之十七 / 行狀 西厓柳先生行狀

"정여립과 전혀 관련이 없고, 어찌 저 반역자가 신을 권유할 수 있었겠습니까?"[367]

문제가 될만했다. 그렇지만, 선조는 이를 적극 차단하고 나섰다.

"백유양의 일과 유성룡이 무슨 관계가 있겠는가? 유성룡은 금옥과 같은 인물로, 그 마음가짐은 태양 아래에서도 부끄러움이 없다."[368]

그러나 불과 일주일 뒤, 전라도의 유생 정암수, 양산룡 등이 올린 상소에서 이산해와 유성룡을 역당으로 지목[369]하자, 조정은 이들을 정철의 사주를 받은 자들[370]로 몰아붙였다.

양산룡, 정암수 등 50명의 유생들이 연명으로 올린 상소에는 유성룡 등 조정의 리더십을 집중 문제 삼았다. 그중 유성룡에 대해서는 단순한 인물평 수준에 머물지 않았다. 정암수 등은 유성룡을 1)도덕적으로 타락한 공인, 2)책임을 회피하는 무책임한 지도자, 3)충신을 등용하지 않는 인사 실패자, 4)정적을 억제하는 데 몰두한 사람, 5)국가 위기 속에서도 파당을 우선시한 위험한 정치인, 6)권력에 대한 야심을 드러낸 인물, 7)국가적 위기를 더욱 부추기는 자로 규정했다.

이런 비판에도 불구하고 임금 선조는 유성룡의 편을 든다. 결국, 기축옥사 이후, 정국은 유성룡을 필두로 한 동인이 주도권을 장악하였고, 정철 등 서인의 정치적 입지는 크게 위축되었다. 곧바로 1590년 정월 조급히 심수경을 우의정으로 승진시키면서 정철의 수사책임자직을 정지시킨다.[371] 그리고 곧 유성룡이 등장한다.

이처럼 흔히 '서인들에 의해 자행된 사건'으로 알려진 기축옥사는,

---

367) 위와 같음
368) 『선조실록』 선조 22년 1589년 12월 7일 조헌을 전적에 주의하니 경솔히 임명할 수 없다고 전교하다
369) 『선조실록』 선조 24년 1591년 7월 5일 양사가 정암수의 국문을 반대한 당시 양사를 탄핵하다
370) 『선조실록』 선조 22년 1589년 12월 14일 전라 유생 정암수 등이 이산해·정언신·정인홍·유성룡 등을 지척하는 상소를 올리다
371) 이긍익, 「연려실기술」 연려실기술 제14권 / 선조조 고사본말(宣祖朝故事本末), ○鄭澈解委官沈守慶拜相仍為委官

실제로는 주류 동인에 의해 비주류 동인과 서인들이 치명상을 입은 사건이었다. 그 중심에는 유성룡과 그를 지지한 임금 선조가 있었다.

선조는 서인 측의 상소에는 귀를 막고, 오히려 유성룡을 비호하며 정철을 "음모를 꾸민 간신(奸臣)"[372]으로 몰았다.

"반역 사태를 빌미로 근거 없는 말들을 조작하고 유포한 자들을 엄히 다스리라"는[373] 명령을 내리고, 정암수, 양산룡 등 주동자 10명을 체포해 국문하도록 지시[374]했다. 이를 계기로 기축옥사는 서인에 대한 대대적인 숙청으로 이어졌다. 기축옥사의 기획자로 지목되는 송익필은 추포령이 내려지자 자수하여 형조로 압송되어 조사를 받았다. 그는 남해에 유배되었다가 평안도 희천으로 이배되고,[375] 동생 송한필은 이성(利城)에 유배[376]된다.

서인 탄압의 중심에는 바로 유성룡이 있었다. 당시 누구도 부인할 수 없는 동인계 최고 권력자는 유성룡이었다. 유성룡은 전쟁이 임박한 엄중한 상황을 제대로 인식하지 못했거나, 알고도 파당적 이해관계를 앞세워 정치적 파행을 초래했다. 그는 우의정에 이어 좌의정에 오르며, 이조·호조·예조 등 주요 부서를 총괄하고, 외교 업무까지 장악했으며, 이조판서(인사권), 홍문관 대제학(자문 및 경연 주관)까지 겸직하여, 조선 조정에서 권력을 사실상 독점했다.

유성룡 권력 집중기 동안 자행된 비주류 동인과 서인에 대한 탄압은, 조선 정치사에서 가장 심각한 정치적 파행 중 하나로 평가된다.

---

372) 『선조실록』 선조 22년 1589년 12월 14일　유생의 상소로 대신들이 피혐하다
373) 『선조실록』 선조 22년 1589년 12월 14일 전라 유생 정암수 등이 이산해·정언신·정인홍·유성룡 등을 지척하는 상소를 올리다
374) 위와 같음
375) 『선조실록』 선조 24년(1591, 12월 1일　다시 송한필을 국문하다가 이성에 유배하고 송익필은 희천에 유배하다
376) 위와 같음

1591 송강 정철 제거로 시작된 동인의 폭주

 송강 정철의 실각과 함께 대대적인 서인 탄압이 시작됐다.
 1591년 2월, 송강 정철은 광해군을 세자로 세우자는 '건저의(建儲議)'를 제기했다. 이 일은 미리 정철, 유성룡, 이산해 세 사람이 만나 상의하기로 했던 문제였다. 계획은 유성룡이 주도했다. 당시 조정에 가장 가까이서 이를 봤던 대사간 이해수의 행장에 나온다.
 1591년 봄, 조정 대신들의 의견은 모두 광해군을 지지하였다. 우의정 유성룡이 먼저 세자책봉을 꺼냈고, 당시 좌의정은 송강 정철, 영의정은 이산해였다. 이들은 대궐에 모여 논의하였다. 이산해는 두 차례나 약속을 어기고 회의에 불참하였다. 정철이 먼저 이 사안을 상소하자, 선조는 이를 불쾌하게 여겼고, 유성룡은 아무 말 없이 침묵으로 일관하였다. 이에 이해수는 이성중과 함께 나아가 "이는 정철 개인의 주장이 아니라, 신 등 여러 신하가 함께 의논한 결과입니다"라고 아뢰었다. 한편 유성룡은 이미 임금의 뜻을 간파하고 있었으며, 겉으로는 조정의 여론에 따르

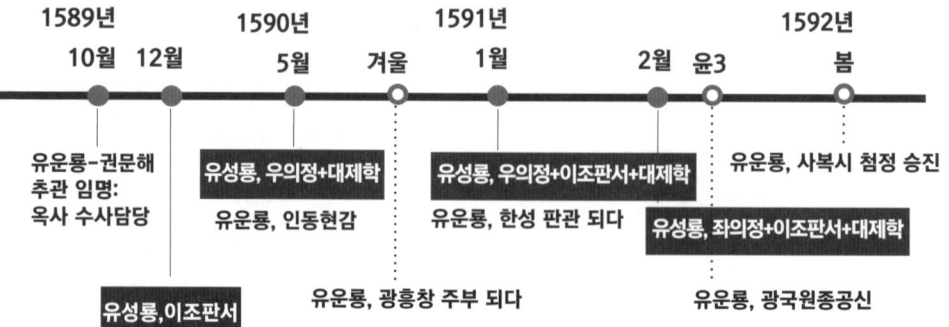

유성룡은 기축옥사의 피해자가 아닌 권력의 중심이었다

기축옥사 초기, 유성룡은 인사권을 쥔 이조판서로 정국을 주도했다. 앞서 10월 형 유운룡과 동문 권문해를 수사 책임자인 추관에 앉혔고, 그 자신도 불과 5개월 만에 우의정으로 승진했다. 선조 재위 기간, 40대 정승은 유성룡이 유일했다. 이후에도 그는 우의정으로서 이조판서와 홍문관 대제학을 겸직하며 인사와 여론을 장악했다. 광해 세자 책봉 문제로 정철을 몰아낸 뒤 그 자리를 차지한 것도 유성룡이었다. 형 유운룡도 추관을 시작으로 광흥창 주부, 한성판관, 사복시 첨정 등 요직을 연이어 맡으며 함께 권세를 누렸다.

는 듯하면서도 발언을 삼가고 있었다. 이 무렵, 정철과 그 측근들이 신성군에게 불리한 여론을 조성하고 있다는 소문이 돌았고, 선조는 정철을 의심하며 그를 처벌할 방도를 모색하였다. 곧이어 인사가 뒤따랐다. 이해수는 여주 목사로, 이성중은 충청감사로 발령되었고, 이는 조정의 의중을 드러낸 인사 조처였다. 양사(사헌부와 사간원)는 '정철의 파직'을 공식 요청하였고, 선조는 이례적으로 이를 조정 뜰에 공표하는 명령을 내렸고, 귀양 보냈다.[377]

조정은 귀양 간 인사들에게 더한 죄를 물어 중벌을 가하려 하였다. 그런데 마침 임진왜란이 발발하면서 그 계획은 흐지부지되었다.[378]

---

377) 이선, 『芝湖集』芝湖集卷之十 / 行狀 藥圃李公行狀 丁卯十月
378) 위와 같음

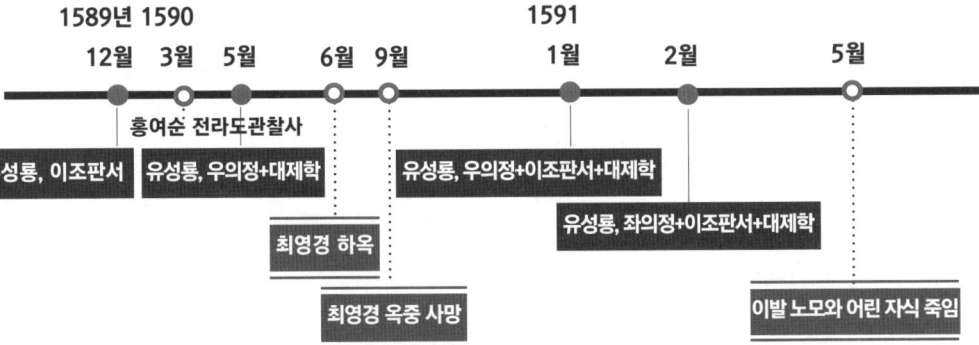

기축옥사의 참혹한 죽음 뒤엔 실권자 유성룡이 있었다

기축옥사 초기부터 유성룡은 임금 선조의 최측근이자 실질적인 권력자였다. 최영경, 조대중, 정개청, 이발 형제는 물론, 이발의 노모와 어린 아들까지 희생된 처형의 배경에는 유성룡의 영향력이 작용했다는 지적이 끊이지 않는다. 그럼에도 그는 임진왜란 내내 영의정 자리를 지켰고, 모든 책임은 이미 죽은 송강 정철에게 돌렸다.

    선조는 이를 계기로 동인은 본격적으로 서인을 탄압하기 시작했다. 이 문제의 중심에 유성룡이 있었다. 그가 이 보고를 기획하고 정철에게 보고하게 한 뒤 자신은 나 몰라라 했을 뿐만 아니라 서인들을 대대적으로 탄압한 주역이 된 것이다.

    이것은 서인 탄압의 시작이 되었다. 서인 전체를 공격 대상으로 삼았다. 대사헌 이원익을 비롯해 장령 조인득과 윤담무, 지평 이상의와 정광적, 대사간 홍여순, 사간 권문해 등이 앞장서서 서인을 몰아세웠다. 이산해는 김공량을 통해 거듭 정철 일파가 신성군에게 위협이 된다고 고하며, 상황을 더욱 악화시켰다. 정철이 쫓겨난 뒤, 임진왜란이 일어나기 불과 14개월 전이었지만, 동인은 서인에 대한 대대적인 숙청을 이어갔다.

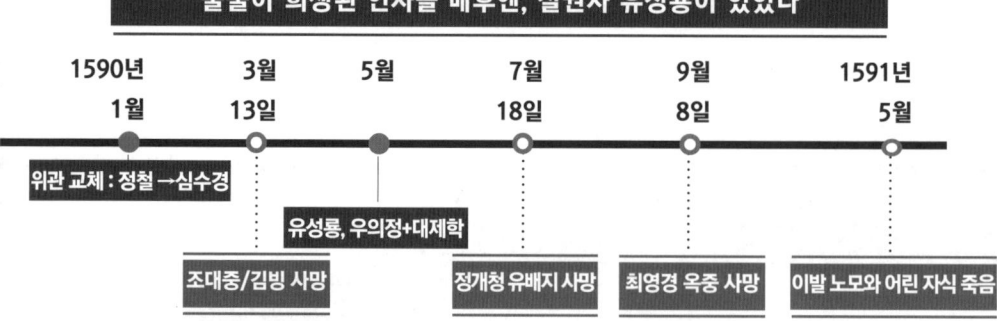

기축옥사의 참혹한 죽음 뒤엔 '실권자 유성룡'이 있었다

기축옥사 초기 수사를 맡았던 송강 정철은 위관직에 임명된 지 한 달 만인 1589년 12월, 임금의 신임을 잃었고, 보름 뒤인 1590년 정월에 수사 책임자 자리에서 물러났다. 그 뒤를 이어 우의정 심수경이 위관을 맡았고, 4~5개월 후 우의정 자리마저 유성룡에게 넘어갔다. 이 시점부터 권력의 중심은 유성룡으로 완전히 이동했다. 조대중과 김빙의 죽음은 심수경 위관 때, 정개청, 최영경은 물론, 이발의 노모와 어린 아들까지 희생된 잔혹한 처벌은 모두 유성룡과 이양원의 위관 때 자행된 일이었다.

1591년 이때 정철이 강계로 귀양 갔고, 홍여순이 사간원 장으로 있으면서 한쪽 당파(서인들)를 거의 다 몰아냈다.[379)]

이원익, 조인득, 윤담무, 이상의, 정광적, 홍여순, 권문해 등이 중심이 되어 서인을 탄압했다. 황정욱, 이산보, 이성중, 이흡, 임현, 김권, 황신, 구면 등이 파직되었고, 서인의 핵심 인물들이 줄줄이 쫓겨났다.[380)]

이춘영, 유공신, 백유함, 윤두수, 홍성민, 이해수, 장운익 등은 북쪽 변방으로 유배되었고, 박점, 황혁, 우성전, 윤근수는 관직을 빼앗겼으며, 황정욱, 이산보, 이성중, 이흡, 임현, 김권, 황신, 구면 등은 모두 파직되었다.[381)]

세자책봉 건저의 사건은 원래 유성룡이 먼저 계획하고 이산해가 동조한 일이었다. 두 사람은 광해군을 세자로 삼자는 주장을 정치적

---

379) 정엽, 「수몽집」 守夢先生集卷之二 / 行狀 世子左賓客知春秋館事李公(이산보)行狀
380) 성혼, 「우계집」 우계연보 / 연보(年譜) 신종(神宗) 만력(萬曆) 19년(1591, 선조24) 신묘
381) 위와 같음

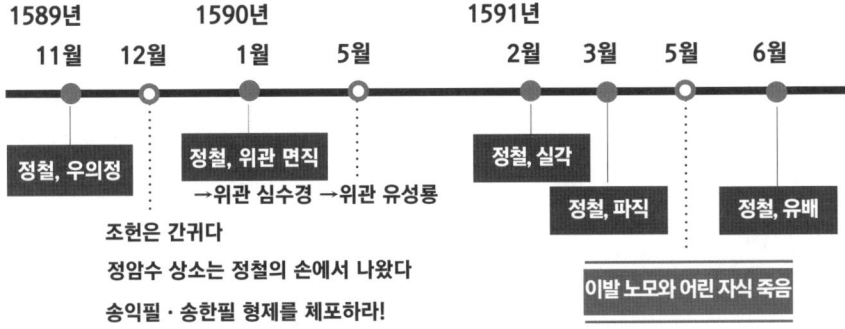

송강 정철은 기축옥사 초기에 이미 힘을 잃었고, 유성룡이 판 세자 책봉의 함정에 빠져 실각했다

기축옥사 직후, 송강 정철은 선조의 신임을 잃었다. 조헌, 양산숙, 양산룡, 정암수, 양천회 등 서인계 인사들의 연이은 상소로 정철이 정치적으로 고립되었고, 선조는 점차 그의 권한을 거두며 유성룡에게 힘을 실어주었다. 결국 1590년 정월, 정철은 위관직에서 물러났고, 유성룡은 1589년 12월 이조판서로 인사권을 장악한 데 이어, 1590년 3월 우의정, 이듬해 좌의정으로 연이어 승진했다. 유성룡은 정승이면서도 이조판서와 홍문관 대제학을 겸직하며, 조선 정치사에서 보기 드문 권력 집중을 통해 실세로 군림했다.

인 도구로 활용해, 서인을 몰아내고 동인의 권력을 강화하려 했다.

그들은 정철을 귀양 보내고, 서인들을 대대적으로 숙청하면서 본격적인 서인 탄압을 벌였다. 동인들은 양산숙, 양산룡, 정암수가 올린 상소를 공론화했고, 당시 양사가 이들의 국문을 반대했다는 이유로 양사 인사들까지 탄핵했다.

"대사헌 최황, 집의 성영, 장령 심희수·윤섬, 지평 신잡·우준민, 대사간 이증, 사간 오억령, 헌납 백유함·유대진, 정언 강찬·이흡 등이 파직되었다."[382]

이미 양산숙과 조헌 등은 유성룡 등이 주장한 '책임자 처벌론'으로 큰 타격을 입었고, 여기에 세자책봉 문제까지 더해지면서 정치 중심에서 완전히 밀려났다. 선조는 서인에게는 매우 엄격하게 처벌을 내리는

---

[382] 성혼, 『우계집』 우계연보 / 연보(年譜) 신종(神宗) 만력(万曆) 19년(1591, 선조24) 신묘

시기	사건	개혁 정책 추진	걸림돌이 된 유성룡	결과 및 영향
1582	경장하자	율곡 이이 주장	유성룡, 반대 "시의에 적합하지 않다"며	개혁 기회 상실, 1년 뒤 이탕개 침략 때, 무방비 / 정책 혼선 야기
1583	10만 양병설	율곡 이이 주장	유성룡, 반대 "군사 양성 화(禍) 키운다!"며	9년 후 임진왜란 대비할 기회 상실
1583	신분제 혁신 국방 강화책	율곡 이이 '서얼 허통' '노비 면천' 주장	유성룡과 동인들, 반대/방해 이이를 끌어내리는 공세 활용	개혁 정치 좌절 이이, 동인들 공격으로 실각 국방력 강화 기회 상실 9년 후 임진왜란 대비 못함
1591	건저의 사건 (왕세자 책봉)	정철이 유성룡 등과 함께 광해군 세자 책봉 주청하려 함	유성룡, 정철 제거 음모 꾸밈 유성룡, 정철이 주청할 때 침묵 일관, 지원하지 않음 유성룡, 대대적 서인 공격	서인 몰락, 견제 세력 상실 황윤길-김성일 엇갈린 보고로 잘못된 전쟁 대응 판단 조장 리더십 상실, 정치 혼란

한편, 동인인 유성룡은 오히려 감싸며 적극적으로 지지했다. 결국, 정철을 비롯한 서인 세력은 정치에서 철저히 배제되었고, 이는 임진왜란이 일어나기 전 조선 정치가 큰 위기를 맞게 된 계기가 되었다.

기축옥사에 대한 역사 왜곡은 유성룡이 영의정으로 있던 임진왜란 시기에 더욱 심해졌다. 특히 1593년 6월 말, 많은 서인계 선비들이 죽고, 그해 말 송강 정철마저 세상을 떠나자, 기축옥사 때 벌어진 여러 억울한 일들의 책임이 모두 서인과 정철에게 돌려졌다.

"정철이 그 모든 일을 주도했다"는 식으로 역사가 왜곡되었고, 그들이 주도한 공식 기록에도 그렇게 남겨졌다. 이와 같은 흐름에 대해 훗날 학자 택당 이식은 우산 안방준에게 보낸 편지에서 "역사를 자기들 마음대로 꾸며서 기록하는 일이 너무 심각하다"고 강하게 비판했다.[383]

---

383) 이식, 「택당집」 澤堂先生別集卷之十八 / 書 與安牛山

이에 안방준은 "올바른 역사관을 가져야 한다"고 답했다.

그 예로, 암행어사 김치가 기축옥사 이야기를 하며 "정철이 사람을 잔인하게 죽였다"고 하자, 보성의 정씨 선비가 "그건 잘못 알려진 이야기고, 사실은 유성룡 때 일어난 일"이라고 반박했다.[384]

또 안동에서는 사람들이 "정철이 이발의 어머니 윤씨를 죽인 건 너무 잔인했다"고 말하자, 고부립이라는 인물이 "그건 정철이 아니라 유성룡 때 일이다"라고 했다. 안동 사람들이 믿지 않자, 고부립은 "유성룡의 아들 유진에게 직접 물어보면 된다"고 했고, 실제로 유진이 그 사실을 인정하자 모두 충격에 빠졌다. 고부립은 의병장 고경명의 손자이자, 고종후의 아들이며 안동에서 자라난 인물이었다.[385]

또한, 조대중은 1590년 3월 13일 곤장을 맞고 죽었고, 정개청은 같은 해 7월 18일 유배지에서, 최영경은 9월 8일 감옥에서 죽었는데,《실록》은 이들의 죽음을 일부러 5월 이전 기록으로 옮겨 적었다. 이 역시 의도적인 왜곡이 아닌지….[386]

게다가 정철이 주도했다고 알려진 이발 형제 조사사건조차, 실제 이발의 행장에는 "왕이 선전전에서 친히 신문했다"고 기록[387]되어 있다. 이처럼 당시 편향된 역사 기록과 당파 싸움의 폐해는 매우 심각했으며, 기축옥사의 책임이 유성룡에게도 있다는 비판은 후대의 공식 기록에도 남아 있다.

1607년 5월 13일 선조실록 유성룡 졸기에는 이렇게 적혀 있다.

"기축옥사 때 무고한 사람들이 희생되고 많은 선비가 죽었지만, 유성룡은 이

---

[384] 안방준, 『은봉전서』 은봉전서(隱峯全書) 권3 / 서(書) 이여고(李汝固)의 질문에 답함
[385] 위와 같음
[386] 위와 같음
[387] 장석영, 『회당집』, 晦堂先生文集卷之四十二 / 行狀 通政大夫弘文館副提學贈嘉善大夫吏曹參判東巖先生李公行狀 上御宣政殿, 親鞫問曰.

를 막지 않고 그냥 내버려 두었다."388)

기축옥사 때 연명해 상소한 호남 선비들이 50여 명이었는데, 이때 이들을 포함해 수많은 인사를 이 사건에 얽어 제명된다.

"신묘년(1591) 사화가 일어났을 때 최기남(崔起南)은 평민 신분으로 연좌되어 과거 응시가 금지되었다."389)

유성룡이 만든 폐단은 조선 정치의 뿌리 깊은 병폐였다. 최기남(崔起南, 1559-1619)은 병자호란 때 외교로 나라를 구하려 했던 최명길의 아버지다. 1589년, 호남 선비들의 상소로 인해 이들이 투옥되자, 그는 태학생 상소의 소두(疏頭)로 나서 이들을 구명했다.

최기남은 "유생들의 상소는 나라를 걱정한 충정에서 비롯된 것. 임금이 발언을 허락해 놓고 처벌한다면, 유도된 형벌에 해당된다. 충정을 담은 말은 용납해야 하며, 그렇지 않으면 올바른 여론마저 막히게 된다."고390) 조목조목 처벌의 부당성을 지적했다.

기축옥사 전반은 임금과 유성룡 권력하에서 벌어진 일이었다. 서인들은 피해자가 됐다. 이처럼 '난세의 리더'로 미화된 유성룡의 실상은 정적 제거에 집중한 권력 정치인이었다. 1591년 광해를 세자로 책봉하자는 건저(建儲) 사건 당시, 그는 정철을 제거하기 위해 이 문제를 정치적으로 악용했다. 정철은 이 일로 선조의 노여움을 사 축출됐다. 이것이 서인 숙청의 시작이었다.

---

388) 『선조실록』, 선조 40년 1607년 5월 13일 전 의정부 영의정 풍원 부원군 유성룡의 졸기
389) 장유, 『谿谷集』, 谿谷先生集卷之十三 / 碑銘 九首 永興大都護府使崔公神道碑銘
390) 이긍익, 『연려실기술』, 연려실기술 제14권 / 선조조 고사본말(宣祖朝故事本末) 기축년 정여립(鄭汝立)의 옥사(獄事)

임진년, 희망의 싹

1592 유성룡의 방관 vs 양산숙의 결단

1592년 4월 13일, 일본을 통일한 도요토미 히데요시는 20만 대군을 이끌고 조선을 침략했다. 부산성과 동래성은 속절없이 무너졌고, 부산첨사 정발은 끝까지 항전하다 전사했다. 동래부사 송상현 역시 군민들과 함께 장렬히 싸우다 목숨을 잃었다. 4월 14일 부산진 전투, 15일 동래성 전투를 거친 일본군은 곧장 김해, 밀양, 경주 방면으로 거침없이 북상했다.

왜적의 침입 소문만으로도 조선군은 무너졌다. 수령들은 전세가 불리하다고 판단해 앞다투어 도망쳤고, 조선의 성곽들은 제대로 저항조차 하지 못한 채 잇따라 함락되었다. 일본군은 서울로 향하는 길목에서 단 한 번의 저항도 받지 않고 계속 전진했다.

부산 함락 소식은 4월 17일 한양에 도착했고,[391] 조정은 큰 충격

---

[391] 『선조실록』, 선조 25년 1592년 4월 17일 변보가 서울에 도착하자 이일을 순변사로 보냈으나 패배하다

에 빠졌다. 이 소식은 좌수사 박홍이 올린 장계를 통해 전해졌다.

남쪽에서의 전황이 점점 긴박해지자, 한양의 백성들은 외곽으로 피신하기 시작했고, 관청의 관리들 중에도 직무를 버리고 도망하거나 숨는 자들이 생겨났다. 기성부원군 유홍과 좌찬성 최황은 앞장서 가족들을 시골로 피신시켰다.[392] 당시 최고 권력자였던 유성룡도 그들과 마찬가지로 가족부터 피신시킨다. 그는 자신의 형 유운룡을 고향으로 피난 보내야 한다며 눈물로 임금에게 직접 요청했다.

당시 유성룡은 좌의정이자 이조판서, 대제학을 겸임하고 있었고, 전쟁 발발 이후에는 병조판서와 도체찰사까지 겸하여 조선의 실권을 모두 쥐고 있었다. 그런 그가 가장 먼저 챙긴 대상은 다름 아닌 종4품 사복시첨정 유운룡, 자신의 형이었다. 기록은 이렇게 전한다.

"문충공(유성룡)이 정승의 자리에 있으면서 울며 임금께 아뢰었다."[393][394]

"바라건대, 저의 형을 그 직에서 물러나게 해 어머니를 구하게 해 주십시오."[395]

같은 시기, 아무런 관직도 없는 한 무명의 유생은 전혀 다른 선택을 하고 있었다. 양산숙의 행장에는 그의 결단과 행동이 이렇게 기록되어 있다.

"양산숙은 삼향리에서 검을 들고 집으로 달려가 형 양산룡, 아우 양산축과 함께 통곡하며 어머니께 고했다. '나라가 이 지경이 되었습니다. 자식들이 나라를

---

392) 박동량, 「기재사초」,기재사초 하(寄齋史草下) 임진일록 1(壬辰日錄一)
393) 유성룡, 「서애집」,西厓先生年譜卷之一 [年譜]　時大夫人就養在京師,謙菴公方爲司僕僉正,先生泣白於上曰,國事至此,臣當死生隨駕,乞解兄職,與老母避亂,上愍然從之,謙菴公卽奉大夫人南下,先生泣辭.
394) 유운룡, 「겸암집」,謙菴先生年譜卷之一
395) 유운룡, 「겸암집」,謙菴先生年譜卷之二 / 附錄 墓誌[柳成龍]　壬辰春,陞司僕寺僉正.四月,遭倭變,國家西遷.弟成龍時在相位,泣白於上,臣當死生從羈縲,家有老母,願解兄職使救母, 上憐而許之.公由是負大夫人東出,間關山谷中,備經艱苦,一家百口,得免兵禍. 入告母夫人朴氏曰,國危如此,子等將死於王事,夫人曰,吾家世受國恩,非他人比,且救國而死死,得其死所.於母之心,有可喜無可恨,汝等努力.公受母敎,謂公及弟曰,先君子十許年前,每說南憂,勉以報國.言猶在耳,其何敢忘.相對哽塞,不能成說.遂區畫擧義之策.

임진왜란이 발발하자, 유성룡 가족은 피난했고 양산숙 가족은 의병을 이끌고 싸우러 나섰다					
이름	영의정 유성룡	종4품 유운룡	생원 양산룡	유생 양산숙
관직 및 신분	좌의정+이조판서+대제학 겸임 →전쟁 후 병조판서+도체찰사까지 겸직 가장 실권자, 영의정 승진	종4품 사복시첨정 →전란 중 피난 가 고향 풍기현감/ 원주목사 역임	생원, 무관직 상소사건 뒤 제명 →창의 의병부대 참전 운량장 맡음	무관직 유생 창의 의병 →의주 의병 보고 공조좌랑
전쟁 직후 선택	가장 먼저 형 유운룡의 귀향과 어머니 피난을 임금에게 눈물로 울며 요청 형 고향에서 피난하며 관직 생활	동생의 요청으로 관직에서 물러남, 어머니와 가족과 고향으로 피난	동생과 의병 참전 운량장으로 의병 전투 어머니 떠나 전장 참여 식량 보급 담당	어머니께 나라 위해 싸우겠다고 말하고 어머니를 떠나 즉시 의병 결성-출전
과정	유성룡, 임금에 "제 형 고향으로 보내주세요" 눈물로 호소 형 유운룡 어머니와 자녀 데리고 피난 감 피신 과정 가족 100여명 동반 피신토록 장성한 두 아들과 함께	어머니 보호와 가족 100명 피난	양산숙 형제 "나라를 구하는 죽음의 길 가겠습니다" 어머니 "나라 위해 죽는 것은 영광, 너희 뜻대로 하라" 양산숙 형제 어머니의 뜻을 받들어 의병 결단 형제, 매형, 조카, 사돈 등 3000여 명과 함께 의병길 나섬	
실제 행동	백여 명의 가족을 형이 이끌고 동쪽으로 내려가도록 행동 → 자기 일가 보호부터 실행	어머니 보호와 가족 100명 피난	창의 의병 참여 운량장으로 군 식량 지원 강화진주 등에 식량 운반	창의 의병 결성하고 전투 의주 보고/명 원군 요청 진주성 전투에서 전사
결말	"그 덕분에 우리 일가가 병화를 피함"이라고 자찬 진주성 전투엔 외면 명나라 군대 출전 방기	병란 피해 귀향 고향에서 관직 생활 계속 영위 고향사람 부역 면제	동생 전사 소식 듣고 진주로 달려감. 시신 수습은 실패, 넋을 부르고 애통해 함	명군 참전 요청 진주성으로 들어가 전투 진주성 함락 시 전사 진주 남강 순절
기록 어조	어머니 효도-자기중심적 역사 기술 가족 생존에 대한 자부심 강조	여러 절 돌며 피난 가족 보호 유운룡 덕	동생의 죽음에 통곡하며 옷과 갓만 묻음	충절과 결단 전함 유성룡이 '시정무뢰배'로

위해 목숨을 바치고자 합니다.' 어머니 박씨 부인은 "'나라를 구하려다 죽는다면, 그 죽음은 마땅한 것이다. 어미로서도 한이 아니라 오히려 기쁜 일이다. 너희들 하고 싶은 대로 힘껏 하여라.'"했다. 양산숙은 어머니의 뜻을 받들어 형과 아우에게 말했다. "'아버지께서는 십여 년 전부터 남쪽의 위기를 걱정하시며, 우리에게 항상 나라를 위해 힘쓰라고 말씀하셨습니다. 그 말씀이 아직도 귀에 생생합니다.' 세 사람은 눈물로 말을 잇지 못한 채, 의병을 일으킬 계획을 세웠다."[396)]

두 가문, 두 형제의 선택은 전혀 달랐다.
백여 명의 가족을 이끌고 피난길에 오른 조선 최고 권력자 유성룡

---

396) 양응정, 「송천집」,松川先生遺集卷之七 / 附錄下 工曺佐郎蟠溪公行狀.完山李敏敍.謹撰。 (公受母敎.謂兄及弟曰.先君子十許年前.每說南憂.勉以報國.言猶在耳.其何敢忘.相對哽塞.不能成說.遂區畫擧義之策.)

가족과, 백여 명의 가족과 함께 전장으로 향한 무명의 의병장 양산숙 가족. 그 선택은 정반대였고, 결말 또한 극명히 갈렸다.

1593년 6월 29일, 양산숙은 진주 남강에서 장렬히 전사했다. 시신조차 찾지 못했다. 진주 사람들은 모두가 함께 울었다.[397]

매형 김광운은 의병을 일으켜 싸우다 전사했고, 그 아들 김두남은 아버지의 원수를 갚기 위해 다시 의병이 되었다.[398]

또 다른 매형 이경남은 의병을 모집해 수차례 전과를 올렸다.[399]

동생 양산축은 의곡을 모아 군량을 보냈고, 형 양산룡은 단 한 번도 끊기지 않도록 식량 수송을 책임졌다. 온 가족이 나라를 위해 힘을 모았다.[400]

같은 시기, 유성룡의 가족은 모두 안전했다.

"1백여 명의 가족을 이끌고 동쪽으로 피신했다. 형 덕분에 우리 일가는 병화를 면했다."[401]

형 유운룡은 아들에게 이렇게 말했다.

"어찌 향병에까지 참여하려 하느냐? 굳이 (네가) 나서지 않더라도, 쌀 한 석을 바치는 것으로도 충분할 것이다."[402]

"만약 종군하려 한다면, 하인 중 튼튼한 자를 딸려 보내라."[403]

"파직된 건 오히려 화를 면한 일이니 불행하게만 생각 말아라."[404]

---

397) 양응정, 「송천집」, 松川先生遺集卷之六 / 附錄中 孝子生員公行狀 坡平尹舜擧。謹撰。
398) 전우, 「간재집」, 光山金氏孝烈旌閭記 乙巳 旌閭記
399) 성근묵, 「과재집」, 軍資正李公墓碣銘 幷序○辛丑 墓碣
400) 양응정, 「송천유집」, 孝子生員公行狀 坡平尹舜擧.謹撰. 行狀
401) 유운룡, 「겸암집」, 謙菴先生年譜卷之二 / 附錄 墓誌[柳成龍] 一家百口. 得免兵禍.
402) 유운룡, 「겸암집」, 謙菴先生文集卷之三 / 書 答兒袾 何以更參鄕兵. 雖不參. 納米石可矣.
403) 유운룡, 「겸암집」, 謙菴先生文集卷之三 / 書 答兒袾 汝弟已去一直否. 若從軍則其所率奴子. 擇給壯健之人.
404) 유운룡, 「겸암집」, 謙菴先生文集卷之三 / 書 答兒袾

그러나 윗사람에게는 극진했다.

"1593년 정월, 전란으로 조정의 정초 진상 풍습이 모두 중단됐지만, 유운룡이 군수로 있던 풍기군만은 예년처럼 행궁을 찾아 정초 의례를 올렸고, 이에 임금은 크게 칭찬했다."[405]

이 장면은 전란 속 지도층의 이중성과 민낯을 드러낸다.

반면 양산숙 삼형제는 달랐다. 관직 하나 없는 무명의 형제들이었지만, 나라가 무너지자 어머니 앞에 무릎 꿇고 다짐했다.

"나라가 위급합니다. 목숨을 나라에 바치겠습니다."[406]

양산숙의 어머니는 눈물로 화답했다.[407]

이들은 의병을 일으켰고, 양산숙은 진주성에서 장렬히 전사했다. 양산룡은 동생의 시신조차 찾지 못한 채 강가에서 울부짖었다. 그러나 그들은 부끄럽지 않았다. 죽었으나 떳떳했고, 잊혔지만 존엄했다.

유성룡 형제와 가족 백여 명 모두 살았고, 그 생존에 안도했지만 끝내 책임지지 않았다.

전쟁 말미, 유성룡은 전사한 양산숙과 의병들을 향해 이렇게 말한다.

"시정의 무뢰배들이니, 전투를 제대로 했겠는가."[408]

양산숙 형제, 어머니, 누이, 매형, 조카까지 모두 전쟁으로 목숨을 잃었지만 그들은 마지막까지 백성을 위한 진짜 선비로서의 자리를 지켰다.

---

405) 유운룡, 『겸암집』, 謙菴先生文集卷之三 / 書 答兒袾
406) 양응정, 『송천집』, 松川先生遺集卷之六 / 附錄中 孝子生員公行狀 坡平尹舜擧,謹撰.
407) 위와 같음
408) 『선조실록』, 선조 27년(1594. 7월 17일 유성룡이 요동의 자문에 대한 일, 성문을 지키며 척간하게 하는 일, 군량에 관한 일, 이요를 청대한 일 등을 아뢰다

임진년, 희망의 싹

1592 전쟁 대비 막은 책임자들 처벌하라!

임진왜란이 발발하자, 민심은 들끓었다. 백성들 사이에서는 "전쟁을 막지 못한 자, 그 책임자을 물어라!"는 분노가 들끓었다. 그 분노의 한가운데, 유성룡과 김성일이 있었다. 그러나 선조는 침묵했다. 그 사이 왜군은 속도를 늦추지 않았고, 조선군은 충주에서 궤멸했다.

4월 28일, 충주 대패 소식이 도착[409]하자 조정은 술렁였다.

"조선이 망할 수도 있다."

민심은 공포로 얼어붙고, 조정은 파천(播遷)을 공론화[410]하기 시작했다. 신하들은 눈물로 말렸지만, 선조는 뜻을 굽히지 않았다.

"종묘사직은 어찌 하시렵니까?"[411]

---

409) 『선조실록』, 선조 25년 1592년 4월 28일 충주의 패전 보고가 이르자 파천을 의논하다
410) 위와 같음
411) 위와 같음

"파천하신다면, 저는 종묘 대문 앞에서 자결하겠습니다."[412]

선조는 파천을 결정했다. 동시에 광해를 세자로 책봉했다.[413] 불과 1년 전, 광해군 책봉 문제로 정철을 쫓겨냈던 유성룡 등이 배석한 자리에서다. 세자를 남겨 백성의 분노를 누그러뜨리려는 조치였다.

4월 30일 새벽, 선조는 비를 뚫고 평양으로 도망쳤다. 그날 밤, 민심은 폭발했다. 백성들은 궁궐에 불을 질렀고, 조정은 사실상 무너졌다. 한양은 잿더미가 되었고, 조선의 심장은 멈췄다.

1593년 정월 24일, 좌의정 윤두수가 올린 보고에는 불타버린 궁궐과 도성의 처참한 실상이 고스란히 담겨 있다.

한양의 주요 궁궐 건물 대부분이 소실되었다. 영숭전은 터만 남았고, 대동문루, 연광정, 진서각 등은 모두 화재로 무너졌다. 풍월루는 이미 왜군에 의해 철거되었으며, 대동관, 청화관, 이아(二衙), 삼아(三衙) 역시 곳곳이 파괴되거나 붕괴된 상태였다. 민가와 관사 또한 대부분 불에 타, 거처할 곳이 전혀 없는 상황이었다. 백성들은 모두 흩어졌고, 도성은 폐허로 변했다.[414]

5월 2일, 한양은 함락되었다. 왜군이 조선을 침공한 지 불과 20일 만에 수도가 적의 손에 넘어갔다. 선조는 개성에 도착해, 이 사태를 초래한 책임자를 찾기 시작했다. 사헌부와 사간원은 이산해 등을 지목해 파면을 요구했다.

임금은 "한양을 떠나자고 한 사람은 이산해만이 아니었다. 좌상

---

412) 『선조실록』, 선조 25년 1592년 4월 28일 충주의 패전 보고가 이르자 파천을 의논하다
413) 『선조실록』, 선조 25년 1592년 4월 29일 광해군을 세자로 세우다
414) 『선조실록』, 선조 26년(1593. 1월 24일 윤두수가 평양의 정비 상황을 아뢰며 중국 장수가 부상했다고 전하다

유성룡의 최단명 영의정교지(領議政敎旨)
1592년 5월 2일, 임진왜란이라는 전란 중에 내린 영의정 임명 교지이다. 그러나 유성룡은 교지를 받은 이날 곧바로 탄핵됐다. 전쟁 발발에 관한 책임론이 불거진 것이다. 이는 조선 역사에서 최단임 영의정 기록이다. 오히려 이날 임금 선조는 유성룡으로 인해 귀양간 송강 정철을 불러들이라는 요구를 받는다.

유성룡도 그리 말했고, 최황 또한 같은 뜻을 밝혔다. 지금 와서 유독 이산해에게만 죄를 묻자 하니, 나는 납득하기 어렵다"고 반박했다.

이에 유성룡은 계단 아래로 내려와 눈물을 흘리며 말했다.

"저 역시 이산해와 함께 나라를 그르친 죄를 받겠습니다."

그날 이산해는 영의정에서 물러났고, 그 자리를 유성룡이 차지했다.[415]

그러나 이 임명은 곧바로 반발을 불렀다. 신잡은 분노했다.

"이산해가 죄인이라면, 유성룡은 어찌 홀로 책임을 피하나!?"[416]

양사(사헌부와 사간원)가 즉각 유성룡을 탄핵했다.[417] 유성룡은 조선 역사상 최단명, 단 반나절짜리 영의정이 되었다. 민심은 더 명확했다. 개성 남문루에 나타난 선조에게 백성들은 외쳤다.

"정 정승(정철)을 불러주십시오!"[418]

---

415) 『선조수정실록』, 선조 25년 1592년 5월 1일 유성룡을 영의정, 최흥원을 좌의정, 윤두수를 우의정으로 삼다
416) 『선조수정실록』, 26권, 선조 25년(1592년) 5월 1일 6번째 기사 상이 개성 남문루에 나아가 백성을 위유하고 유지를 내리다
417) 위와 같음
418) 위와 같음

쫓겨났던 서인 인사들이 다시 복직[419]되었고, 조정의 권력 구도는 급변했다. 이해수는 복귀 후 직언했다.

"기축옥사의 책임을 반성해야 합니다!"

그는 임금의 실책과 동인 측근들의 결탁을 정면으로 비판했고, 마침내 조정도 움직이기 시작했다.

귀양지에서 복귀한 이해수는 임금 선조에게 따져 물었다.

"기축옥사의 잘못을 반성하셔야 합니다!"[420]

그는 임금의 실책과 동인 측근들의 결탁을 정면으로 비판했고, 마침내 조정도 움직이기 시작했다.

5월 17일, 이산해는 '나라를 그르친 죄'로 유배되었고, 김성일에게도 체포령이 내려졌다. 그러나 유성룡은 김성일을 지켰다. 왜? 김성일이 잡히면, 그와 함께 움직인 자신도 무너지기 때문이었다.

유성룡은 반성문을 썼다.

"신은 정승의 자리에 있으면서 나라를 잘못된 길로 이끈 죄, 만 번 죽어도 갚을 수 없습니다…. 큰 죄를 짓고도 은혜를 입어, 부끄럽고 두려울 따름입니다."[421]

"전쟁은 없을 것이다."라고 보고한 그 잘못된 판단은, 김성일 혼자만의 몫이 아니었다. 두 사람은 한몸이었다.

그해 여름, 유성룡은 김성일에게 편지를 썼다.

---

419) 위와 같음
420) 이선, 「藥圃遺稿」, 藥圃先生遺稿卷之七 / 附錄
421) 「선조실록」, 선조 25년 1592년 6월 1일 풍원 부원군 유성룡이 자신의 반열에서 체직시켜 주기를 청하다

"나는 지금 대신의 자리에 있지만, 이 지경이 되었으니 죽어 마땅한 죄인입니다."[422] "통신사의 일로 나라를 망쳤습니다. 법대로 했다면 살 수 없었을 것입니다." "겨우 파직으로 끝났고…."[423]

김성일은 유성룡에게 답서를 보낸다.
"무릎 꿇고 편지를 읽다가, 끝까지도 읽지 못하고 눈물을 흘렸습니다."[424]

한 사람은 나라를 망쳤다. 나는 죽을 죄인이다라고 고백했고, 한 사람은 무릎 꿇고 눈물로 용서를 구했다.

그러나 유성룡은 훗날 자신의 기록에서 태도를 바꾼다.
"영의정 파직은 신잡 등의 모함 때문이다."[425]

공식 기록에는 그렇게 남겼다.
편지 속 참회의 말들은 징비록에도, 그의 기록에도 남지 않았다. 이중적인 태도를 취한 것이다.
책임을 인정했던 그 고백은 징비록이나 자신의 기록 어디에도 없다. 역사에서 지우고 사라진 것이다. 대신 그는 자신이 마치 영웅적인 활동을 한 것처럼 미화했다.
그러나 백성은 기억한다.
그가 만든 폐허를. 그가 피한 책임을. 그가 숨기고 감춘 진실들을.

---

422) 유성룡, 『서애집』, 西厓先生文集卷之十 / 書　答金士純書 壬辰八月
423) 위와 같음
424) 김성일, 『학봉전집』, 학봉속집 제4권 / 서(書) 서애(西厓) 유성룡(柳成龍)에게 답한 편지
425) 유성룡, 『서애집』, 서애선생 연보 제1권 / 연보(年譜) 是夕竟罷免, 以申磼等搆之也.

1592 임진왜란- 양산숙, 가장 먼저 깃발 들다

 양산숙은 임진왜란이 발발하자마자 가장 먼저 창의를 선포하고 의병을 일으켰다. 당시 그의 나이는 32세였다.

 그는 마침 또래였던 유성룡의 조카들, 즉 유운룡의 아들 유주·유기와 비슷한 세대였다. 그러나 이들은 전쟁이 터지자 임금의 최측근인 작은아버지 유성룡 덕분에, 아버지를 따라 할머니를 모시고 안동으로 피난을 떠났다. 어린아이 취급을 받으며 물러난 것이다.

 그러나 양산숙은 달랐다. 그는 스스로를 어리다고 여기지 않았다. 오히려 선배 선비들을 일깨우며 호남에서 가장 먼저 의병을 조직하고 창의의 깃발을 들었다. 비록 무명의 유생이었지만, 그와 함께한 이들은 모두 명망 높은 인사들이었다.

 최경회(전 영해군수), 고경명(전 동래부사), 김천일(전 수원부사), 조헌(전 보은현감) 등은 대부분 임진왜란 직전, 유성룡 등 동인 세력에 의해 탄핵되어 밀려난 인물들이었다.

그들은 중앙에서 쫓겨나 고향에 머물던 중 전쟁을 맞았고, 양산숙 역시 유성룡의 눈 밖에 나 고향에서 전쟁을 대비하고 있는 처지였다.

당시 조정은 동인들의 낙관론에 휩싸여 있었다. "전쟁은 없을 것"이라는 분위기가 퍼졌고, 전쟁의 위험을 경고하던 인물들은 모두 배제되었다. 조선의 위기는 이미 예고돼 있었지만, 책임자들은 일부러 눈을 감고 외면했다.

양산숙은 형 양산룡과 함께 어머니께 하직 인사를 드리고, 곧바로 사람들을 규합했다. 그가 누구보다 빠르게 의병을 일으킬 수 있었던 이유는, 왜의 침략을 미리 예견하고 철저히 준비해왔기 때문이었다.

그의 아버지 송천 양응정은 1555년 을묘왜변 이후, 일본의 침략 가능성을 끊임없이 경계하며 대비책을 가르쳤고, 양산숙은 아버지의 그 뜻을 이어받아 일찍부터 전쟁 준비에 힘써왔다.

전쟁이 발발하자, 양산숙은 고향인 광주광역시 광산구 박호동(당시 나주)에서 아버지의 문인이자 재종숙인 최경회, 문인 김천일과 고경명, 그리고 박광옥 등에게 의병 창의를 호소했다.

5월 6일, 양산숙은 직접 창의를 선포했다. 이를 위해 그는 미리 전라도 무안군 삼향리에 거처를 마련해[426] 사람들을 모아 준비까지 해두고 있었다. 그리고 날랜 정예병 수백 명을 모아, 5월 16일을 기병 날짜로 정했다.[427] 부산진 함락 이후 불과 한 달도 되지 않은 시점이었다.

양산숙은 철저한 대비 덕분에 누구보다 빠르게 대응할 수 있었고, 각지 인사들과 협의하며 전력을 구축해 나갔다.

---

426) 『재조번방지(再造藩邦志)』 2(二)
427) 안방준, 「국조인물고」, 회원 양산숙, 김이영 등, 「인물고」, 人物考 卷二十 倭難時立節人 梁山璹

그가 주도한 의병은 호남 전역으로 빠르게 확산되었다. 나주와 인근 지역뿐 아니라, 전북의 인사들까지 합류했고, 이들은 대부분 양산숙과 오랜 교류와 신뢰를 쌓아온 인연이 있는 이들이었다.

그의 강력한 인적 네트워크를 통해 호남 연합군 형태의 의병대가 탄생했다. 규모는 약 300명에 이르렀고, 명실상부한 호남 의병의 중심부대였다. 모인 인사들은 양산숙을 의병 맹주(盟主)로 추대하려 했지만, 그는 손사래를 치며 말했다.

"저는 돕는 역할이면 충분합니다. 나이도 아직 젊습니다."

결국, 그는 아버지의 문인인 전 수원부사 김천일을 대장으로 추대하고[428] 자신은 부장을 맡았다. 김천일의 아들 김상건을 종사관으로, 형 양산룡은 운량장(군량 조달 담당)으로, 아우 양산축에게는 어머니를 모시는 일을 맡겼다.[429]

---
428) 김이영 등, 「인물고」, 人物考 卷二十 倭難時立節人 梁山璹
429) 양응정, 「송천유집」 반계공 행장, 이민서 衆欲推爲盟主. 山璹曰. 吾白身. 年又少. 遂推前府使金千鎰爲大將. 而己副之. 以

임진년, 희망의 싹 | 211

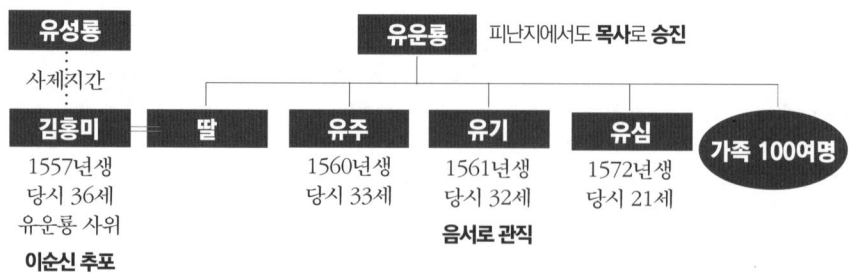

죽음을 택한 무명 유생 양산숙 vs. 피난을 택한 최고 권력자 유성룡 가족
32세의 무명 유생 양산숙은 형제와 가족 300여 명과 함께 의병을 일으켜 전장에 나섰다. 같은 나이의 유성룡 조카들은 아버지 유운룡과 함께 스님을 따라 절로 피신했다. 한쪽은 이름 없이 싸웠고, 다른 쪽은 조정을 책임진 권력자가 가족부터 살폈다. 유성룡 일가는 전쟁 중에도 관직에 오르며 승승장구했고, 그는 이순신 체포와 의병장 숙청까지 주도했다.

김천일은 지리와 전략에 밝았다. 그 역시 양산숙과는 동문이다. 아버지 송천 양응정에게 배운 인물이다.

양산숙은 아버지 송천 양응정에게서 배운 전략과 병법을 실제 전장에 적용했고, 그의 지략은 매우 탁월했다. 양산숙이 세운 목표는 단 하나, 한양 수복이었다. 이일이 패하고, 신립이 전사한 후 서울은 함락되었고, 임금 선조는 평양으로 피란 간 상황이었다. 이 소식을 들은 양산숙은 더욱 분개하며 군을 훈련시키고, 김천일과 함께 격문을 보내어 군대 해산의 책임을 묻고 죄를 성토하고자 했다.

한양 수복은 결코 쉬운 일이 아니었지만, 양산숙은 치밀한 전략과 단호한 결단력으로 한 걸음씩 나아갔다. 반면 조선의 명재상으로 포장한 유성룡은 양산숙과 다른 길을 걷고 있었다.

千鎰子象乾。爲從事。以其兄山龍。主餉。令其弟山軸。歸養。

1592 한양으로 가는 양산숙

나주에서 출발한 의병은 6월 15일 전주에 도착한 후, 전라병사 최원과 함께 공주로 이동했다. 김천일과 양산숙의 창의의병대가 공주에 도착하자, 중봉 조헌이 의병 모집에 뜻을 두고 이들을 찾아와 기병 문제를 상의하고 돌아간 일이 있었다. 김천일과 양산숙의 의병대가 왔다는 소식을 들은 조헌은 한걸음에 달려왔다. 양산숙과 조헌은 율곡 이이와 우계 성혼의 문하에서 배운 동문으로, 양산숙이 조헌을 선배로 모시던 친밀한 사이였다.

양산숙은 또한 소위 지부상소(持斧上疏)를 한 인물로 유명하다.
세상이 점점 잘못되어 가는 상황을 안타깝게 여긴 양산숙은, 도끼를 들고 궁궐 문 앞에서 엎드려 상소를 올렸다(持斧伏闕). 그의 말은 매우 날카롭고 단호했으며, 당시 권력을 쥔 대신들을 비판하는 데 주저함이 없었다. 권세 있는 자들을

두려워하지 않고, 시정을 바로잡으려는 충정을 담아 상소하였다.[430]

지부상소라 하면 빼놓을 수 없는 인물이 바로 조헌이다. 지부상소는 도끼(斧)를 지니고 대궐(闕) 앞에 엎드려 상소(上疏)를 올리는 비장한 행위로, 뜻이 받아들여지지 않으면 도끼로 머리를 쳐달라는 결의를 보이는 것이다. 임진왜란 발발 3년 전인 1589년 12월, 양산숙은 조정에 "신하들이 임금의 눈과 귀를 가리고 있는 간신배가 되었다"며 지부상소를 올렸다.[431]

그는 도끼를 들고 대궐 앞에서 강력하게 저항하며, 권력의 중심에 있던 유성룡과 이산해를 간신배로 지목하고 "이들과 멀리하라"라고 항변했다.[432] 또 귀양을 간 조헌을 방면해 달라[433]고 요청한 것도 바로 양산숙이었다.

의병대는 천안을 거쳐 6월 23일, 왜적과의 전투를 벌인 후 수원 독산성(현 오산시 지곶동)에 주둔하게 된다. 이때 그곳에서 조헌을 좌의대장(左義大將)으로 추대했다. 조헌이 충청도에서 의병을 봉기하는 데에는 양산숙의 영향이 컸다. 김천일과 양산숙의 창의의병대는 여러 전투를 치르며 한양으로 진격해 나갔다.

특히 금녕전투에서는 일시에 왜적 15명을 참살하고, 병기, 갑주, 군마 등 많은 군수품을 노획하는 전과를 올렸다. 독산성은 백제 시대에 쌓은 성곽으로, 둘레가 1,100m에 이르고 주변을 널리 관찰할 수 있는 전략적 요충지였다.

---

430) 양응정, 「송천유집」, 松川先生遺集卷之七 / 附錄下 忠臣贈通政大夫, 承政院左承旨兼經筵參贊官 , 宣敎郎 , 守工書佐郎 蟠溪公行狀, 完山李敏敍, 謹撰　　十二月, 慨時事之漸誤, 持斧伏闕, 言多剴切, 規斥時宰, 不避權貴.
431) 양응정, 「송천유집」 반계공 행장, 이민서
432) 위와 같음
433) 「선조수정실록」, 선조 22년 1589년 11월 1일 조헌을 방면하여 향리로 돌아가도록 명하다

양산숙과 김천일의 의병군은 안산, 김포, 통진을 거쳐 8월 4일에 강화도로 들어갔다. 그때 전라병사 최원도 수만 명의 군사를 이끌고 중로(中路)에 이르러, 양산숙과 김천일의 군대와 연대하여 강화도를 지켰다. 도망갔던 관리들도 이들이 왔다는 소식을 듣고 점차 모여들었고, 경기의 백성들은 각지에서 단결해 모두 의병으로 나섰다. 김천일은 강변에 목책을 세우고 적과의 전투를 준비했다.

양산숙은 아버지 양응정에게 진법 등을 배워 군략에 뛰어났고, 천문과 지리에도 능했다.

양산숙은 열여섯 살에 아버지 송천 양응정을 따라 서울로 올라왔고, 서울에서 그는 형 생원공 양산룡과 함께 병법(兵學)과 아버지 송천공이 전수한 전투 진형도(陣圖)에 대해 깊이 있게 토론하며, 진형을 상황에 맞게 조합하고 변화시키는 전략의 원리를 철저히 탐구하였다.[434]

그는 임진왜란 때 한성부에 결사대를 이끌고 잠입해 싸우거나, 한강 변의 여러 왜군 진지를 급습하는 등 큰 활약을 펼쳤다. 특히 왕릉 도굴 사건에서 공을 세우기도 했다. 이후 명나라 이여송의 군대가 개성으로 오던 중, 양산숙은 지형과 적의 형편을 알려 작전을 도왔다.

---

434) 양응정, 『송천유집』 松川先生遺集卷之七 / 附錄下 忠臣贈通政大夫,承政院左承旨兼經筵參贊官, 宣敎郞, 守工曹佐郞 蟠溪公行狀,完山李敏敍,謹撰　講論兵學及松川公所授陣圖,窮其合變之道焉.

1592 전쟁의 흐름을 바꾸다…양산숙의 의주 보고

적의 위세에 놀라 한양을 버리고 평양을 거쳐 의주로 피난한 임금 선조는 이후 한동안 무기력한 상태에 빠졌다. 외부와의 연락이 끊긴 채, 그는 오직 전장의 승리를 바랄 뿐 전황조차 제대로 파악하지 못하고 있었다. 남쪽에서 들려오는 소식은 연이은 패전과 절망뿐이었고, 반전의 실마리는 보이지 않았다.

그러던 그해 7월, 양산숙이 등장했다. 수많은 위험을 무릅쓰고 의주의 임시 행궁까지 찾아간 그는, 마치 한 줄기 빛처럼 전국 곳곳에서 자발적으로 일어난 의병들의 활약을 알렸다. 전라도뿐 아니라 경상도, 충청도에서도 의병들이 들불처럼 일어나고 있다는 소식은 조정에 처음으로 '희망'이라는 두 글자를 되살리는 전환점이 되었다. 마치 황무지에 내린 단비 같았다.

양산숙은 한양에서 수원까지 이동하며 전황이 갈수록 악화하는

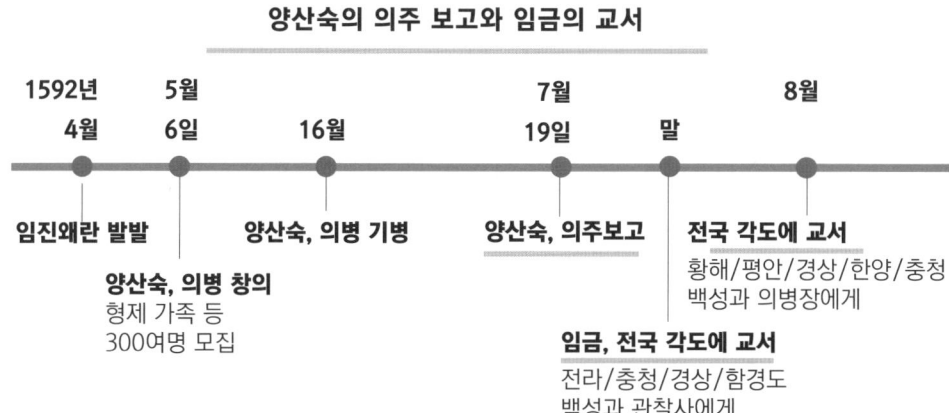

임진왜란사에 길이 남을 가장 중요한 보고는, 양산숙의 의주 보고
1592년 여름, 양산숙은 의주 행재소에 도착해 의병의 실상과 전황을 직보했다. 이는 단순한 보고가 아니라, 조정의 전쟁 인식을 뒤집은 충격이었다. 그 순간부터 의병은 변방의 작은 움직임이 아닌, 조선을 살릴 유일한 희망으로 떠올랐다. 무기력하던 조정은 전략을 수정했고, 전국 의병은 하나의 흐름으로 뭉치기 시작했다. 양산숙의 보고는 조선이 다시 일어서는 출발점이자, 임진왜란 전사에서 가장 주목받아야 할 결정적 장면이다.

모습을 직접 목격했고, 더는 머뭇거릴 수 없다는 판단 아래 피난 중인 임금에게 상황을 직접 보고하기로 했다. 비록 임금이 전장에서 도망쳤다 해도, 민심과 전황을 전하지 않을 수 없었다. 조정은 아무 대책도 없이 명나라로 망명하려는 계획만 논의하고 있었으며, 실제로 명나라에 망명 허락을 요청하는 사신까지 보낸 상태였다. 이런 무책임한 상황에서 누군가는 조선을 바로 세우기 위해 나서야 했다.

양산숙은 1592년 7월, 열여덟의 청년 곽현, 그리고 같은 고향 출신 박희수와 함께 육로와 해로를 가리지 않고 의주로 향했다. 의주는 그가 16년 전 의주목사로 부임하던 아버지 양응정을 따라갔던 익숙

한 장소였다.[435] 마침내 임금 앞에 나아간 그는 호남과 영남 지역의 의병 소식, 관군의 동향, 전투 상황을 상세히 보고했고, 승리를 위한 전략도 함께 제시했다.[436]

"전라도에선 김천일이 의병을 일으켜 전라 병사 최원과 함께 수원까지 올라왔습니다. 고경명과 조헌도 의병을 일으켜 합류하였고, 경상도에선 김면, 정인홍, 박성, 곽재우 등이 적을 물리치고 있습니다."[437]

양산숙의 이 보고는 선조에게 큰 충격과 위안, 그리고 희망을 안겨주었다. 선조는 즉시 이호민을 시켜 교지를 작성하게 하고, 전국 각 고을에 의병과 관군의 활약을 널리 알렸다. "더 힘써 달라"는 내용의 희망의 메시지는 백성들의 마음을 움직이기 시작했다. 이 교지가 전국에 퍼졌을 때, 사람들은 눈물을 흘렸다. 이호민의 묘지에는 이렇게 기록돼 있다.

"공의 글이 삼남 지역에 전해지자, 군사와 백성, 어르신들까지 모두 눈물을 흘리며 감동하였다."[438]

양산숙은 단순히 의병의 소식을 전한 사람이 아니라, 무너진 조정에 '백성의 의지'와 '민심의 힘'을 보여준 상징적인 인물이었다. 그날 이후 조정은 의병을 이제는 '제도권 밖의 사병'이 아닌, '나라를 지키는 공식적인 존재'로 인정하기 시작했다.

양산숙이 의주를 방문한 직후인 7월 23일, 비변사는 다음과 같은

---

435) 유희춘, 「미암집」, 眉巖先生集卷之十四 / 日記 刪節○上經筵日記別編 丙子
436) 「선조수정실록」, 26권, 선조 25년 8월 1일 7번째 기사 1592년 상이 유생 양산숙을 공조 좌랑에 임명하고 호남·영남에 유시하는 교서 2통을 내리다
437) 박동량 「기재사초」, 하(下) 임진일록 3(壬辰日錄三)
438) 이호민, 「오봉집」, 五峯先生集附錄 / 誌銘 幷序   書到下三道,軍民耆老,莫不流涕.

보고를 올린다.

"지금은 군 지휘관도 움직이지 않고, 고을 수령들도 손 놓고 있는 형국이라 의지할 건 의병뿐입니다. 고경명과 김천일이 의병을 일으키자 다른 이들도 계속 일어나고 있습니다. 김천일 등에게 보낸 것처럼 통문을 보내 의병들을 독려하고, 게시물을 붙여 널리 알리며, 의병들의 집에는 세금과 부역을 면제해주십시오. 의병이 올라올 때는 관군과 같이 군량을 지급하라고 각 고을에 지시해 주십시오."[439)]

이는 조정이 의병을 바라보는 시각이 달라졌고, 그들의 역할이 국난 극복의 핵심으로 부상했음을 보여주는 대목이다. 양산숙의 역할이 조정의 인식 전환을 끌어낸 셈이다.

이처럼 양산숙의 이름은 단순한 의병장이 아니라, 나라의 운명을 바꾼 전달자이자 정신적 지도자로 기억된다. 그가 전한 희망의 메시지는 단지 말이 아니라, 나라를 살리는 힘이었고, 절망 속 민심을 다시 일으켜 세운 시대의 횃불이었다. 양산숙의 할 일이 중요해진 만큼 양산숙의 이름도 자주 거명됐다.

충청도의 의병장 조헌에게 보낸 교서에서도 양산숙은 언급된다. 그는 충청 지역에 전투 상황과 의병의 활약을 알림으로써, 그곳 의병들에게도 사기와 희망을 불어넣었다. 경상도에 내려진 교서에서도 전라도 의병들의 활동이 소개되며, 백성과 의병들이 전쟁에 더욱 적극적으로 참여하도록 독려했다.

특히 조정은 의병장들에게 공식 직책을 부여함으로써, 의병 활동

---

439) 『선조실록』, 선조 25년 1592년 7월 23일 비변사가 의병들의 집에는 급복하자고 청하다

을 인정하고 체계적으로 조직할 수 있는 기반을 마련했다. 예컨대 김천일에게는 '창의사'라는 직책을 줬고, 이는 국가가 의병의 공을 공식적으로 평가한 사례였다. 이러한 조치는 의병들의 자긍심과 연대감을 강화하는 데 결정적인 역할을 했다.

양산숙의 의주 행재소 방문은 조선의 전쟁 양상을 바꾼 중요한 전환점이었다. 그의 보고는 단순한 정보 전달이 아니라, 전쟁 의지와 전략에 대한 조정의 인식을 바꾸는 결정적인 계기가 되었다. 이 변화는 곧바로 나타났다. 의병들은 자신들의 노력이 국가로부터 인정받고 있음을 확인하고 더 큰 사명감과 의지를 갖게 되었으며, 조직 또한 체계적으로 재정비되었다. 그 결과, 각지에서 독립적으로 활동하던 의병들이 하나의 방향성을 공유하며 전국적 연대를 형성하는 전환의 흐름이 만들어졌다.

결국, 양산숙의 보고는 단순한 '한 사람의 방문'이 아니라, 조선의 전쟁 기조를 바꾸고 조정의 대응 태도를 근본적으로 변화시킨 기폭제가 되었다. 이를 보여주듯, 선조는 양산숙의 보고 이후 각 지역으로 연이어 교서를 보냈다. 교서는 다음과 같이 전국을 향해 퍼져나갔다.

〈전라도 백성들에게 내리는 교서〉를 시작으로 〈충청도 백성에게 내리는 교서〉, 〈경상도 백성에게 내리는 교서〉, 〈함경도 관찰사 겸 도순찰사 윤탁연에게 내리는 교서〉, 〈황해도 의병장 및 도내 크고 작은 백성들에게 내리는 교서〉, 〈평안도 백성들에게 내리는 교서〉, 〈경상도 의병장 정인홍과 김면 등에게 내리는 교서〉, 〈충청도 의병장 봉상시 첨정 조헌에게 내리는 교서〉, 〈서울 유민들을 위한 교서〉, 〈왕세자

양산숙은 임금 선조에게 의병 활동을 보고 한다
선조수정실록, 1592년 8월 1일 기록
임금이 유생 양산숙을 공조 좌랑에 임명하고 호남·영남에
유시하는 교서 2통을 내리다

가 국사를 대리하는 권한에 대한 교서〉를 잇따라 보냈다."[440]

이는 절망뿐이던 조정의 분위기가, 양산숙 이후 '희망의 조정'으로 바뀌었다는 강력한 증거다.

특히 〈전라도 백성에게 내리는 교서〉는 물론, 〈정인홍과 영남 백성에게 전하는 교서〉도 인상 깊다. 다음은 그 일부이다.

"정인홍·김면·박성·곽율·조종도·곽재우 등이 의병을 일으켜 많은 병력을 모았다고 들었다. 경상도의 충성과 의리는 오늘날에도 여전히 살아 있다. 특히 곽재우는 탁월한 전략으로 많은 적을 죽였으나, 공로를 자랑하지 않고 묵묵히 행동하니 내가 더욱 기특하게 여긴다. 마침내 양산숙 등이 수륙의 험한 길을 달려와 행재소에 전한 보고를 읽고 나는 눈물을 흘렸다. 위로되면서도 한편으로는 비통한 마음이 들었다. 이 편지를 양산숙 등이 돌아갈 때 함께 전하게 하니, 내가 전하

---

440) 이호민, 「오봉집」, 五峯先生集卷之十, 敎書.

는 뜻을 잘 새겨주기 바란다. 지금 가을이 깊어져, 군사의 기세가 충만하고 죽음을 두려워하지 않는 살기(殺氣)까지 느껴지니, 충성과 의리가 향하는 곳에 어찌 적이 버틸 수 있겠는가. 요충지를 장악하고 복병을 배치해 적의 기동을 차단하라. 노약자들을 보호하고 민심을 다잡은 뒤, 군사를 합쳐 경성을 수복하고 임금을 맞이하도록 하라. 그리하면 살아서는 이름을 빛내고, 죽어서는 자손에게 큰 영예를 물려주는 일이 될 것이다."[441]

이 교서는 경상도 의병장 정인홍과 김면에게 내린 것으로, 의병들의 활약을 높이 평가하고, 서울 수복이라는 명확한 목표를 부여하는 동시에 적극적인 군사 행동을 촉구한 내용이다. 이는 양산숙의 의주 행재소 방문과 활동이 없었다면 나오기 어려운 구체적인 전략적 메시지였다.

8월 14일 자로 충청도에 있는 조헌에게 보낸 임금의 교서에서도 양산숙을 중요하게 언급했다.

"그 모든 책임은 나에게 있다. 오늘날까지 수많은 고통을 겪었으나, 나는 이를 죄로 받아들이고 고통을 말하지 못할 뿐이다. 나의 마음은 매우 슬프고 고통스럽다. 그래도 다행히 하늘과 조상들의 영혼이 지켜주셔서 백성들은 나를 버리지 않고, 여러 지역에서 충성과 의리를 가진 자들이 무리를 모아 도적을 토벌하고 있다. 그대의 이름도 그중에 포함되어 있다. 비록 포로를 잡아 공을 세운다는 보고는 없지만, 나는 매우 기쁘다. 이미 그대를 봉상시첨정으로 임명하였다. 그대는 이 직무를 성실히 수행할 것이다. 얼마 전에 호남의 유학자 양산숙이 의병장 김천일에게서 왔다. 그가 돌아갈 때 한 통의 편지를 가지고 갔는데, 그 편지가 이미 전

---

441) 『선조수정실록』, 선조 25년 1592년 8월 1일 상이 유생 양산숙을 공조 좌랑에 임명하고 호남·영남에 유시하는 교서 2통을 내리다

> **양산숙, 전쟁 상황을 알리고 국민의 사기를 높이는 데 큰 역할을 함**
>
> 양산숙,　의주 행재소로 가 임금에게 처음으로 전쟁 상황을 보고함
>
> 임금 선조, 전국에 교서를 보내 국민 사기를 모음
>
> 7월:　-전라도 백성에게 내리는 교서
>
> 　　　-충청도 백성에게 내리는 교서
>
> 　　　-경상도 백성에게 내리는 교서
>
> 　　　-함경도 관찰사 겸 도순찰사 윤탁연에게 내리는 교서
>
> 8월1일 -황해도 의병장 및 도내 크고 작은 백성들에게 내리는 교서
>
> 　2일 -평안도 크고 작은 백성들에게 내리는 교서
>
> 　14일 -경상도 의병장 정인홍과 김면 등에게 내리는 교서
>
> 　　　-충청도 의병장 봉상시 첨정 조헌에게 내리는 교서
>
> 　　　-서울 유민들을 안위하기 위한 교서
>
> 　　　-왕세자가 국사를 대리하는 권한에 대한 교서

달되었는지 모르겠다. 그 편지는 호남의 여러 유생에게 전한 것이며, 그대에게만 보낸 것은 아니다. 그러나 그 편지의 내용은 그대가 반드시 여러 장로와 함께 읽어보아야 할 것이다. 나의 고통스러운 마음을 대략 모두 말하였다. 그대가 나의 잘못을 용서하고 충성을 다해 힘써줄 것을 바라며, 오직 나라를 회복하는 데 힘써줄 것을 기대한다."[442]

임금은 이 교서에 지난날 자신이 잘못한 회한을 담아 눈길을 끌었다. 1589년 당시 조헌과 양산숙은 상소를 통해 조정에서 파당을 일삼고 양식 있는 선비들을 힘들게 하는 유성룡 등 인물들을 멀리할 것을

---

442) 이호민, 「오봉집」, 五峯先生集卷之十, 敎書, 敎忠淸道義兵將奉常寺僉正趙憲書 壬辰八月十四日

전라도 백성들에게 보내는 교서

임진년(壬辰年) 7월,

왕이 다음과 같이 말씀하였다. "나는 불충하여 백성을 지키지 못하고 나라를 유지하지 못했다. 백성과의 화합을 잃었고, 외적을 방어하는 데도 실패했다. 결국 나라를 잃고 서쪽으로 피신해 의주에 이르러 이미 한 달이 지났다. 사당과 묘는 폐허가 되었고, 백성들은 고통을 겪고 있다. 아, 창천(蒼天)이여, 이게 누구의 잘못인가? 그 모든 죄는 나에게 있다. 나는 깊이 부끄럽고 참담하다. 서남쪽은 멀고, 소식도 끊긴 상태였다. 이광(李洸)의 군대가 용인에서 패배했다는 소식을 들은 후로는 남쪽에서 구원군이 오길 기대하는 마음조차 사라졌다. 그런데 양산숙(梁山璹) 등이 수로와 육로로 행재소에 도착하여 고경명과 김천일 등이 수천 명의 의병을 규합하였다는 양산숙의 보고를 받았다. 그들은 본도의 절도사(崔遠)와 함께 2만 명의 군사를 이끌고 수원으로 진군해 주둔했다고 한다. 나는 덕이 없는데 어떻게 이들이 목숨을 바쳐 힘을 다해 여기까지 올 수 있단 말인가? 우리 조상들이 200년 동안 쌓아온 깊은 인덕(仁德)이 사람들의 마음을 감동시킨 것이지 않겠는가. **나는 매우 기쁘고 감격하였다. 즉시 양산숙 등을 파견하여 군대에 소식을 전하게 하였다. 너희 많은 선비들이 내 고통스러운 마음을 헤아리리라 믿는다.**

나는 즉위한 이후로 25년이 지났다. 비록 백성들에게 은혜를 베풀지 못하고, 덕을 충분히 미치지 못했으며, 사물을 명확히 살피지 못하고, 정치를 실수한 적이 많았다. 그러나 평소에 백성을 사랑하고 아끼려는 마음을 가지지 않은 적은 없다. 다만, 최근 몇 년간 변방에 재난이 많았고, 군정이 소홀해졌다. 성곽이 견고하고 무기가 날카로우면 적을 막을 수 있다고 생각하며 중외를 경계하고 방비를 엄격히 하였으나, 성이 높아질수록 국세는 약해지고, 해자가 깊어질수록 백성들의 원망은 깊어졌다. 모든 것이 허물어지고 무너져 이 지경에 이르렀다.

궁궐이 안전하지 못하고 백성들이 미세한 이익에 현혹되었다. 왕자들이 산과 호수의 이익을 차지하여 백성들은 일자리를 잃었다. 백성들이 나를 원망하는 것이 마땅하다. 내가 무슨 변명을 할 수 있겠는가. 이에 관리들에게 명하여 이를 모두 그만두게 하였다. 이와 같은 일들은 내가 모두 알지 못한 일들이며, 나의 잘못이다. 이를 생각하니 후회해도 소용없다. 나는 차라리 스스로 희생되어 하늘과 조상, 여러 신령께 사죄하고 싶다.

나의 다짐이 이와 같으니, 너희 선비들과 백성들이 나의 잘못을 용서하고 다시 나라를 바로 세우는 데 협력해 주기를 바란다. 나의 실책을 모두 설명하였으며, 이번 재난은 예상하지 못한 일이었다. 포악한 적들이 하늘을 겨누고, 나에게 항복하거나 길을 내주라고 요구하였으나, 나는 의리에 따라 이를 거절하였다. 이 잔혹한 자들은 나의 큰 덕을 잊고, 원한을 품고 있다. 나는 종묘를 잃을지라도 신하와 백성들을 저버릴 수 없다. 군신의 의리는 하늘과 땅이 지켜보고 있으니, 나는 이 의리를 우주에 드러내고, 내 마음을 밝히고자 한다. 천신(天神) 앞에 부끄러움이 없기를 바란다.

궁지에 몰려도 천조(天朝, 중국의 황제)에게 호소하였다. 천자는 나의 진심을 알아주시어, 요동 총병관(祖承訓)에게 명하여 1만 명의 병력을 이끌고 평양을 공격하게 하셨다. 그들이 왕경(서울)에 도착하여 적을 소탕할 것이다. 또 강절(江浙)에서 일본과 싸웠던 6천 명의 병사들이 조만간 강을 건널 것이다. 본도의 군사도 이미 수만 명이 모였다. 하늘의 뜻이 이른 것이니, 너희 의병들은 용기를 내어 싸워야 한다.

지금 이 적들은 사악함이 극에 달하여 하늘의 벌을 받아야 한다. 평양에 있는 적들의 기세가 이미 꺾였으니, 그들을 섬멸하는 것은 시간문제이다. 가을이 되어 날씨가 차가워지니 군대의 위엄이 넘치고, 충성스럽고 의로운 군사들이 나아가면 어떤 적도 이기지 못할 자가 없을 것이다. 너희 고경명 등은 이미 경기도에 이르렀으니, 서로 힘을 합쳐서 수도를 수복하도록 하라. 너희가 힘쓰지 않으면, 나는 무엇을 믿겠는가? 군량이 부족하다면, 경기와 호남의 창고에서 마음껏 가져다 쓰고, 군수품이 부족하다면, 그곳의 기계도 마음껏 사용하라. 각자 힘을 다하도록 하라.

지금 고경명을 공조참의(工曹參議)에 임명하고, 김천일에게는 창의사(倡義使)를 맡기며, 박광옥(朴光玉) 등도 관직을 더하여 포상한다. 너희의 충성과 의리를 생각하며, 직책과 포상이 아니라 은혜로 보답할 것이다. 나에게 남은 은혜가 없어 더 줄 수 있는 것은 없으니, 너희가 힘을 다해 주기를 바란다. 용만(龍灣)의 한 구석에서 나라의 운명이 위태로우니, 나는 어디로 돌아갈 수 있겠는가? 사람들의 마음은 이미 지쳤고, 도리는 당연히 회복을 생각해야 한다. 가을 바람이 불고 변방은 일찍이 추워졌으니, 저 긴 강을 바라보니 물이 동쪽으로 흐른다. 돌아가고 싶은 마음이 물결처럼 넘친다.

이 교서가 너희에게 닿았으니, 너희 신민들은 반드시 나를 불쌍히 여기고, 슬퍼하는 마음을 가질 것이다. 아, 하늘이 이성(李晟)을 다시 낳아 성을 회복할 날이 있기를 바라니, 나는 그날을 고대한다. 왕릉에 무사하다는 소식을 듣고자 하니, 구름과 무지개처럼 빨리 그 소망을 이루어, 나를 서리와 이슬의 고통에서 구해주기를 바란다. 이 교서를 내리니, 자세히 알기를 바란다.

주장했지만, 그 당시에는 오히려 조헌과 양산숙이 비난받았다. 그러나 임진왜란이 발발한 이후, 조헌과 양산숙의 주장이 옳았다는 사실이 드러났다. 선조가 교서에서 "나는 불명하여 사물을 살피고 말을 알아듣지 못하였고, 직언하는 자들이 나라가 위기에 처해 멸망할 것이라 말하더라도 이를 이해하지 못했다"[443]라고 말한 것은 이를 반영하는 것이다. 조헌과 양산숙의 경고를 받아들이지 못한 선조 자신의 후회와 반성이 담긴 이 말은, 전쟁 후 돌아보니 조헌의 충언이 옳았음을 인정하는 표현이다.

8월 1일에 황해도에 보낸 교서에서는 전국의 의병과 관군이 활발하게 활동하고 있지만, 황해도의 활동은 저조하다는 아쉬움을 표명하며, 혹 일본에 붙어있는 사람들에 대해 경고하는 내용이 포함되어 있다. 특히, 일본에 협력한 자들이 전쟁 후 어떤 태도를 보일 것이냐며 압박을 가하는 모습을 보인다.

양산숙은 임금과 자주 만났고, 그의 충언은 임금에게 큰 위안을 주었다. 이 모든 과정에서 양산숙은 당당하게 자신의 임무를 수행하며, 조선의 위기를 극복하기 위해 힘을 다했다.

양산숙은 또 행재소에서 송강 정철을 만났다. 정철은 양산숙의 아버지 양응정의 제자로 평소에 잘 알고 지낸 사이였다. 정철은 귀양지인 강계의 적소로부터 풀려 와서 행조(行朝)에 머무르고 있었다. 정철은 양산숙 편에 송천 양응정 문하에서 함께 배운 고경명에게 전할 말을 편지를 써 보낸다.

"살아서 돌아와 차마 오늘의 일을 보게 되어 조복(조복은 관원이 조정에 나가

---

443) 위와 같음

양산숙이 의주 행재소를 방문 후, 각 도에 보낸 교서   이호민, 「오봉집」, 五峯先生集卷之十

하례를 할 때 입던 예복)으로 눈물을 닦는데 눈물이 말라 피가 나오니, 어찌 차마 말하겠는가, 어찌 차마 말하겠는가? 아우인 좌랑 양산숙이 와서, '형이 창의하여 군사를 일으켜 여산까지 왔다'라는 것을 들으니, 우리의 사사로운 정이 두 배 깊어지고 기쁠 뿐만 아니라 임금의 안색에 기쁨이 있고 백관(百官)에게 희색이 돕니다. 하늘이 우리나라를 몰래 도와서 그러한 것이 아니겠습니까? 다시 기운을 내고 전진하여 국토를 회복하는데 한결같이 뜻을 두어 임금의 행차를 맞이할 날을 기대합니다. 나는 외람되이 도체찰사에 임명되어 장차 내일 출발하려 했다가 길이 막힐 것이 염려되어 우선 보류하고 있으니 결과가 어떻게 될지 모르겠습니다."[444]

양산숙이 돌아갈 때 임금이 양산숙을 따로 불렀다. 임금은 하염없이 눈물을 흘리며 양산숙에 당부했다.

"돌아가 김천일과 조헌에게 힘을 다하여 적을 쳐부수어 나를 서울로 돌아가도록 해달라고 전해라."[445]

---

444) 조경남, 「난중잡록」, 2(二) 임진년 하 만력 20년, 선조 25년(1592년).
445) 박동량, 「기재사초」, 하(下) 임진일록 3(壬辰日錄三) 선조 25년.

1592 소 모두 잃고서야 외양간 찾은 유성룡

 임진왜란을 앞두고, 유성룡은 개혁을 가로막은 핵심 인물이었다.
 그는 율곡 이이와 같은 개혁가들이 제안한 국방·재정 개혁을 줄곧 반대했다.
 하지만 막상 전쟁이 터지자, 유성룡은 허둥대기 시작했고, 그제서야 자신이 반대했던 개혁안들을 꺼내 들었다. '면천법'과 '작미법' 등이었다. 전자는 노비와 서얼에게 군역을 확대하는 법이고, 후자는 잡다한 공납을 쌀로 통일해 받겠다는 정책이었다. 그러나 이 모든 것은 이미 1583년, 율곡 이이가 먼저 주장한 것들이었다.
 율곡은 이탕개의 난 이후, 국방 강화를 위해 '노비 면천' '서얼 허통을 통한 병역 확대' '공납의 쌀 통일, 즉 수미법'을 강력히 주장했다. 하지만 유성룡과 동인 세력은 이를 한사코 반대하며 무산시켰다.
 '양민을 통한 양병', 즉 "십만 양병설" 역시 마찬가지다. 이미 1556

년, 송천 양응정은 과거 시험에서 "백성이 풍요해야 병사를 기를 수 있다"는 논리로 양병(養兵)의 기반은 양민(養民)이라고 주장[446]했고, 이 철학은 아들 양산숙에게 계승되었고, 율곡 이이도 같은 맥락에서 '십만 양병설'을 제시했다. 그러나 유성룡이 이를 철저히 막았다.

후광세첩에 당쟁에 몰두한 유성룡의 실책을 이렇게 기록으로 남겼다.

선조 20년(1587)에도 전라도 지방에 왜구가 대거 침입한 일이 있었다. 이처럼 왜구의 침입이 반복되었지만, 당시 조정은 위기의식 없었고, 국방에 대한 근본적인 대책은 마련되지 않았다. 조정은 당론과 당쟁에만 몰두하며 국정을 소홀히 했고, 국방은 사실상 무방비 상태였다. 이를 개탄한 병조판서 율곡 이이는 임진왜란 10년 전인 선조 16년(1583)에 '10만 양병설'을 주장하며 군비 확충을 제안했다. 그러나 조정 대신들은 "태평한 시기에 민심을 자극할 필요가 없다"며 모두 반대했고, 그의 제안은 결국 무산됐다. 심지어 유성룡조차 "평시에 군대를 기르면 화를 부른다(無事而養兵是養禍也)"며 반대했다. 이처럼 국가가 무방비 상태에 가까운 상황에서, 임진왜란이라는 대재앙은 점점 다가오고 있었다.[447]

임진왜란이 터진 뒤, 유성룡은 과거 자신이 반대했던 정책들을 뒤늦게 꺼내 들었다. 그러나 이는 '소 잃고 외양간 고친 것'에조차 미치지 못했다. '소를 모두 잃고 나서야 외양간이 있었음을 깨달은 꼴'이었다.

그의 뒤늦은 개혁 시도는 실효성도, 진정성도 없었다. 전쟁이 이미 전국으로 번진 뒤였고, 그의 정책은 무기력한 뒷북에 불과했다.

실학자 성호 이익은 『대동』에서 유성룡이 임진왜란 중에 내놓은 조세제도를 비판하며, 백성들의 고통을 외면한 무책임한 대응이었다고

---

446) 양응정, 「송천집」, 松川先生遺集卷之三 / 策 [策]
447) 「후광세첩」, 부록 오음공(梧陰公) 윤두수(尹斗壽) 연보(年譜)

지적했다. 이는 율곡 이이가 시도했던 재정개혁과 공안(貢案) 개정을 유성룡이 가로막은 데 대한 명백한 비판이었다.

조선 초기에는 풍흉에 따라 아홉 등급으로 세금을 부과하며 백성의 부담을 조절했다. 그러나 전란 중 조정은 병사들의 식량 확보를 명분으로 세금을 1~2두씩 더 거두었고, 이를 '삼수량(三手粮)'이라 불렀다. 이는 사실상 증세였고, 이후 공물 체계는 더욱 복잡하고 가혹해졌다. 율곡이 그 이전에 공안 개정을 통해 재정 체계를 바로잡으려 했으나, 유성룡은 이를 '민심을 불안하게 한다'며 반대했고 결국 좌절시켰다.[448]

전쟁이 터졌을 때, 백성들은 이미 굶주리고 있었다. 쌀을 낼 여력조차 없었고, 기근은 극심했다. 일부 지역에서는 사람이 사람을 잡아먹는 참혹한 일이 벌어졌다. 그런 상황에서 유성룡이 꺼내 든 조세개혁이나 '서얼에게 과거시험 기회를 주겠다'는 발언은 백성들에게 모욕처럼 들렸을 뿐이다. 현실을 외면한 공허한 선언이었다.

그럼에도 불구하고 오늘날 일부 평가는 유성룡의 전시 정책을 '조선을 살린 개혁'으로 미화하고 있다. 하지만 이는 민초들의 고통을 철저히 외면한 '영웅화 담론'에 불과하다. 실제 유성룡은 서얼 출신의 의병장을 배척했고, 전쟁 중에도 정적 제거에 몰두하며 자신의 정치적 입지를 지키는 데 집중했다. 전쟁 전에는 개혁의 기회를 거부했다. 결국 전쟁이 시작된 뒤에서야 스스로 가로막았던 개혁들을 흉내 냈지만, 그땐 이미 너무 늦었고, 아무런 효과도 없었다.

결과는 참혹했다. 조선은 무너졌고, 백성은 죽었다. 유성룡은 구원자가 아니었다. 그는 조선을 파국으로 이끈 책임자였다.

---

448) 이익, 『성호사설』, 성호사설 제9권 인사문(人事門) 대동(大同)

1592 두 왕자 포로로 잡히다

임진왜란이 발발한 지 3개월 만에 순화군과 임해군 두 왕자가 일본군에 포로로 잡혔다. 이로 인해 조선 조정으로서는 큰 위기에 처한다.

전쟁이 시작되자 두 왕자는 각각 부대를 이끌라는 명을 받았으나, 일본군이 북상하자 순화군은 함경도로 이동했고, 임해군은 근왕병을 모집하여 회령에 주둔했다. 그러나 두 왕자는 전쟁 중 왕자라는 신분을 내세워 권위적이었다. 이는 주민들의 반감을 불러일으켰다.

이미 민심이 돌아서 있었다. 반란 상태나 마찬가지였다.

더 깊이 들어가면 피할 수 있을지도 모른다는 생각으로 회령(會寧)으로 향하였으나, 성난 민심은 이들을 적에게 넘겼다.

7월 23일, 회령에서 조선인 국경인과 국세필 등에 의해 포박되어 왜장 가토 기요마사에게 넘겨졌다. 임해군 이진, 순화군 이보는 물론 두 왕자의 부인들, 상락 부원군 김귀영, 장계 부원군 황정욱, 전 호군 황혁, 북병사 한극함, 남병사 이영, 북우후 이범, 온성 부사 이추, 회령 부사 문몽현, 훈련원 봉사 신희수, 군관 이장배, 통사 함정호, 이진충, 이혜, 경성 판관 이홍업 등 여러 대신도 함께 포로가 되었다.

그리고 10월 19일, 포로가 되었던 경성 판관 이홍업이 가지고 온 적장 기요마사가 보내온 편지[449]로 두 왕자 소식이 드러났다. 이 편지에는 '항복 요구', '국토 분할권' 등 요구서가 들어 있었다.

기요마사가는 편지에서 "지난 7월 23일 회령에서 두 왕자와 여러 대신을 사로잡아 현재 안변부에 억류하고 있다"는 소식[450]이었다. 이어 '조선 국왕이 어디에 있든 결국 일본군에 의해 압송될 것'이라며, '먼 장래를 걱정하는 자는 가까운 위기부터 피해야 한다'고 위협[451]했다.

또 조선의 영토를 일부 차지하려는 의도를 내비치며, "조선이 지금 항복을 결심하면 즉시 일본 관백에 보고하여 조선 영토를 나누어주고, 조선 국왕과 왕자들이 부자간에 함께 지낼 수 있도록 하겠다"[452]고 협상을 종용했다. 훗날 황정욱의 전언에 따르면 1593년 1월 18일, 가토 기요마사가 황혁에게 "조선의 영토를 중국이 우리에게 떼어주려 한다면, (조선이) 이를 받아들일 수 있는가?" 물었다.[453]

그들은 또 "만약 이를 믿지 못한다면 사신을 보내 직접 확인해보라!"고 비아냥거렸다.

조선 조정은 이에 바로 응하지 않았으나, 이후 명나라와 협력하여 두 왕자를 구출하기 위한 노력을 지속해서 기울였다.

---

449) 『선조실록』, 선조 25년(1592) 10월 19일 경성 판관 이홍업이 가지고 온 적에게 잡힌 왕자 및 적장의 편지
450) 위와 같음
451) 위와 같음
452) 위와 같음
453) 『선조실록』, 선조실록41권, 선조 26년(1593) 8월 2일 계미 4번째 기사 황정욱을 삼성 추국하여 적진에서 있었던 일을 공초받다

1593 한양 수복과 포로 협상

1593년 1월, 이여송이 이끄는 조명 연합군이 일본군을 공격하여 평양성을 탈환했다. 이에 그치지 않고 도망가는 일본군을 추격하여 개성을 되찾았으며, 1593년 4월 20일에는 한양을 수복했다. 이 과정에서 행주산성 전투가 치열하게 벌어졌고, 일본군은 큰 피해를 보고 퇴각했다. 전쟁이 발발한 지 1년 만의 일이었다.

수복된 한양은 참혹한 상태였다.

한양 백성의 90%가량이 어디론가 사라졌고, 도시는 폐허로 변해 있었다. 명나라 군대와 함께 한양에 들어온 사람들은 성안에 남은 주민이 원래 인구의 1%에도 미치지 못한다는 사실을 깨달았다. 살아남은 사람들조차 모두 굶주리고 지쳐 있었으며, 그들의 얼굴은 마치 귀신처럼 창백했다.

당시 날씨가 무더웠기에, 죽은 사람과 말이 여기저기 널브러져 있었고, 썩은 냄새가 성안에 진동했다. 길을 지나는 사람들은 코를 막고 다녀야 했다. 관공서와 민가도 대부분 소실되었고, 숭례문 동쪽과 남산 주변의 일본군 숙소로 쓰였던 일부 지역만 남아 있었다.[454]

한양의 상황은 비참했다. 종묘와 세 대궐, 도성 중앙의 종루, 관청, 성균관 학관 등 주요 건물 대부분이 잿더미로 변해 있었다. 모화관에는 백골이 산더미처럼 쌓여 있었고, 길에는 사람과 말의 사체가 널려 있었다. 길마다 악취가 진동하여 사람들이 가까이 다가갈 수도 없었다. 민가는 거의 사라졌고, 다섯 채 중 한 채만 남아 있을 정도였다.[455]

조선 측은 명나라 제독과 협의하여 곧바로 후퇴하는 왜군을 추격하고자 하였고, 명나라 제독도 이를 승인[456]하는 듯 보였다. 이에 따라 명나라 장수 장세작과 이여백에게 1만 5천 명의 병력을 이끌고 추격하라는 명령이 내려졌다.

그러나 실제 상황은 달랐다. 조선군은 한강을 건너기 위한 배를 준비했지만, 교통과 수송 문제로 진군이 지연되었다. 게다가 이때 이상한 일이 벌어졌다.

조선군 조총병이 강을 건너던 중 되돌아와 한양으로 향하는 모습을 보였다. 또 장세작은 병을 핑계로 진군하지 않았고, 이여백 역시 강변에서 병이 심하다며 움직이지 않았다.[457]

이유는 왜군이 두 왕자를 인질로 삼고 이동 중이라는 것이었다.

"만약 너희 나라 군사가 적을 몰살시키지 못한다면, 오히려 왕자만 희생될 것

---

454) 유성룡 저 김시덕 역해 『교감 해설 징비록』, p439
455) 유성룡, 『진사록(辰巳錄)』.
456) 『선조실록』, 선조실록38권, 선조 26년(1593) 5월 3일 병진 4번째 기사 유성룡 등이 이 제독과 왜적의 추격, 왕자 구출 등을 의논하고 치계하다
457) 『선조실록』, 선조실록38권, 선조 26년(1593) 5월 3일 병진 4번째 기사 유성룡 등이 이 제독과 왜적의 추격, 왕자 구출 등을 의논하고 치계하다

순화군 임해군 두 왕자 포로로 잡히다

1592년 4월 13일	7월 23일	10월 19일	1593년 4월 20일	6월 20일	6월 22일
임진왜란	두 왕자, 포로로 잡히다	항복 등 협상 요구	한양 수복	황정욱 풀려나다	진주성전투

10월 19일 — 임해군 이진, 순화군 이보, 두 왕자의 부인들, 김귀영, 황정욱, 황혁, 한극함, 이영, 문몽헌, 이신충 등

6월 20일 — 진주성전투 직전 유성룡 투항
"유성룡, 왜군에 투항했으며, 이원익, 가토 기요마사와 내통"
유성룡, 진주로 가지 않고 고향으로 발길 돌림

> **조선을 지켜야 할 전시 총책임자 유성룡이, 진주성 전투 직전 사라졌다.**
> 1593년, 진주성 전투를 앞두고 조선을 뒤흔드는 충격적인 첩보가 중국 측 보고에 등장한다. 유성룡이 왜장 가토 기요마사와 비밀리에 접촉했고, 투항을 논의했다는 것이다. 그 무렵, 한양 수복(4월)과 진주성 전투(6월) 사이. 유성룡의 행적은 감쪽같이 사라졌다. 그는 전투 총책임자였지만, 진주에 나타나지 않았다. 전쟁의 한복판에서, 조선의 최고 지휘관이 자취를 감춘 것이다. 그 결과, 6만 명이 진주성에서 학살당했다.

이니, 너희 나라에 실질적으로 아무런 이익이 없을 것이다."[458]

이처럼 두 왕자의 포로는 조선에게는 내내 걸림돌로 작용했다.

실제로 한양을 되찾은 후 조정에서는 포로로 잡혀 있던 두 왕자의 석방 문제를 일본 측과 논의하기 시작했다.

"혹 백성들이 알까?" 두려워해 이를 전면에 드러낼 수 없었지만, 조정에서는 은밀히 내통하고 있었다. 유성룡이 움직인 것으로 보인다. 그 성과가 있었다. 포로가 된 황정욱이 먼저 풀려났다. 이는 진주성 전투가 벌어지기 직전의 일이었다.

---

458) 『선조실록』, 선조실록38권, 선조 26년(1593) 5월 3일 병진 4번째 기사 유성룡 등이 이 제독과 왜적의 추격, 왕자 구출 등을 의논하고 치계하다

임진년, 희망의 싹

명나라와 일본군은 강화 협상을 시작된 즈음이다. 일본군은 남쪽으로 후퇴하기 시작했던 지점과 일치했다.

두 왕자의 구원 협상도 이때 시작되었던 것으로 보인다. 일본군은 한양을 떠났지만, 명나라 장수들은 그들을 뒤따르며 엄호했다.

일본군은 영남 지역으로 내려가 부산 등 바닷가에 주둔하며 16개소에 진지를 구축했다. 그들은 산을 의지하고 바다를 끼고 성을 쌓아 장기 주둔을 계획했다. 일부 일본군은 본국으로 돌아갔지만, 진해에서 창원, 동래, 부산에 이르는 여러 포구와 섬에 28개 부대가 남아 있었다. 우리 조선군은 일본군을 추격해 공격하지 못했으나, 의병들이 그들을 추격했다. 양산숙과 창의사 김천일이 이끄는 의병부대는 함안에 도착하여 적의 동태를 살폈다.[459]

1593년 6월, 진주성 전투가 임박하자 조선군도 움직이기 시작했다. 양산숙을 비롯한 여러 장수가 진주성으로 집결했고, 김해부사 이종인은 먼저 도착하여 이들을 기다리고 있었다.

진주성에서의 전투가 다가오면서 두 왕자의 석방도 수면 위로 떠올랐다. 조선 조정은 왕자 구출 과정을 외부에 크게 알리지 않으려 했으나, 중국 측 보고서에는 일본 측과 접촉한 조선 인사로 '유성룡' 등의 이름이 구체적으로 언급되고 있었다.

"대신 유성룡이 왜군에 투항했으며, 이원익 등이 가토 기요마사와 왕래하며 내통했다."[460]

이는 유성룡 등이 두 왕자를 포로로 잡고 있던 가토 기요마사와 사

---

459) 이민서, 『송천유집』, 부록하(附錄下) [송천집 권7] 반계공 행장
460) 『선조실록』, 선조 31년(1598) 6월 20일 이덕형이 양 경리를 비방하는 문서에 대해 아뢰다 閣臣柳成龍明以投倭 李元翼等, 與淸正往來交通

전 협의를 했다는 증거였다. 두 왕자의 석방이 임박했다는 소식은 경상좌도 관찰사 한효순을 통해 조정에 전달되었다.[461]

"포로로 잡혀 있다가 돌아온 황정욱이 6월 20일 부산에서 출발하여 어제저녁 대구에 도착했습니다. 그는 저에게 서신을 제출했으며, 이를 조정에 전달합니다."[462]

진주성 전투 직전에 풀려난 황정욱이 제출한 서신[463]에는 두 왕자가 곧 석방될 것이라는 내용이 담겨 있었다. 황정욱이 쓴 보고 서신은 이랬다.

"저는 왕자들을 모시고 5월 6일 밀양부에 도착했습니다. 일본군이 우리 일행을 배에 태워 일본으로 끌고 가려 했지만, 다대포 앞바다에 이르자 부산에 주둔한 일본 장수 세 명이 왕자들을 찾아와 위로하며 '올여름에는 바다를 건널 수 없으니, 안심하고 이곳에 머무시오. 우리가 잘 보살펴 위험을 피할 수 있도록 하겠습니다.'라고 말했다."라고 기록했다. 며칠 후, 일본 장수 가토 기요마사가 일본 최고 권력자인 도요토미 히데요시의 서신을 가져와 왕자들에게 보여주었다. 서신에는 '조선 왕자들을 일본으로 데려올 필요가 없으니, 다시 조선의 수도(한양)로 돌려보내라.'는 내용이 담겨 있었다. 이에 따라 왕자들은 김해에 머물렀다가 5월 23일 다시 부산으로 이동하여 객관(공식 숙소)에 머물렀다. 이보다 앞서 조선에서 보낸 사신 두 명이 일본으로 향했기에, 왕자 일행은 사신이 돌아오기를 간절히 기다리고 있었다. 그러나 오랫동안 바람이 불지 않아 배가 출항하지 못했고, 결국 6월 22일 일본에서 평행장(平行長, 고니시 유키나가)이 먼저 도착하여 "조선과 화친을 맺을지 말지 결정하는 동안, 생포한 왕자들은 풀어줄 수

---

461) 『선조실록』, 선조 26년(1593) 7월 15일 한효순이 적진에서 나온 황정욱이 올린 단자 내용을 보고하다
462) 위와 같음
463) 위와 같음

임진년, 희망의 싹 | 237

도 있다. 하지만 진주목사(김시민)가 일본인을 많이 죽였으니, 그 원한을 갚아야 한다."라고 말했다. 이에 명나라 장수 심유경이 나서서 "왕자들을 풀어주고, 진주성을 공격하지 말라."고 요청했으나, 고니시는 "왕자들을 풀어주는 것은 가능하지만, 진주 공격은 관백의 명령이므로 거역할 수 없다."고 답했다. 심유경이 거듭 간청하자, 고니시는 "곧 돌아올 것이니, 조금 더 기다려라."라고 했다. 이에 심유경은 다시 "왕자의 부인과 노약자, 병든 신하들만이라도 먼저 돌려보내 달라."고 요청했다. 고니시는 "부인을 먼저 돌려보내면 서로 그리워하다 병이 날 것이다. 그러나 노약자들은 상관없으니 먼저 풀어주겠다."고 답했다. 이에 따라 심유경이 황정욱을 먼저 데리고 나왔다. 이후 왕자를 풀어주기로 하고, 이를 수행할 인원을 모집하여 직접 호송할 계획이었다. 하지만 이미 7~8일이 지났음에도 계속 지연되고 있었고, 왕자가 출발할 예정이었으나 조정으로 먼저 돌아갈 수 없었기에 황정욱은 엎드려 죄를 기다리고 있었다.[464]

그런데 가토 기요마사와 교섭했던 유성룡의 모습은 정작 진주성에서는 보이지 않았다. 그는 진주성 전투를 총지휘해야 할 도체찰사(都體察使)[465]였다. 하지만 "진주가 곧 왜적의 공격을 받게 되었는데…"[466] 라며 전투가 벌어질 것을 미리 알고 있었음에도 그는 끝내 모습을 감추었다.

유성룡은 진주에서 일본군이 대대적인 공세를 퍼부을 것이며, 수많은 조선 백성이 도륙당할 것이라는 사실을 알고 있던 몇 안 되는 조선 측 핵심 인물이었다. 그런데도, 그는 그 참혹한 전장을 외면했다.

464) 『선조실록』, 선조 26년(1593) 7월 15일 한효순이 적진에서 나온 황정욱이 올린 단자 내용을 보고하다
465) 『선조실록』, 선조실록41권, 선조 26년(1593) 8월 1일 임오 8번째 기사 유성룡이 명군에의 진격 요청, 아군 및 적세, 군량 문제 등을 보고하다
466) 『선조실록』, 선조실록40권, 선조 26년(1593) 7월 21일 계유 3번째 기사 풍원부원군 유성룡이 진주성 싸움의 패전 원인을 보고하다

진주에서의 슬픔

1593 진주성에서

진주에 도착한 양산숙은 진주에서 처연하게 흐르고 있는 남강을 바라봤다. 남강 강가에 진주성이 있고, 그곳에는 촉석루가 여전히 늠름하게 자리하고 있다.

촉석루(矗石樓)[467]

少日常思歷九邱	젊은 날엔 온 국토를 순례하려는 꿈을 품었건만,
暮年來倚此工樓	늙어서야 비로소 이 촉석루에 올라서네.
當筵唱斷雲留陣	잔치 자리에서 노래를 부르니 구름이 멈춰 진을 이루고,
滿壁詞雄水倒流	벽 가득한 명문은 마치 물마저 거슬러 흐르게 한다.
峽裏紫崖元矗立	깊은 계곡 속 자줏빛 절벽은 여전히 가파르게 서 있고,
霜餘紅葉正飄浮	서리 지난 붉은 단풍잎이 물 위를 유유히 떠다니는구나.
無妨遇景陶情性	이 절경 속에 마음을 온전히 맡기니 무엇이 방해될까,
妙割應煩後作州	이 뛰어난 풍경을 기록하는 일은 후대 명필들에 맡기노라.

---

467) 『송천유집』 부록하(附錄下) [송천집]

이 시는 양산숙의 아버지 송천 양응정이 쓴 '촉석루'라는 시이다.

양응정이 진주목사로 있을 당시(1570년), 그는 이미 변란이 올 것을 예견하며 국방의 중요성을 강조하던 인물이었다. 이 시에서 그는 젊은 시절의 포부와 현실의 회고, 문장의 힘과 자연의 장엄함, 그리고 후세에 대한 당부를 담고 있다.

22년 뒤 임진왜란(1592년)이 발발하면서, 진주는 일본군과의 치열한 격전지가 된다. 게다가 촉석루는 송천의 아들인 양산숙의 고결한 충절이 서린 장소로 남게 되는데, 양응정이 이 시를 남긴 것은 결코 우연이 아니다. 그는 이곳에서 변란을 대비해야 함을 느꼈고, 후대 관리들에게도 올바른 정치를 할 것을 주문했다. 결국, 그의 예감대로 전란은 현실이 되었고, 진주는 역사의 소용돌이에 휘말리게 된다. 곧 다가올 전쟁과 시대의 변화를 직감한 예언적 작품이라고도 볼 수 있다.

自矗石下遊菁川[468]   촉석루 아래, 청천을 유람하며

棠伯任悅, 都事兪大壽, 南冥賜祭官鄭彦信同舟
(관찰사 임열, 도사 유대수, 남명 사제관 정언신이 함께 배를 타고)

煌煌玉節下層臺	눈부신 옥 같은 기세로 계단 아래로 내려오니,
不盡春心把一盃	다하지 못한 봄의 정취를 한 잔 술에 담는다.
今日江山知有力	오늘의 강산은 그 힘을 알아보니,
南洲還向北涯廻	남쪽 고을을 돌아 다시 북쪽 끝으로 돌아가네.

---

468) 「송천유집」 부록하(附錄下) [송천집]

이 시도 1571년 봄 송천 양응정이 진주 촉석루 아래에서 남강을 유람하며 남명 조식의 문하생 정언신, 그리고 관찰사 임열 등과 함께 한 순간을 묘사한 것이다.

　이들 두 시는 임진왜란 발발 22년, 23년 전, 양산숙이 10, 11세였을 때의 일이다. 양산숙은 이때 진주목사인 아버지 양응정을 따라 진주에 있었다. 양산숙에게 당시 촉석루는 어떤 모습이었을까?

　그리고 23년 뒤, 1593년에 다시 만난 촉석루는 참담한 전장의 한복판이 되어 있었다. 일본군 약 4만 3,000명이 진주로 모여들고, 우키타 히데이에, 구로다 나가마사, 가토 기요마사, 고니시 유키나가 등 여러 장수가 집결한다.

　5월에 모든 왜적이 남으로 향할 때, 양산숙은 몸이 아파 뒤처졌다가 다음 날 길을 재촉해 서둘러 진주로 달려왔다.

　누군가 양산숙을 보고 걱정하며 말한다.

　"적들이 반드시 성을 얻으려 하는데 어찌하여 몸을 가볍게 여기고 위태로운 곳으로 달려가려 합니까?"[469]

　양산숙은 말을 달려 진주로 들어온다.[470] 조선군과 중국군도 모두 남으로 남으로 집결했다. 제독 이여송도 대군을 이끌고 새재를 넘어 문경에 도착한다. 그는 여러 장수를 배치하고,[471] 총병 유정의 병사 5천 명은 성주 팔거에, 오유충은 선산 봉계에, 이녕과 조승훈과 갈봉하

---

469) 이민서, 「송천유집」 부록하(附錄下) [송천집 권7] 반계공 행장
470) 위와 같음
471) 「재조번방지」, 재조번방지 3(再造藩邦志 三)

는 거창에, 낙상지와 왕필적은 경주에 머물게 한다.[472] 호조판서 이성중도 대군을 따라 남쪽으로 내려와 중국 군대의 식량 조달을 위해 진력하다가 함창에서 과로로 병사하게 된다. 애초에 조정에서는 참판을 파견해 그 책무를 맡기려 했지만, 이성중은 단호하게 말한다.[473]

"내가 호조의 책임자인데 어찌 다른 사람에게 미루겠는가? 어떤 어려움이 있어도 내가 감당해야 할 일이다."[474]

결국, 그는 피곤함에 쓰러져 죽게 되고, 조정에서는 이 소식을 듣고 슬퍼하게 된다. 왜군이 남으로 가고, 명나라 군대와 우리 군사가 대거 남쪽으로 이동하자 조정에서는 비상이 걸리게 된다. 군인들이 먹을 식량 보급 문제가 큰 문제로 대두되었기 때문이다. 게다가 이 일을 맡고 있던 호조판서 이성중이 죽으면서 조정의 신하들이 총출동하게 된다.[475]

조선 조정은 급히 호조참판 정광적을 보내 이성중을 대신하게 하고, 우선 식량 확보에 나선다. 이조판서 이산보와 조도사 강첨을 충청도로 보내고, 검찰사 김찬과 조도사 변이중, 임발영을 전라도로 파견해 군량을 조달하도록 한다. 식량 수만 석이 필요했기 때문에 이를 모아 수급해야 했으며, 수송 운반책임은 홍문관 부교리 박홍로 등을 보내 재촉하게 된다.[476]

호남 등지에서 식량을 날랐고, 양산숙의 형 양산룡이 식량을 부지

---

472) 유성룡, 「징비록」.
473) 신경, 「재조번방지」, 3(三).
474) 위와 같음
475) 위와 같음
476) 위와 같음

런히 날랐다. 이를 옮기는 양산룡 등 백성들의 고단함은 늘어만 갔다.

"호남의 백성들은 선산(善山)과 성주(星州)에 주둔한 명나라 군사들에게 군량을 제공하였다. 각각의 군량과 식량 운반에 한 사람이 두 짐바리(二馱) 씩을 짊어지는 방식으로 조달이 이루어졌으며, 이를 수송하는 고된 노동은 이루 헤아릴 수 없을 정도였다. 이에 생원과 유생들이 감독관으로 파견되어, 현지에서 조달 업무를 감독하도록 분배되었다."[477]

방비도 문제였다.

"조정은 삼도(충청·전라·경상)의 건강한 장정들을 총동원하여 군을 편성하였다. 이들을 권율의 지휘 아래 유정(劉綎)의 명군 진영에서 훈련시키고 작전에 활용하도록 명령하였다. 또한 좌의정 윤두수를 파견하여 이들을 총괄하고, 군령을 어기는 자들을 감독하며 지휘하게 하였다."[478]

조선 장수들은 의령에 집결한다.

도원수 김명원, 순찰사 권율, 순변사 이이첨, 별장 최원, 절도사 고언백, 의병장 곽재우, 장의사 김천일, 경상 병사 최경회 등이 의령(宜寧)에 집결하여 적을 토벌할 기회를 모색하였다.[479] 김명원 주관 아래 모였다. 그런데 이를 총괄해야 할 유성룡은 보이지 않았다.

이들은 적을 진격해 소멸시키려 서로 기회를 보고 있었다. 경략이 통지문을 보내 적을 추격하게 했고, 제독의 망설이는 태도를 몹시 탓했다. 그러자 제독이 경략에게 크게 꾸짖는다.[480]

---

477) 조경남, 「난중잡록」, 2(二) 계사년 상, 선조 26(1593년) 5월　湖南之人,支供天兵于善山星州,所餉粮餽,一夫二馱,轉輸之勞,不可勝計,以生進及士子等,分定監官,到彼監供.
478) 신경, 「재조번방지」, 3(三)
479) 신경, 「재조번방지」, 3(三) 5월　都元帥金命元巡察使權慄巡邊使李賓別將崔遠節度使高彥伯義兵將郭再祐彰義使金千鎰慶尙兵使崔慶會等,聚於宜寧.
480) 신경, 「재조번방지」, 3(三)

"적의 기세가 매우 높으니 절대로 결전할 수 없습니다."[481]

경략은 이 말에 강화회담을 추진하면서도 사신을 보내 왜군이 빨리 돌아가라고 권유한다.[482] 왜와 명나라 군대, 그리고 조선 군대가 대거 남으로 옮겨가자 조정의 신하들이 총출동했지만, 이를 총괄해야 할 도체찰사 유성룡은 모습을 보이지 않았다.

진주성에서 있을 전투에 앞서 조선군이 긴급 지휘관 회의를 열었는데도 그 자리에 유성룡은 없었다. 이날 회의는 도원수 김명원이 유성룡을 대신해 주재했다.

이 회의에서 창의사 김천일이 주장했다.

"호남은 나라의 근본이고 진주는 호남의 울타리다."

그는 '진주성 사수'를 주장했다. 양산숙은 김천일의 의견을 따랐지만, 한편으로는 신중하게 계책의 필요성을 강조했다.

"진주성을 버리고 적을 돕는 것은 의가 아닙니다. 또한, 왜적이 진주에서 뜻을 이루면 반드시 호남까지 몰아칠 것입니다."[483]

양산숙은 말을 이어갔다.

"적을 성안으로 들여보내는 것은 마치 사나운 물결이 터진 것과 같습니다. 성을 굳게 지키며 그 예봉을 막아야 합니다."[484]

---

481) 신경, 「재조번방지」, 3(三)
482) 위와 같음
483) 홍양호, 「이계집」, 제26권 / 신도비(神道碑) 공조 좌랑 양공 신도비 병서 (工曹佐郎梁公神道碑 幷序)
484) 위와 같음

양산숙은 신중론을 펼치면서도 명나라 원군을 통한 필승 책이 필요하다고 강조했다.

"대적할 왜적과는 병력과 병사 수에서 현격한 차이가 있습니다. 승리할 방책 없이 성을 지키는 것은 어려운 상황에 이를 것이고, 결국 불 속으로 뛰어드는 것과 같다. 명나라 군대의 참전을 요청해 바깥의 원군으로 삼고, 우리 군이 성벽을 견고히 하여 안팎으로 협공한다면 승산이 있을 것입니다."[485]

창의사 김천일도 양산숙의 의견에 따랐다.

"그 계책이 옳소"[486]

그러나 관군과 영남 의병은 이를 외면했다. 마치 미리 짜고 온 것처럼 그랬다. 왜군의 총 책임자는 가토 기요마사[487]였다. 그는 1년 전 1차 진주성 전투에서 패한 것을 보복하기 위해 왜군을 총동원해 진주성을 공략하려 준비하고 있었다.

사세가 매우 급했다. 진주로 향했다. 6월 14일, 김천일이 300명을 이끌고 진주성으로 들어갔다. 경상병사 최경회와 충청병사 황진, 거제현령 김준민, 해미현감 정명세, 사천현감 장윤, 복수장 고종후, 부장 오유, 의병장 이계련, 민여운, 강희보 등이 각기 병사를 거느리고 달려왔다. 그리고 김해부사 이종인도 들어왔다.[488]

최경회와 황진은 경상병사와 충청병사 직함을 달고 있었지만, 그들은 모두 전라도 출신이었다. 게다가 양산숙과는 무관하지 않은 인

---

485) 홍양호, 「이계집」, 제26권 / 신도비(神道碑) 공조 좌랑 양공 신도비 병서 (工曹佐郎梁公神道碑 幷序)
486) 양응정, 「송천유집」 부록하(附錄下) [송천집 권7] 반계공 행장, 이민서
487) 가토 기요마사(1562-1611년)는 2차 진주성전투의 왜군 총 지휘관이다. 선조실록에 중국의 양경리가 밝힌 명나라 보고자료에 따르면 유성룡이 이원익을 통해 2차 진주성전투 전 가토 기요마사와 만났다고 한다.
488) 양응정, 「송천유집」 부록하(附錄下) [송천집 권7] 반계공 행장, 이민서

물들이었다. 최경회와 양산숙은 7촌으로 아주 가까운 사이였다. 양산숙의 증조모가 최경회에게는 고모할머니였다. 게다가 최경회는 양산숙의 아버지 양응정 문하에서 배워 양산숙과 함께한 인물이었다. 남원 출신인 충청병사 황진은 동복(현 화순군)현감을 지낸 바 있으며, 그는 의병부대원의 대부분을 동복현 출신들로 꾸려 출전했을 것이다.

동인들이 사전 논의가 있었던지 동인계인 진주목사 서예원도 이 전투에 빠지려 했다. 그는 명군을 환영하러 간다는 명목으로 진주성에서 먼 곳으로 빠져 있다가 유성룡이 "진주목사인 당신마저 빠지면 안 된다"는 말을 듣고서야 뒤늦게 성안으로 돌아왔다.

유성룡이 서울에 있을 때, 자신은 진주가 공격받게 된다는 소식을 알고 서예원을 진주로 돌려보냈다[489]고 고백했다.

"신이 한양에 있을 때, 목사 서예원이 명나라군의 지원을 맞이하는 차사원으로 함창에 도착하였기에, 즉시 공문을 보내어 '진주는 조·석간에 적의 공격을 받을 상황이니, 성을 지키는 관원이 멀리 나가 있는 것이 마땅하겠습니까?'라고 하며 신속히 돌아올 것을 요구했습니다. 그러나 그는 지체하며 돌아오지 않았고, 적이 이미 다가왔다는 소식을 듣고 나서야 간신히 성에 들어갔습니다."[490]

양산숙은 명나라 군대를 설득하러 나섰다. 명나라 군대를 움직이게 하기 위해서였다. 유성룡이 맡아야 할 일을 그가 나선 것이다.

양산숙은 홍함과 함께 파견되었다. 양산숙은 총병 유정을 만나 진주성을 도와 달라며 명나라 병사의 출전을 요청했다. 양산숙의 말은 설득력이 있었고, 그 기세가 강경하여 총병 유정도 감복했지만, 그는 여전히 군사를 출동시키려 하지

---

[489] 『선조실록』, 선조 26년(1593) 7월 21일 풍원 부원군 유성룡이 진주성 싸움의 패전 원인을 보고하다
[490] 위와 같음

않았다. 양산숙은 눈물을 흘리며 간곡히 호소했다. 유정도 감복하여 찬사를 보였지만, 끝내 출병하지 않았다.[491]

6월 15일, 10만 왜군이 김해, 창원 등을 거쳐 16일에는 함안까지 몰려왔다. 이때 도원수가 된 권율과 순변사 이빈, 전라병사 선거이 등이 모두 함안에 있다가 일시에 흩어져 달아났다. 이날도 의령에서 회의가 열렸다. 왜적이 함안을 분탕질한 뒤였다. 이빈이 여러 장수를 모아 의논했다.[492]

"진주를 함락시키고 말 것이니, 먼저 들어간 외로운 군사로서는 결코 보존해 지키기 어렵다. 본도의 의병을 더 보내면 기세를 더할 수 있을 것이다."[493]

그러나 곽재우가 이를 거절했다.

"모두 성안으로 들어가면 내외의 응원군이 없어지니 나는 밖을 지키겠다. 성안으로 들어가지 않겠다."[494]

이 말에 경상우감사 김늑이 크게 분노했다.

"장군이 대장의 명을 따르지 않으니 군율은 어찌할 것인가?"[495]

곽재우가 맞서며 목소리를 높였다.

"차라리 자결할지언정 성에는 들어가지 않겠다."[496]

---

491) 양응정, 「송천유집」 부록하(附錄下) [송천집 권7] 반계공 행장, 이민서
492) 조경남, 「난중잡록」, 2(二) 계사년 상 만력 21년, 선조 26(1593년)
493) 위와 같음
494) 위와 같음
495) 위와 같음
496) 위와 같음

이빈은 곽재우에게 정암진을 지키게 했다. 6월 19일, 전라병마절도사 선거이와 경기도 조방장 홍계남이 군사를 거느리고 진주성에 도착해[497] 또 한 번 진중을 흔들었다. 그들은 김천일에게 말했다.

"적의 군사는 엄청나게 많고 우리는 군사가 적어 군사 수가 크게 차이가 있으니 잠깐 물러나 몸을 보존하는 것이 좋겠다."[498]

이에 김천일이 화를 내며 꾸짖었다.

"독이 오른 10만 왜군이 경남을 쑥밭으로 만들면 어찌할 것인가? 왜군의 예봉을 꺾어야만 한다."[499]

여러 장수와 함께 진주성 사수하기를 다짐했지만, 선거이와 홍계남은 남원 운봉으로 빠져나갔다.[500] 왜적이 의령으로 오자 도원수 권율은 함양을 거쳐 남원으로 피했고, 곽재우 또한 지키겠다던 정암진을 버리고 후퇴하고 말았다.

---

497) 조경남, 「난중잡록」, 2(二) 계사년 상 만력 21년, 선조 26(1593년)
498) 위와 같음
499) 위와 같음
500) 위와 같음

1593 양산숙, 명나라 총병 유정을 만나다

 동인들은 진주성 방어에 소극적이었고, 유성룡마저 자리를 비웠다. 전직 영의정이자 현직 도체찰사라는 직책이 무색할 정도로, 그는 끝내 진주성에 나타나지 않았다. 그의 행동에서 책임감은 전혀 찾아볼 수 없었다.
 당시 명군과의 소통은 유성룡이 전담하고 있었기에, 그의 부재는 큰 혼란을 초래했다. 유성룡은 명나라 군대와의 연결 창구 역할을 맡고 있었으며, 이는 조정에서도 공식적으로 인정한 사실이었다.
 "예전에 임금이 평양에 머물 때, 명나라에서 원군을 보내 조선을 도울 것이라는 소식을 들었다. 명나라 군대가 차례로 강을 건너올 예정이었기 때문에, 임금은 유성룡에게 먼저 중간 지점으로 가서 명군을 맞이하라고 명령했다. 또한, 임금이 뒤따라갈 것이라는 뜻을 명나라 장수들에게 전하라고 했다. 유성룡은 명령을 받고 먼저 평양을 떠났고, 그 뒤에 임금이 출발해 따라갔다."[501]

진주성 전투 이전, 명군의 대응 창구였던 유성룡이 자리를 비운 것이다. 그런데도 그는 자신의 책《징비록》에서 마치 자랑이라도 하듯 명나라 군대의 식량을 자신이 마련했다고 강조한다. 당시 보급이 무엇보다 중요했지만, 그가 명군과의 협상과 조율을 독점했던 만큼, 결과적으로 명군을 움직일 수 있는 유일한 인물이 유성룡이었다. 그러나 정작 진주성 전투 당시 명군은 철저히 방관했고, 이는 곧 유성룡의 방관과 다름없었다.

비변사에서는 이렇게 아뢰었다.

"도체찰사 유성룡은 이미 명나라 장수들과 익숙하고 기무를 잘 알기에, 경솔하게 다른 관원으로 대신하게 하여 사세를 해이하게 할 수 없습니다. 유성룡에게 처음부터 끝까지 감독하게 하며…."[502]

진주성 전투 이후에도 유성룡은 명나라와의 거의 유일한 소통 창구였다. 그는 이 사실을 오히려 자랑스럽게 여겼다.

"진주성 전투 후 얼마 지나지 않아 총병 유정과 유격 오유충이 합천에서 회합한다는 소식을 듣고 달려갔다."[503]

유성룡이 보고하였다.

"신이 이달 9일에 총병 유격이 합천에 있다는 말을 듣고 즉시 달려가 만나기를 청하였더니, 총병은 온화한 기색으로 신을 만나 주었습니다. 신이 왜적이

---

501) 『선조실록』, 선조 25년 1592년 6월 21일 의주에서 유성룡 등에게 명의 군사를 접대할 계책을 세우도록 명하다
502) 위와 같음
503) 유성룡, 「서애집」, 서애선생 연보 제1권 / 연보(年譜) 만력(万曆) 21년 계사. 선생 52세

공조좌랑 양산숙, 2차 진주성전투 전후 활동

1593년
- 4월
- 6월 22일
- 6월 29일 — 진주성전투
- 7월

양산숙, 한양에서 한양수복 보다

양산숙, 명나라 유정 만나 참여 독려
"양산숙은 홍함(洪涵) 등을 데리고 가 명나라 총병 유정을 만나 명나라 병사의 진주성 구원을 요청하였다."

양산숙 최후, 남강에 몸을 던졌다
"진주성은 고립무원(孤立無援)이었다. 외부에서의 지원 없는 상태에서의 모두 24차례나 방어 끝에 성을 내줘야 했다. 양산숙은 남강에 몸을 던졌다."

양산숙, 진주성으로 돌아와 부장 맡다
"충청병사 황진이 수성장을 맡았으며 각 군 부장은 **양산숙**, 장윤, 민여운, 이종인, 김준민, 고득뢰, 강희보이고, 전투대장으로 강희열, 심우신 등이…"

양산룡, 죽은 동생 양산숙 초혼제
"양산룡은 군량을 운송하러 호남으로 나왔다가 진주성이 함락됐다는 소식을 듣고 말을 몰아 달려왔다. 그는 동생과 또 의병들과 함께 죽지 못한 것을 한스러워했다. 울부짖었다. 성을 오르내리면서 시신을 찾았다. 시신을 찾지 못하자 강가에서 초혼(招魂)을 지냈다.."

진주에서의 슬픔

거짓된 화의로 명나라 병사의 진군을 늦추어 진주를 구원하지 못하게 하고, 본도와 호남이 위험에 처해 있다는 것을 힘껏 진술하고 달려가 구원을 간청하였더니…."[504]

이처럼 유성룡은 명나라 군대와의 접촉 창구 역할을 담당했으므로, 진주에 내려와 명나라 군사를 독려했어야 했다. 그러나 유성룡은 없었고, 명군도 꿈쩍하지 않으며 진주성을 구원하지 않았다. 유성룡의 책임은 피할 수 없다.

이상한 일이 벌어졌다. 유성룡이 노모를 찾아 효도하러 고향으로 간 것이다. 진주성에서 전쟁이 발발했는데도, 도체찰사 유성룡이 왜 고향으로 발길을 돌렸을까?
후에 명나라 문서에서 이와 관련된 정황이 드러났다. 명나라 양경리(楊經理, 경리 양호)가 밝힌 문서에 따르면, 유성룡은 진주성 전투에서 왜장 가토 기요마사와 내통한 정황이 있었다.

"유성룡은 왜적에게 투항한 이원익 등을 시켜 왜장 가토 기요마사와 왕래하며 통하고 있었는데, 당시 어디로 갔는지 갑자기 보이지 않아서 헤아릴 수 없는 상황이 되었다."[505]

유성룡과 내통했다는 가토 기요마사는 고니시 유키나가와 함께 2차 진주성 전투에서 왜군 부대 핵심 인물이었다. 유성룡이 핵심 왜장과 내통했다니? 이로 인해, 영남 의병이 하나같이 빠진 2차 진주성

---

504) 『선조실록』, 선조 26년 1593년 8월 1일 유성룡이 명군에의 진격 요청, 아군 및 적세, 군량 문제 등을 보고하다
505) 『선조실록』, 선조 31년 1598년 6월 20일 이덕형이 양 경리를 비방하는 문서에 대해 아뢰다

전투는 유성룡이 뒤에서 동인계를 사주한 게 아닌가 하는 의혹이 생겼다.

이 가운데, 명나라 군사의 참전 독려는 양산숙이 맡았다.
김천일이 양산숙에게 물었다.
"어떤 계책을 펼치는 게 좋겠소?"

양산숙이 차분하게 대답했다.
"중국 군대를 전투에 참여시키고, 그들에게 성 밖에서 지원하도록 요청해야 합니다. 우리 군이 굳게 방어에 임하다가 형세를 보아 안에서부터 공격하면 될 것입니다."

양산숙은 대구에 머물고 있던 총병 유정을 만나 설득했고, 유정은 마치 구원병으로 올 것처럼 행동했다.
"명나라 장수 유정이 부하 장수를 보내 성의 수비 상황을 살펴보게 하고, 밖에서 도울 테니 잘 버티라는 뜻을 전해왔다. 그래서 성안의 사람들은 유정의 말을 믿고 희망을 품었다."[506]

그러나 명나라 군대는 구원하지 않았다. 유성룡도 왜장과 사실상 내통하고 진주성을 외면했다. 유성룡의 파당인 동인계도 모두 진주성에서 멀리 떨어져 있었다. 마치 누가 지시한 것처럼 일사분란하게 그랬다.
임진왜란 당시, 명나라에서 원군을 이끌고 온 경략 양호(楊鎬)의

---

506) 『선조수정실록』, 선조 26년 1593년 6월 1일 왜장이 진주를 공격하니, 원수가 관군과 의병에게 방비하게 하다

기록, 제독 마귀(麻貴)의 보고, 그리고 총독 형개(邢玠)의 보고서에는 진주성을 구원하지 않고 달아난 동인계 관군과 의병들에 관한 내용이 기록되어 있다.

"이원익 등이 가토 기요마사와 왕래하며 내통했고, 지금 갑자기 행방이 묘연하여 사태를 예측할 수 없게 됐다."[507]

동인계의 조직적인 움직임이 의심되는 정황이 있다.

호남 의병을 제외하고 진주성에서 빠지자는 계획이 있었던 것이다. 실제로 동인계 의병장 곽재우가 충청병사 황진을 회유하려 한 장면이 기록돼 있다. 진주성 전투를 앞둔 6월, 황진은 왜군을 추격해 진주로 가려 했으나, 곽재우가 그를 만류하며 말했다.

"진주는 고립된 성이라 결코 지켜낼 수 없습니다. 더구나 공은 충청 방어를 책임진 장수이니, 진주에서 전사하는 건 본분이 아닙니다."[508]

하지만 황진은 단호히 거부했다. 그리고 곽재우는 떠났다.[509]
"이미 의병을 일으키겠다고 맹세한 이상, 비록 죽는다고 해도 그 말을 저버릴 수 없습니다."[510]

'호남계가 아니면 빠져라'는 듯한 분위기, 마치 동인 내부의 결속처럼 보이는 그들의 일관된 외면. 이는 동인계 윗선의 특별한 지시 없이는 나올 수 없는 흐름이었다.

---

507) 『선조실록』, 선조 31년 1598년 6월 20일 이덕형이 양 경리를 비방하는 문서에 대해 아뢰다
508) 장유, 『계곡집』, 『연려실기술』, 제17권 / 선조조 고사본말(宣朝故事本末) 임진란 때의 여러 장수
509) 위와 같음
510) 위와 같음

1593 전투가 시작됐다

　진주성은 천연의 요새였다. 내부와 외부의 지원이 충실했다면 쉽게 함락될 곳이 아니었다. 진주성은 원래 외성과 내성으로 나뉘어 있었다. 외성의 전체 면적은 축구장 70개에 달해 수만 명의 백성이 거주할 수 있을 정도로 컸다. 진주성은 삼국시대에 거열성(居列城)으로 불리다가, 고려 시대에 촉석성(矗石城)으로 이름이 바뀌었다. 촉석성이라는 이름은 '돌이 우거져 있다'는 의미로, 깎아지른 바위 절벽이 강을 향해 서 있어 적군이 쉽게 접근할 수 없는 요새임을 나타낸다.

　"아! 진주성의 입지가 산세를 따라 성벽을 쌓고 강이 해자가 되어, 하늘이 만든 요새가 이보다 좋은 곳은 없었는데…."[511]

---

511) 정경운, 『고대일록(孤臺日錄)』, 1593년 6월 29일

성 남쪽에는 남강이 흐르며 천연의 해자 역할을 했다. 물을 건너지 않고는 성으로 진입할 수 없는 구조였으며, 평지에 있지만, 성을 공략하려면 절벽을 기어올라야 하는 난공불락의 성이었다. 서쪽은 깎아지른 절벽으로 둘러싸여 있었고, 공격 가능한 방향은 북쪽과 동쪽뿐이었는데, 이마저도 대사지(大寺池)라는 연못 해자가 파여 있었다. 북측에는 웅장한 진남루가 서 있고, 그 너머에는 대사지가 자리잡고 있었다. 대사지는 말 그대로 큰 연못으로, 연꽃이 피어 있고, 평상시에는 배도 다닐 수 있을 만큼 넓었다. 이 대사지는 진주성 전투 당시 적군이 쉽게 접근하기 어렵게 만들었다. 동쪽은 대사지에서 남강으로 물이 흐르며 자연스러운 해자를 이루고 있었다. 진주성은 도요토미 히데요시에게 1차 진주성 전투에서 패배를 안겨준 곳이었다.

조선에 주둔한 왜군들이 이 진주성을 치려 한 데는 또 다른 이유도 있었다. 진주성은 왜군에게 복수의 장소였다. 임진년 10월에 약 3만 병력이 총공세를 펼쳤으나, 김시민 목사 이하 조선군의 용전분투로 크게 패퇴한 기억이 있는 곳이었다. 도요토미 히데요시는 이를 항상 불만으로 여겨 기회만 있으면 진주성을 공략해 실추된 위신을 되찾고, 전투에서 죽은 자들의 원한을 풀고자 했다. 또한, 진주를 점령하지 않으면 한양으로의 연락 통로가 막히고, 일본군의 최후 거점인 부산까지도 위험해질 수 있다는 판단도 있었다.

조선군의 사기를 꺾기 위한 잔인한 복수가 시작되었고, 이에 맞서 진주성을 지키기 위한 조선 의병들의 노력은 처절했다. 왜군에 맞서 싸워야 할 명나라군은 방관자로 남았고, 성 밖의 지원군은 전혀 없었다. 이로 인해 2차 진주성 전투는 병력의 절대적인 열세 속에서 의병들이 성안에서 수성전에 매달릴 수밖에 없었다. 1차 전투와 달리, 외부 의병이나 관군의 지원이 없는 고립무원의 상황이 계속되었다.

연일 급보가 올라갔지만, 기다리던 지원군은 오지 않았다. 결국, 성안의 소식조차 전할 수 없는 참담한 상태에 이르게 되었다. 도체찰사 유성룡과 도원수 김명원이 부재한 전장에서, 양산숙은 백방으로 명나라 장군들을 설득했으나 확답을 얻지 못했다.

창의사는 장수들에게 말했다.
"힘을 다해 굳게 지켜야 한다."[512]

양산숙은 분하고 억울해했다. 전황은 좋지 않았고, 양산숙은 진주 경내로 돌아오려 했으나, 적들이 이미 성에 닥쳐오고 있었다.[513] 그는 성안으로 향했지만, 홍함 등 다른 이들은 돌아오지 않고 그대로 달아났다. 양산숙은 눈물을 흘리며 말했다.[514]
"위급한 상황에 구차하게 모면하려 하면 되겠는가? 주장(主將)만 사지에 빠지게 할 수는 없지 않은가."[515]

양산숙은 말을 타고 혼자 진주성으로 달려갔다. 이미 적병들이 성

---

512) 양응정, 「송천유집」 부록하(附錄下) [송천집 권7] 반계공 행장, 이민서
513) 위와 같음
514) 위와 같음
515) 위와 같음

을 포위하고 있어 쉽게 들어갈 수 없었다. 그는 남강을 헤엄쳐 강기 슭에 당도하자, 온 군영이 놀라워했다.[516]

양산숙이 돌아오기 전에 옛 의병장 강희열이 말을 달려왔고, 적개 부장 이잠이 병사를 거느리고 와서 힘을 보탰다. 성문을 굳게 닫고 '농성의 방략'을 정하니, 양산숙과 장수들이 힘을 모아 방어했다.[517]

진주성의 비극은 중과부적(衆寡不敵)과 고립무원(孤立無援)에서 비롯되었다. 진주성은 방치되었고, 사실상 버림받았다. 유성룡은 훗날 자신의 책《징비록》에서 "애초에 권율은 남강과 낙동강의 합류점인 기강을 건너려 했지만, 곽재우와 고백언이 막고 나섰다"[518]고 지적했다. 유성룡은 또 이빈의 종사관 성호선이 머뭇거리는 장수들을 질책한 것을 두고 "어리석다", "군대의 일을 잘 알지 못하면서…"[519]라고 비난했다.

결국, 권율은 전라도 병사와 장령들에게 전령을 보내 성안을 흔들어 놓았다. 동인계 의병장인 곽재우도 충청병사 황진을 설득한다. 곽재우는 "진주는 고립된 성이라 지키기 어려우며, 충청도 절도사로서 진주를 지키다 죽는 것은 당신의 본래 직무가 아니오"[520]라고 말리려 했다. 그러나 황진은 "이미 내가 진주로 가겠다고 창의사 김천일에게 약속했으니, 비록 죽음이 두렵지 않더라도 약속을 어길 수는 없소"[521]라고 답하며 결심을 굽히지 않았다.

516) 양응정, 「송천유집」 부록하(附錄下) [송천집 권7] 반계공 행장, 이민서
517) 위와 같음
518) 유성룡, 「징비록」
519) 위와 같음
520) 이긍익, 「연려실기술」 제17권 / 선조조 고사본말(宣朝故事本末) 임진란 때의 여러 장수, '황진'
521) 위와 같음

당시 진주성에는 진주목사 서예원, 진주판관, 김해부사, 사천현감, 거제현령 등 영남·서울·경기 출신의 소수 관군을 제외하면 대부분 호남 출신(76.4%)이었다. 지휘부를 제외한 대부분 의병도 호남에서 모여온 사람들이었다.

황진은 황희 정승의 5세손으로, 1576년(선조 9년) 무과에 급제한 후 선전관 등을 역임했다. 임진왜란 1년 전인 1590-1591년에 황윤길, 김성일 등과 함께 조선통신사로 일본에 다녀오며, 일본의 침략을 예감하고 검 두 자루를 사서 온 인물이다.

21일, 왜적이 진주성을 세 겹으로 포위했다. 일본군 기마병 200여 기가 진주성을 살피고 돌아갔다. 왜군들은 성 밖 해자를 메우며 공성전을 준비하고 항복을 요구했다. 조선 의병은 왜의 항복 요구를 단칼에 거부하고 진주성을 사수하기로 결의했다. 왜군은 참호의 물을 남강으로 빼는 토목공사를 시작했으나, 성안의 병사들은 동요하지 않았다. 왜군은 물러갔다.[522]

다음 날, 왜군은 다시 진격해 본격적인 포위와 공성을 시작했다. 가토 기요마사 등 1번대와 우키타 히데이에 3번대가 포위하고, 고니시 유키나가의 부대는 후방 지원과 수송을, 모리 히데모토와 고바야카와 다카카게는 성벽을 높이 쌓기 시작했다. 처음 교전이 일어나

---

[522] 양응정, 「송천유집」 부록하(附錄下) [송천집 권7] 반계공 행장, 이민서

왜적 30여 명을 쏘아 죽이니 퇴각했다가, 초저녁과 2경, 3경에 다시 공격해왔다가 퇴각했다. 조선군은 남쪽의 남강 덕분에 서북쪽을 집중 방어했으나, 일본군은 해자에 흙을 메워 길을 만들었다. 성에 육박해 종일토록 탄환을 퍼부었다. 성안에서도 힘껏 항거했다. 이날 밤, 왜적들이 동문에서 크게 함성을 지르며 성을 오르자, 황진 등이 몸을 날려 혈전을 벌였다.[523]

6월 23일 낮에 세 차례, 밤에 네 차례 공격이 있었다.

6월 24일, 적의 증원군 1,000여 명이 동서로 포위하며 진을 쳤다.

6월 25일, 왜적이 동문 밖에서 흙을 쌓아 언덕(토성)을 만들고, 그 위에 토장을 지어 성 안을 내려다보며 총알(총탄)을 비처럼 쏘아댔다. 충청병사 황진도 성안에 높은 언덕을 쌓아 대응했다. 낮의 세 차례 공격과 밤의 네 차례 공격을 모두 격퇴했다.

6월 26일, 왜군은 방책을 세우고 탄환과 화살을 막으며 화전 공격을 했다. 적군은 나무 궤에 소가죽을 씌워 방패로 삼고 탄환과 화살을 방어하며 성벽을 헐었다. 성안에서는 큰 돌을 굴리고 화살을 비처럼 쏘아 적을 물리쳤다. 그러나 적군은 동문 밖에 큰 나무 두 개를 세워 판잣집을 설치하고, 성안으로 불화살을 쏘았다. 성안의 초가집들이 일시에 타올라 연기와 불꽃이 하늘을 뒤덮었다.[524] 왜군이 다시 공격을 퍼부으며 항복을 독촉했으나, 조선군은 밤낮으로 일곱 차례 싸워 적을 격퇴했다.

---

523) 양응정, 「송천유집」 부록하(附錄下) [송천집 권7] 반계공 행장, 이민서
524) 조경남, 「난중잡록」 난중잡록 2(乱中雜錄二) 계사년 상 만력 21년, 선조 26(1593년)

그때 목사 서예원이 당황하여 갈팡질팡하였다. 이에 양산숙은 창의사 김천일에게 말하고, 최경회와 함께 의논해 장윤(張潤)에게 주사(州事, 즉 진주성 업무 전권)를 맡기도록 했다. 성 안 사람들은 크게 기뻐하며 사기가 더욱 올랐다.[525] 그렇지만 큰비가 내려 성의 한 모퉁이가 무너져 내렸다.

양산숙은 하늘을 바라보며 탄식했다.

"일을 도모하는 것은 사람에게 달렸으나, 그 성패는 하늘에 달렸구나!"[526]

얼마 뒤, 왜군이 크게 함성을 지르며 성안으로 난입하자, 김준민이 힘써 싸우다 순절했다.

6월 27일, 우키타 히데이에가 항복을 요구했으나 조선군은 거절했다. 왜군은 동문과 서문 밖에 다섯 군데 언덕을 쌓고, 공성용 대나무 대를 세워 하향 조준으로 사격을 퍼부었다. 이로 인해 조선군 300여 명이 순절했다. 철갑을 입은 왜군은 귀갑차를 끌고 와 철퇴로 성문을 뚫으려 했다. 이날 강희보가 전사했고, 그다음 날에는 황진과 장윤이 연이어 탄환에 맞아 순절했다. 양산숙은 황진의 죽음을 슬퍼하며 통곡했다. 성안의 장사들이 양산숙의 슬픔을 함께 나누며 하나로 뭉쳐 모두 목숨을 바칠 각오를 다졌다.[527]

6월 29일, 왜군이 귀갑차를 이용해 성벽을 무너뜨리자, 구로다 나가마사의 고토 모토지와 가토 기요마사의 모리모토 가즈히사가 앞다투어 진주성을 공략했다. 전사한 황진을 대신해 서예원이 경비대장

---

[525] 양응정, 『송천유집』 부록하(附錄下) [송천집 권7] 반계공 행장, 이민서
[526] 위와 같음
[527] 위와 같음

을 맡았으나, 그는 겁을 먹고 사기를 떨어뜨리는 행동을 했다. 이에 경상우병사 최경회가 서예원의 직을 파하고, 장윤에게 그 직을 맡겼으나 장윤도 탄환에 맞아 순절했다. 오후에는 비가 내려 성 동쪽 모퉁이가 크게 무너졌다. 성이 함락되기까지 밤낮으로 치열한 공방전이 계속되었다. 왜군이 개미 떼처럼 성안으로 몰려들었다. 이종인이 칼을 들고 육박전을 벌였으나, 서북 문에서 검을 휘두르며 밀려오는 왜군을 막을 수 없었다. 서예원은 멀리서 보고 먼저 달아났다. 군사들이 마침내 크게 무너졌다.[528]

진주성은 고립무원의 상태에서 24차례 방어전을 벌였으나 결국, 함락되었다. 왜군은 우세한 화력과 압도적인 병력을 앞세워 집요한 공격을 계속했다. 5,800명의 조선군이 9만 3천여 명의 왜군을 상대해야 했으니, 성이 함락될 수밖에 없었다. 1대 17의 전투에서 조선군은 8박 9일 동안 24차례 전투를 치르며 버텼지만, 마지막 25번째 전투에서 패배했다. 치열하게 싸우다 결국 비참한 최후를 맞이한 것이다.

이 패배는 명백히 고립무원의 상황에서 발생한 것이었다. 형세는 흙더미가 무너지는 듯 급격히 악화되었다. 장수들은 어찌할 방도가 없었다. 결국 모두 촉석루로 올라갔다.[529] 양산숙과 김상건은 창의사 김천일을 부축해 촉석루로 올랐다. 북쪽을 향해 재배하며 남강으로 뛰어들 준비를 했다. 양산숙은 평소 수영을 잘했다. 창의사가 말했다.

"그대는 이 상황에서 벗어나 다시 일을 도모하시오. 이 원수 같은 왜적들을

---

528) 양응정, 『송천유집』 부록하(附錄下) [송천집 권7] 반계공 행장, 이민서
529) 위와 같음

멸하시오."530)

다른 의병장들도 양산숙에게 탈출을 권했다. 그러나 양산숙은 울면서 말했다.

"이미 함께 싸웠는데 어찌 혼자 살겠습니까?"531)

그는 마침내 먼저 강에 뛰어들었다. 당시 양산숙의 나이는 33세였다.532)

양산숙은 살아남을 수 있는 분명한 가능성을 버리고 스스로 죽음을 선택했다. 이것은 양산숙이 자신을 단지 개인으로만 인식하는 것이 아니라 가문이나 국가와 같은 집단과 동일시하는 것과 관련된다.533)

창의사 김천일과 그의 아들 김상건, 고종후와 막하의 오빈·김인혼·고경원, 병사 최경회와 막하의 문홍헌이 일제히 강에 뛰어들어 죽음을 택했다. 강희열·오유·이잠 등 십여 인은 검을 휘두르며 적을 벴고, 검이 멈춘 것은 그들이 죽었을 때였다. 이종인은 여기저기서 전투하다 남강에 이르러 좌우에 왜군을 껴안고 강에 투신하였다. 모두 의로운 죽음이었다.534)

"도원수(김명원,)와 순찰사(권율) 등이 초(楚)나라 월(越)나라처럼 (전투 상황을) 바라보았을 뿐 아니라, 실로 국운(國運)이 꽉 막힌 까닭이니, 통분을 금

---

530) 양응정, 「송천유집」 부록하(附錄下) [송천집 권7] 반계공 행장, 이민서
531) 위와 같음
532) 위와 같음
533) 김창현, 「양산숙전의 비극성 연구」, 2006
534) 양응정, 「송천유집」 부록하(附錄下) [송천집 권7] 반계공 행장, 이민서

하지 못할 일이다."[535]

　조선 측 기록인 《선조실록》에 따르면 사망자는 6만 명[536]으로 추산했다. 또 실록에 부기한 기록에 따르면 혹자는 8만여 명이라 하고, 또 혹자는 3만이라고도 했다. 이후 감찰사 김흘(金屹)이 사근(沙斤)에게 명하여 이정(李瀞)과 함께 현장을 조사하게 하였는데, 성안에 쌓인 시체만 해도 1천여 구였으며, 촉석루에서부터 남강 북안까지 시체가 겹겹이 쌓여 있었다. 또한, 청천강(菁川江)에서 옥봉(玉峯)과 천오리(遷五里)까지 이르는 지역에서는 죽은 자들이 강을 가득 메운 채 떠내려갔다고 전했다. 이와 별개로 일본 측 사료인 《음덕태평기》(陰德太平記)[537]에는 3만 명으로 기록되어 있다.

　이처럼 당시 진주성 안에 있던 조선 의병과 민간인의 피해는 막대했다. 이 전투로 전라도 의병은 한꺼번에 죽는 대참사가 벌어졌다.

　왜군에게도 큰 타격을 줬다.

　전투 후, 양산숙의 형 양산룡이 진주성을 찾았다. 그는 의병들의 군량을 운반하는 운량장(運糧將)으로서 의병들의 보급을 책임지고 있었다. 전투에서 군량을 운송하던 중 성이 함락되었다는 소식을 듣고 말을 몰아 달려왔다. 그는 동생과 의병들과 함께 죽지 못한 것을 한스럽게 여겼다. 울부짖으며 성을 오르내리며 시신을 찾았지만, 찾지 못하자 강가에서 초혼(招魂)을 지냈다. 그리고 돌아오니, 진주 사람들 가운데 눈물을 흘리지 않는 이가 없었다.[538]

---

535)　정경운, 「고대일록(孤臺日錄)」, 1593년 6월 29일
536)　「선조실록」 40권, 선조 26년 7월 16일 5번째 기사 1593 6월 29일 함락된 진주성 싸움의 자세한 경과
537)　음덕태평기(陰德太平記)는 모리 가문 역사서다. 전 81권과 '음덕기서와 목록' 1권으로 구성되어 있다. 1507부터 임진왜란이 끝난 1598년까지 약 90년간을 기록했다.
538)　양응정, 「송천유집」 부록하(附錄下) [송천집 권7] 반계공 행장, 이민서

1593 혹시 유성룡 보셨어요?

　유성룡은 진주성 전투가 끝난 뒤에야 모습을 드러냈다. 그러나 그는 반드시 전투가 한창일 때 진주에 있어야 했다. 당시 유성룡은 경상도의 전투를 총괄하는 도체찰사였다. 체찰사란, 국가 변란이 발생했을 때 군무 전반을 지휘·감독하는 최고 책임자다. 그는 군대를 통솔하고, 진주성에 직접 들어가 전투를 지휘할 의무가 있었다. 그러나 전투가 한창일 때 유성룡은 진주에 없었고, 전투가 끝난 후에야 나타나 전황을 보고하는 역할만 맡았다. 진주성 전투의 패배를 서인계 장수들과 여러 지휘관들의 잘못으로 돌렸다.
　"진주성 함락, 적의 강세보다 우리 대응 실패가 컸다. 서예원 복귀 지연으로 방어 준비가 미흡했고, 여러 장수가 성 안에 모였으나 통제자가 없어 혼란이 컸다. 초반에 형세도 보지 않고 함안에 진을 쳤다가 적의 대군에 허둥지둥 퇴각하며 주도권을 잃었다. 정진을 지켰다면 적의 진입을 막을 수 있었지만, 퇴각으로

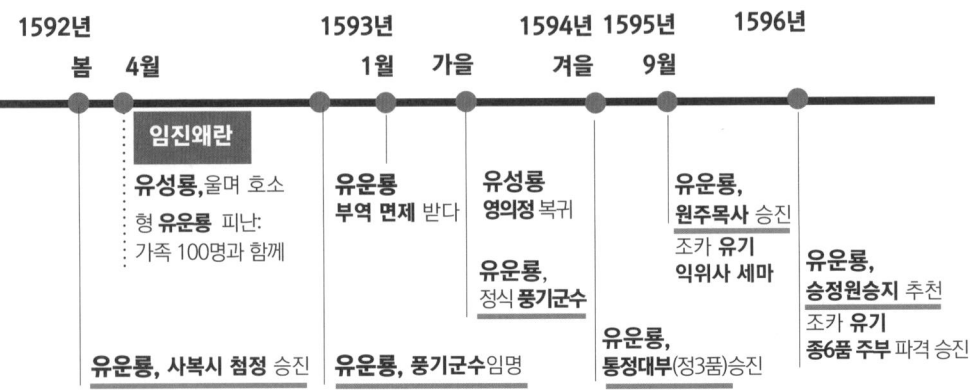

임진왜란 중에도 유성룡 가족은 승승장구했다

기축옥사에 이어 임진왜란 중에도 유성룡과 그 가족의 출세는 계속됐다. 전쟁 초기 무방비 대응의 책임자로 지탄받았던 유성룡은 곧 복귀해 영의정에 오르며 권력을 유지했다. 형 유운룡은 어머니를 모신다는 이유로 피난을 요청해 고향으로 내려간 뒤 풍기군수, 정3품 원주목사로 승진한다. 승정원 승지로도 추천한다. 조카 유기도 의병을 피하라는 유운룡의 조언에 따라 전쟁에 나서지 않고도, 음서로 정9품에 이어 종6품까지 파격적으로 등용됐다. 전쟁의 와중에도 유성룡 일가는 예외 없이 혜택을 누렸다.

수륙 양면 침공을 허용했다. 의령·삼가·단성·진해·고성·사천 등지에 몰린 적군은 결국 진주를 고립시켰다."[539]

 그의 분석은 얼핏 논리적이고 명쾌해 보인다. 그러나 정작 중요한 질문은 남는다. 유성룡 당신 그 자신은 어디에 있었는가? 그가 지적한 "객병을 통제해야 할 책임자"는 다름 아닌 도체찰사 본인이었다. 그러나 제2차 진주성 전투가 벌어지던 날, 유성룡은 현장에 없었다. 전투 직전 의령에서 열린 긴급 지휘관 회의에도 참석하지 않았다.

 김천일은 임금에게 올린 장계(狀啓)에서 이렇게 보고하고 있다.

539) 「선조실록」 선조 26년 1593년 7월 21일 풍원 부원군 유성룡이 진주성 싸움의 패전 원인을 보고하다

도체찰사 유성룡, 2차 진주성전투 전후 행적

1593년 4월 — 유성룡, 명 군 따라 경성으로

유성룡, 안동으로..
"어머니를 찾아가 문안드리니, 기쁨과 슬픔이 엇갈리고 가슴이 북받쳐어 말을 하지 못하였다. 물러나 형 겸암공(유운룡)과 서로 부둥켜안고 통곡하였다."

유성룡, 왜장에 투항
"유성룡, 왜장 가토에 투항했으며, 이원익, 가토 기요마사와 내통"

6월 22일 — 진주성전투

7월 29일 — 유성룡, 성주로
"성주에 도착하여 진주가 이미 함락되었다는 소식을 듣고 달려가 고령에 도착하였다. 이때에 적은 이미 초계로 쳐들어오니, 고령과의 거리가 30리였다."

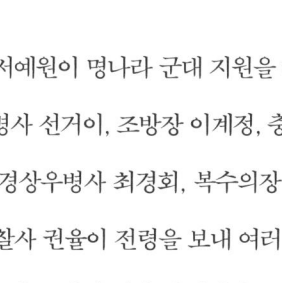

"이달 14일 진주성에 도착했으나, 목사 서예원이 명나라 군대 지원을 떠나 해 저문 뒤에야 돌아왔습니다. 15일에는 전라병사 선거이, 조방장 이계정, 충청병사 황진, 조방장 정명세, 경기 조방장 홍계남, 경상우병사 최경회, 복수의장 고종후 등이 달려왔습니다. 그런데 다음 날 전라순찰사 권율이 전령을 보내 여러 장수를 성 밖으로 불러내 일시에 병력이 이탈했고, 이로 인해 성안 분위기가 크게 흔들렸습니다. 최경회, 황진 등과 함께 겨우 수습했으나 남은 병력은 3천 명에 불과합니다. 성은 넓고 병사들은 굶주려 방어가 어려운 실정입니다. 권율 등은 진주성을 버리고 산음으로 떠나버렸으니 그 행보가 매우 걱정스럽습니다."[540]

이처럼 모두가 진주를 사수하려 애쓰던 그때, 유성룡은 어디에도 보이지 않고, 동인계 인사는 성을 흔들었다.

유성룡은 한양에 있다가 진주로 향하지 않고, 고향으로 내려갔

---

540) 『선조실록』, 선조 26년 1593년 7월 10일 창의사 김천일이 진주성의 방어 준비 상황을 보고하다

유성룡과 양산숙의 의병들 충효관 비교

양산숙의 의병 충효관	유성룡/유운룡 충효관
양산숙은 형 양산룡, 사촌형 양산욱, 매형 김광운과 조카 김두남, 매제 유경지, 사돈 유온, 두 외삼촌 김인갑과 김의갑, 조카사위 임환, 사돈 송제민 등 가족, 친인척을 총 출동시켜 창의의병을 꾸리고, 죽음이 기다리고 있는 의병길에 나선다.	**○ 유성룡, 전쟁 직후 임금에 100명 가족 피난 요청:** 임진왜란이 일어나자 유성룡은 형 유운룡이 어머니를 모시고 피난할 수 있도록 임금에게 눈물로 청해, 형의 관직을 해제하고 고향으로 발령받게 했다.
고경명은 아들 고종후와 고인후를 데리고 금산전투에 나선다. 이 전투에서 고경명과 둘째 아들 고인후가 순절한다.	**○ 유성룡 가족, 스님 붙여 절 돌며 피난:** 유성룡은 어머니를 포함한 100여 명의 가족을 위해 전담 스님을 붙여 절마다 옮겨 다니며 피난할 수 있도록 지원했다. 평소 불교를 폄하했지만, 전쟁 중에는 가족의 안전을 위해 절을 피난처로 적극 활용했다.
고종후는 아버지 고경명과 동생 고인후가 금산전투에서 죽자 아버지와 동생의 원수를 갚겠다며 진주성 전투에 참전했다.	
조헌은 장남 조완기와 함께 금산전투에서 참전해 부자가 함께 순국했다.	**○ 유운룡, 아들에게 "의병 나가지 말고 쌀로 대신하라" 편지:** 유운룡은 아들에게 보낸 편지에서 의병에 나서는 대신 쌀을 내는 것으로 대신하라고 당부했다. 또 큰아들에게는, 동생이 굳이 나가려 한다면 집안의 건장한 하인을 붙여 동생의 안전을 챙기라고 전했다.
신립은 탄금대전투에서 조카 신경지(신잡의 아들)와 함께 전사하였다.	
김상건은 전장에 참여한 병든 아버지 김천일을 가까이 모시겠다며 진주성 전투에 참전했다. 그리고 진주성에서 아버지와 함께 의로운 죽음을 택했다.	**○ 유성룡, 피난 간 형 현감 임명하고 목사로 승진, 중앙 요직 인사 요청-그리고 고향에 특혜도:** 전란 중 피난한 형 유운룡을 위해 풍기현감에 임명하고, 이후 원주목사로 승진시켰다. 이어 중앙요직인 승정원직 인사도 도모한다. 그리고 또 고향 풍기군에는 특별히 부역 면제 혜택까지 내려주었다.
최경회는 어머니가 돌아가신 상 중에 진주성으로 달려왔다.	
최경운은 동생 최경회가 진주성전투에서 죽었다는 소식을 듣고, 자신의 노구를 이끌고 의병 길에 나선다. 아들 최홍재가 충청남도 금산전투에 참여토록 독려했다.	**○유성룡, 의병 피한 조카를 음서로 등용하고 파격 승진:** 1595년, 유성룡은 측근 이조판서 홍진을 통해 조카 유기를 음서로 정9품 익위사 세마에 등용한 뒤, 곧바로 종6품 사도시 주부로 파격 승진시켰다. 유기는 전쟁 당시 아버지 유운룡의 "쌀로 대신하라"는 말에 따라 의병에 나서지 않았다.
양대박은 아들 양경우와 양형우를 데리고 함께 의병 길에 나섰다.	
김덕령은 어머니가 편찮았지만, 형 김덕홍과 함께 의병 길에 나서고, 형이 금산전투에서 죽었다는 소식을 듣고 어머니 상 중에 5,000여 명의 의병을 모아 전장에 출장해 모함을 받아 죽임을 당한다.	**○ 도체찰사 유성룡, 6만 진주 시민의 죽음 앞두고 어머니 찾아 고향으로 향하다:** 2차 진주성 전투를 앞두고, 전시 총책임자인 도체찰사 유성룡은 진주로 가지 않고 고향 안동으로 향해 어머니와 형을 찾았다. 6만 진주 백성과 의병의 희생은 외면한 체였다.
박광전은 임진왜란 때 67세였던 노구를 이끌고, 아들 박근효와 박근제와 함께 의병에 참가한다.	
문위세는 4명의 아들인 문원개, 영개, 형개, 홍개와 두 조카 희개, 희순, 그리고 종손 문익명, 익화, 사위 백수민까지 모두 10명의 가족이 의병으로 나선다.	
김인갑 김의갑 형제는 어머니 상 중에 양산숙과 함께 의병으로 출장해 진주성 전투에서 순절한다.	

자료 출처: 『조선왕조실록』, 『겸암집』, 『서애집』, 『학사집』 등

다. 유성룡이 남긴 연보에는 이렇게 적혀 있다.

"하도로 향하였다. 처음에 형 유운룡이 어머니를 모시고 관동으로 피란하다가 태백산 아래에 이르렀고, 이때 처음 길이 열려 내가 찾아뵈니, 기쁨과 슬픔이 북받쳐 말을 잇지 못했다. 물러나 형과 부둥켜안고 통곡하였다."[541]

고향에 가 형과 격하게 재회했다는 장면이다. 그 중간 기록은 없지만, 중국측 보고에 유성룡이 일본에 투항했다[542]는 정황도 나왔다.

유성룡의 어머니는 형 유운룡이 잘 모시고 있었다. 유성룡은 임진왜란 발발 직후, 가장 먼저 자신의 가족부터 챙겼다.

"임금은 서쪽으로 피란하셨다. 나는 조정에서 재상의 자리에 있었고, 눈물로 임금께 아뢰었다. '집에 연로하신 노모께서 홀로 계시옵니다. 바라건대, 형을 직에서 면직시켜 어머니를 구할 수 있도록 허락해 주시옵소서.'"[543]

하지만 유성룡이 "연로하신 노모께서 홀로 계시다"고 눈물로 호소한 내용은 사실과 달랐다. 당시 이미 장성한 조카들이 있었다. 큰조카 유주(柳袾, , 1560-1603)는 서른셋, 둘째 조카 유기(柳裿, 1561-1613)는 서른둘이었다. 셋째 유심(柳襑)도 스무살이었다. 그럼에도 유성룡은 전쟁이 터지자마자 임금에게 상소하여, 종4품 관직에 있던 형 유운룡을 피난가게 해달라고 요청했고, 이 요청이 받아들여졌다.

"(유성룡 집) 백여 명의 가족을 이끌고 동쪽으로 내려갔다."[544]

---

541) 유성룡, 「서애집」, 서애선생 연보 제1권 / 연보(年譜) 만력(万曆) 21년 계사. 선생 52세
542) 「선조수정실록」 선조실록101권. 선조 31년(1598년) 6월 20일 3번째 기사 이덕형이 양 경리를 비방하는 문서에 대해 아뢰다
543) 유운룡, 「겸암집」, 謙菴先生年譜卷之二 / 附錄 墓誌(柳成龍) 壬辰春, 陞司僕寺僉正, 四月, 遭倭變, 國家西遷, 弟成龍時在相位, 泣白於上, 臣當死生從羈縲, 家有老母, 願解兄職使救母, 上憐而許之, 公由是負大夫人東出, 間關山谷中, 備經艱苦, 一家百口, 得免兵禍.
544) 유운룡, 「겸암집」, 謙菴先生年譜卷之一

피난간 유운룡은 직장도 배려해준다. 그는 고향 수령(풍기군수)을 맡고, 풍기만은 조정에서 부역도 면제해주는 특전도 내린다.

"(풍기군에만) 부역을 면제해주는 면역첩(免役帖)이 내려졌다."[545]

전쟁 중 피난길을 다른 사람과 달리 특별했다. 유성룡은 평소 불교를 비판했지만, 위급하자 주로 절을 찾아 어머니를 모신다. 게다가 아예 승려 한 명을 수행원으로 붙여[546] 다니도록 한다.

"5월 가평 현등사→6월 화악산→조종사→미지산→양근군 소설사→7월 용문산→8월 죽령을 넘어 풍기로 이동. 이 과정에서 승려 경운이 처음부터 끝까지 길을 안내하며 지극한 정성으로 보좌하였다. 이후 순흥 부석사, 예안 용수사, 안동 학가산 아래 신전촌, 9월 고향 복귀 후 예안-봉화-태백산 아래 도심촌으로 이주하였다."[547]

진주성 전투로 6만여 명이나 되는 희생자를 냈다. 전쟁터를 피한 유성룡은 진주성전투 뒤 행재소로 돌아와 영의정으로 복귀한다. 그가 영의정으로 복귀하자마자 가장 먼저한 일이 송강 정철을 탄핵이었다. 또 형 유운룡과 유운룡의 아들 유기 등 가족에 대한 '인사 챙기기'에 나선다. 1594년 그해 정철을 공격하면서도 형을 정3품 통정대부로 승진시킨다.[548]

이듬해인 1595년에는 유운룡을 원주목사로 재발령[549]했고, 1598년에는 중앙 요직인 승정원 승지로 천거[550]했다.

---

545) 유운룡, 「겸암집」, 謙菴先生年譜卷之二 / 附錄 墓誌[柳成龍] 命賜酒, 給免役帖以送.
546) 유운룡, 「겸암집」, 謙菴先生年譜卷之一
547) 위와 같음
548) 위와 같음
549) 위와 같음
550) 유운룡, 「겸암집」, 謙菴先生年譜卷之一

조카 유기도 음서로 관직에 진출시켰다. 유기는 1595년 정9품 익위사 세마로 관직에 오른 뒤, 곧바로 종6품 사도시 주부로 다섯 계단이나 파격 승진했고,[551] 유성룡이 복권된 1599년에는 종5품 낭천현감으로 또 승진했다.[552] 이러한 1595-1596년의 인사는 영의정 유성룡이 최측근 홍진을 이조판서로 임명한 뒤 이뤄진 일이었다.

홍진은 자신의 인사 실책을 스스로 인정하게 된다.

"신이 인사 책임자인 이조판서로 있을 때, 유운룡을 승지로 추천한 바 있습니다. 그런데 지금 여론에서는 그 추천이 부당했다며, 형조로 돌려보내자는 말까지 나오고 있습니다. 이 모든 책임은 신에게 있습니다."[553]

사관도 유운룡의 행적과 당시 홍진의 인사를 이렇게 적고 있다.

"유운룡은 음서로 벼슬한 자이다. 그의 평생 행적은 평범하고 무능하여 내세울 만한 재주가 하나도 없다. 다만 그의 아우 유성룡 덕분에 여러 차례 큰 관직을 맡았고, 마땅치 않게도 고위직 반열에 끼게 되었다. 홍진이 이조판서를 맡은 뒤 유성룡에게 아부하며, 유운룡을 여러 번 승지로 추천했으니, 전혀 거리낌이 없었다. 그가 권세에 아첨하여 지위를 보존하려 한 정황은 이 일만 봐도 알 수 있다."[554]

유기가 음서로 등용 되고 파격 승진도 홍진 때였다. 유운룡은 자신이 다시 발탁되기를 은근히 기대했던 것으로 보인다. 유운룡은 사위인 이조참의 김홍미에게 보낸 편지[555]에서 은근한 기대감을 보인다. 또 유성룡 역시 형에게 "은대에 천거된 일은 화근을 부를 수 있

---

551) 김응조, 『학사집』, 鶴沙先生文集卷之七 / 墓碣銘　承議郎狼川縣監柳公墓碣銘
552) 위와 같음
553) 『선조실록』, 선조 31년(1598) 2월 2일　대사헌 홍진이 유운룡을 승지에 의망했던 점을 들어 체차를 요청하다
554) 『선조실록』, 선조 32년(1599) 9월 3일　한응인 · 홍진 · 정창연 등에게 관직을 제수하다
555) 유운룡, 『겸암집』, 謙菴先生年譜卷之一　先生答金昌遠弘微書曰, 承宣之望, 何以及此棄物.

는 일이니 조심해야 한다."556)고 알린다. 유성룡은 자신의 인사 전횡에 대한 비판 여론을 의식하고 있었던 것으로 보인다. 그렇다면, 그 시기, 전장을 누비던 의병들의 삶은 어땠을까?

의병들은 자신의 안위는커녕 가족도 돌보지 못한 채, 오직 나라를 지키겠다는 일념 하나로 싸움터로 달려갔다. 한양 수복을 위해 목숨을 걸었고, 숨 돌릴 틈도 없이 다시 진주성으로 향했다. 가족이 굶거나 전장에서 죽어도 돌아갈 수 없었다. 싸움 그 자체가 삶이었다.

이런 와중에 유운룡은 백여 명의 가족을 데리고 남쪽으로 피난했다. 반면, 양산숙은 노모조차 따로 피신시키지 못한 채, 형 양산룡, 사촌형 양산욱, 매형 김광운, 조카 김두남, 매제 유경지, 사돈 유온과 송제민, 육촌 최경회, 진외삼촌 김인갑·김의갑, 조카사위 임환 등 일가족 일백여 명과 함께 전장으로 나섰다. 한 가족은 몽땅 피난길을 택했고, 다른 가족은 모두 죽음을 무릅쓰고 싸움터로 향했다.

양산숙의 매형 김광운은 전사했고, 조카 김두남은 아버지의 복수를 다짐하며 참전했다.

김인갑·김의갑 형제는 어머니 상중임에도 출전해 전사했다.557) 사돈 고종후는 금산에서 부친 고경명과 동생 고인후가 순절하자 진주로 향했고, 조헌은 장남 조완기와 함께 금산에서 부자 순국했다. 양산숙의 7촌 외종숙인 최경회는 상중에도 진주성으로 달려갔고,558) 동문인 양대박은 두 아들과 함께 참전했다.559)

---

556) 유운룡, 『겸암집』, 謙菴先生年譜卷之一　文忠公上書先生曰, 銀臺之擬, 激成禍機, 鄕曲亦非安身之地云云.
557) 신경, 『재조번방지』, 2(再造藩邦志 二)　김인갑(金仁甲)이 물에 빠져 죽은 것을 슬퍼하여 판서를 추증하고
558) 『영조실록』, 영조 1년 1725년 9월 10일　임진왜란 당시 의병을 일으킨 좌찬성 최경회(崔慶會) 등에게 시호와 포상의 은전을 내려 주기를 청하는 전라도 생원 이만영(李万栄) 등의 상소
559) 이덕현, 『제호집』, 양경우 시문학의 정화(精華)

그러나 유성룡은 달랐다. 《징비록》에 기록했듯, 그는 진주성 전투가 임박했다는 사실을 알고 있었음에도 현장으로 가지 않았다. 그는 6만 명의 진주 백성과 의병을 외면한 채, 자기 가족을 만나기 위해 길을 돌렸다. 훗날, 유성룡이 어머니 묘비에는 이렇게 새겨졌다.

"형은 어머니를 모시고 동쪽으로 피난 했다…끝내 해를 입지 않았고, 자손과 하인들 중 단 한 명도 화를 입지 않았다. 아아! 하늘이 도운 것이 아니면 어찌 이런 일이 가능했겠는가!."[560]

양산숙 일가가 죽음으로 충의를 다할 때, 유성룡은 가족의 안위를 걱정했고, 유운룡은 아들에게 "참전하지 않더라도 쌀 한 석 내는 것으로도 충분하다."[561]고 했다. 그런 유운룡은 전쟁 중에도 승진을 거듭해 원주목사에서 중앙 요직인 승정원으로 추천해 옮기려 했고, 유성룡은 참전을 피한 그의 조카를 음서로 정9품직에 슬그머니 넣더니 곧 종6품으로 단숨에 껑충 승진시킨다.[562] 유성룡은 이조판서, 우의정, 좌의정을 거치면서 이조판서를 겸임하고, 이어 병조판서를 겸임하다가 삼도체찰사, 그리고 영의정에 오르는 최고위 관료였다.

그러나 유성룡의 행동은 책임도, 헌신도, 공정함도 없었다.

전쟁의 한복판에서 유성룡은 가족을 위한 승진 인사를 자행했고, 의병들의 피 위에서 사적 안위를 도모했다. 정적을 제거하고, 의병장과 수많은 의병들을 전쟁 중에 역모 가담자로 몰아 죽이기까지 했다.

그것도, 한창 전쟁이 벌어지는 중에 그랬다.

---

560) 유운룡, 『겸암집』, 謙菴先生年譜卷之二 / 附錄 墓誌[柳成龍]
561) 위와 같음
562) 김응조, 『학사집』, 鶴沙先生文集卷之七 / 墓碣銘 承議郞狼川縣監柳公墓碣銘

1593 무너진 성, 처절한 죽음

1593년 6월 29일, 진주성이 끝내 무너졌다.

성이 함락된 날, 하늘에서는 장대비가 쏟아졌다. 황진과 이종인은 치열한 전투 끝에 전사했고, 김천일, 최경회, 양산숙, 고종후, 김상건 등은 절망 속에 남강으로 몸을 던져 자결했다.

2차 진주성 전투는 참혹했다. 수많은 의병과 백성들이 일본군에게 무참히 도륙당하거나 남강에 빠져 목숨을 잃었다.

"성안에서 죽은 사람이 6만 명이라 하고, 혹자는 8만 명이라 하며, 또 다른 이는 3만 명이라 하였다. 훗날 감사 김륵이 사근찰방 이정을 보내 확인하게 했는데, 성안에는 시신이 천여 구나 쌓여 있었고, 남강의 촉석루에서부터 북쪽 강변까지 시체가 겹겹이 뒤엉켜 있었다고 한다."[563)]

---

563) 『선조실록』, 선조실록40권, 선조 26년(1593) 7월 16일 무진 5번째 기사 6월 29일 함락된 진주성 싸움의 자세한 경과 城中死者六萬餘人.【或云八萬餘人, 或云三萬, 後, 監司金玏, 令沙斤察訪李瀞驗視, 則城中積屍千餘, 自矗石樓, 至南江北岸, 積屍相枕。自菁川江, 至玉峯,遷五里, 死者塞江而下.】

9일간 이어진 처절한 혈전 끝에 양산숙을 비롯한 호남 의병 대부분이 장렬히 전사했다.

이로써 전라좌의병의 지휘부는 전멸했고, 전라우의병도 병력 대부분을 잃어, 전국에서 가장 강력했던 호남 의병은 와해하고 말았다.

패전의 근본 원인은 동인과 서인 간의 협력 부재였다.

서인계 의병이 성안에서 사투를 벌이는 동안, 동인계는 그들을 철저히 외면했다. 조선의 관군과 동인계 의병은 성 밖에 머물렀지만 끝내 참전하지 않았다. 이 엄중한 시기에 도체찰사 유성룡은 어머니에게 효도하겠다며 고향으로 내려갔다.

동인계 의병들이 일제히 진주성 전투를 외면한 것은, 누군가의 지시 없이는 불가능한 일이었다.

진주성 전투의 소식은 삽시간에 전국으로 퍼져나갔다.

수은 강항(姜沆, 1567~1618)은 회원(會元) 양산숙을 추모하며 '반계정사(蟠溪精舍)'라는 시를 지어 그의 넋을 기렸다.

梁會元蟠溪精舍(회원 양산숙의 반계정사)[564]

人賢忘巷陋	사람이 어질면 누추한 골목도 잊히고,
地窄得天多	땅이 비록 좁아도 하늘의 은혜는 더욱 크네.
爲報蟠溪老	반계(양산숙의 호) 선배에게 전하노니,
河淸壽幾何	강물이 맑아질 때까지 얼마나 더 오래 살 수 있을까.

이 시는 수은 강항이 선배인 반계 양산숙의 삶을 기리며 지은 것으

---

564) 강항, 「수은집」 睡隱集卷一 / 五言絶句 梁會元蟠溪精舍 會元以癸巳夏死於晉城. 此作或似前知

로, 마치 그의 운명을 예견한 듯한 깊은 울림을 담고 있다.

"사람이 어질면 누추한 골목도 잊힌다."는 구절은, 양산숙이 비록 과거를 단념하고 벼슬길을 멀리하며 소박한 삶을 살았지만, 그의 덕망과 의로움이 세속의 조건을 넘어섰음을 뜻한다.

"땅이 비록 좁아도 하늘의 은혜는 더욱 크다."는 말은, 그가 머문 공간은 작고 초라할지라도, 그 충성과 뜻이 하늘의 보살핌을 받을 만큼 지극했음을 의미한다.

"반계 선배에게 전하노니, 강물이 맑아질 때까지 얼마나 더 오래 살 수 있을까."라는 마지막 구절은, 끝까지 의를 지키며 산화한 양산숙의 운명을 암시하는 듯하다.

진주성 함락 이후 한동안 소식이 끊겼으나, 전투의 보고는 1593년 7월 16일 황해도 방어사 이시언에 의해 조정에 전달되었다.

수많은 전사자를 낸 이 참혹한 전투 소식은 백성들의 울분과 분노로 이어졌다. 선조 역시 "진주성이 심유경 때문에 함락되었으니, 그 격분을 참을 수 없다."며 통분했다.

명나라가 원군을 보냈음에도 진주성 전투에서는 방관자적 태도를 보인 것이, 군량을 조달해온 조선 백성들에게 명나라에 대한 비판의 불씨가 되었다. 이 소식은 곧 이순신에게도 전해졌다. 그는 《난중일기》에 당시 상황을 이렇게 기록했다.

"진양(진주)이 함락되었다. 황진, 최경회, 서예원, 김천일, 이종인, 김준민이 전사했다고 한다."[565]

---

565) 이순신, 『이충무공전서(李忠武公全書)』 五 乱中日記一 [癸巳]七月, 1795

보름 후인 1593년 7월 16일, 이순신은 진영을 한산도로 옮기며 사헌부 지평 현덕승에게 다음과 같은 편지를 보냈다.

"호남은 국가의 보루이니, 만약 호남이 없다면 국가도 없다(湖南國家之保障 若無湖南 是無國家). 어제 진을 한산도로 전진시켰는데, 이는 바닷길을 차단하기 위함이다(是以昨日進陣于閑山島以爲遮海路之計)."[566]

이 기록은 유성룡과 동인 세력이 진주성 전투를 외면한 채, 호남 의병들이 고군분투하다 몰살당한 사건을 간접적으로 암시하는 것으로 해석된다. 현덕승은 임진왜란 발발 2년 전인 1590년 증광시에 문과로 급제해 벼슬길에 오른 인물로, 이순신과 인연이 깊었다.

편지가 작성된 시기를 고려할 때, 이순신이 "若無湖南 是無國家(약무호남 시무국가)"라고 쓴 것은, 진주성 전투에서 온몸을 던진 호남 의병들의 충절과 희생을 기리고자 한 표현으로 보인다.

진주성 전투는 전쟁의 전략적 흐름마저 크게 바꾸어 놓았다. 2차 진주성 전투 직전까지 1년 2개월 동안 일본군 10만 명 이상, 전체 병력의 약 44.5%가 전사했고, 2차 진주성 전투에서도 수많은 왜군이 목숨을 잃었다. 결국, 조선에 건너온 일본군 22만여 명 중, 일본으로 살아 돌아간 병력은 10만 명이 채 되지 않았다.

진주성 전투가 없었다면 이순신의 수군 또한 큰 위기에 처했을 것이라는 점을 이순신 본인도 잘 알고 있었을 것이다.

---

566) 충무공 이순신(1545-1598)이 현덕승에게 보낸 편지

'若無湖南 是無國家(약무호남 시무국가)'라는 말은 1597년, 이순신이 수군 재건에 나설 때 더욱 실감하였다.

그해 2월 26일, 선조는 이순신을 삼도수군통제사에서 파직하고 한성으로 압송하라고 명령했다. 이순신은 3월 4일 의금부에 투옥된 후 고문을 당했고, 4월 1일 특사로 풀려날 때까지 백의종군 신세가 되었다. 8월 3일, 다시 삼도수군통제사로 임명되었지만, 그에게 주어진 것은 병력도, 장비도, 지원도 없는 '빈 직첩'뿐이었다.

이순신은 맨몸으로 다시 시작해야 했다. 8월 4일 곡성, 5일 옥과, 7일 곡성 강정마을, 8일 순천 부유창(주암), 9일 순천 낙안으로 이동하며, 군사와 식량, 무기를 모으기 위해 백방으로 애썼다. 보성에 도착한 이순신은 마을 곳곳을 돌며 식량 지원을 호소했고, 이에 응답한 이들이 식량을 제공하였다.

이 사건을 계기로 이 지역은 '식량을 얻은 곳'이라는 뜻의 '득량(得糧)'이라는 지명을 얻게 되었다. 8월 11일부터 14일까지, 이순신은 보성의 양산항(梁山恒)의 집에 머물며 조선 수군 재건을 지휘했다.

3박 4일 동안 이곳에서 병사와 전선을 모으고, 통제영을 임시로 설치해 본부로 삼았다.

선조와 조정에 올릴 7통의 장계를 작성했고, 경상우수사 배설에게는 전령을 보내 군량과 전선 확보를 지시했다. 양산항은 양산숙의 사촌으로, 양산숙의 작은아버지인 양응덕의 아들이다.

이순신이 보성에서 수군 재건과 식량 문제를 해결하는 데 있어, 양산항은 든든한 후원자이자 조력자가 되었다.

1593 유성룡의 두 얼굴…왜장과 내통?

6만명이 희생된 진주성전투를 앞두고 내통햇다는 유성룡과 가토 기요마사

유성룡은 왜 의병들을 구원하지 않았을까? 그리고도 왜 의병들을 비난했을까?

이 의문에 대한 단서는 명나라 측의 첩보 보고에서 일부 찾아볼 수 있다. 조선왕조실록에 따르면, 명나라 장수들이 유성룡이 일본군 지도부와 내통했다는 첩보를 보고한 기록이 등장한다. 이는 임진왜란 당시 조선과 명나라 간의 복잡한 정치적·군사적 상황 속에서 이루어진 것이다.

1598년, 선조실록 선조 31년(6월 20일) 자 기록에는 유성룡이 왜군과 내통했다는 내용이 포함되어 있다. 여기에 권율과 이원익이 2차 진주성 전투 직전 진주에서 멀리 피신했다는 보고가 맞물리며, 유성룡이 진주성을 피해 어머니를 찾아갔다는 사실과 연결되어 의심을 더욱 증폭시킨다. 이 의혹은 명나라 경리 양호(楊鎬)를 통해 전해 들은 충격적인 소식에서 비롯되었다. 양호는 평양에서 돌아온 후, 자신이 왜란과 관련해 올렸던 초안, 명나라 제독 마귀의 보고서, 군문 장수 형개의 본국 보고서를 제시하며 진주성 전투 전 벌어진 일을 다음과 같이 말했다.

"김응서는 군사 기밀을 누설해 매국죄로 처벌하자고 했고, 이원익과 권율 등은 왜군이 닿지 않는 곳으로 도피하려 했다."567)

사실인게 실제로 권율은 진주에서 먼 운봉으로 물러나 있었다.

또한, 그는 형개의 보고서와 마귀의 당보(塘報; 변방의 군사 동향, 적의 침입, 국경 지역의 상황 등을 명나라 조정에 보고하는 공식 문서)에 기록된 "유성룡이 일본군에 명백히 투항했다"고 명시된 부분을 전하며 다음과 같이 밝혔다.

"내가 왜에 투항하거나 왜적에 순종하자고 말한 적이 있겠는가? 그러나 군문 형개의 상주문과 제독 마귀의 보고서에는 1)세자가 가토 기요마사와 내통했고, 2)유성룡이 명백히 투항했으며, 3)이원익 등이 가토와 왕래했고, 4)현재 행방도 알 수 없고 정황도 불명하다고 적혀 있다."568)

"6월, 가토 기요마사가 두 왕자와 대신(宰臣) 등을 돌려보냈다."569)

이즈음인 6월 4일, 중추부사 김수(金晬)가 임금에 올린 장계가 도착했다. 가토 기요마사에게 포로로 잡혀 있는 임해군과 순화군의 소재를 보고한 것이다.

567) 『선조실록』, 선조 31년 1598년 6월 20일 이덕형이 양 경리를 비방하는 문서에 대해 아뢰다
568) 위와 같음
569) 이단하, 『국조보감』, 제31권 / 선조조 8   26년(계사, 1593)

진주성 전투 직전, 유성룡과 가토 기요마사의 내통 정황이 기록된 〈선조실록〉

선조실록에는 3도체찰사 유성룡이 전투를 앞두고 왜군과 내통했다는 의혹이 명시되어 있으며, 명나라 군문 형개와 제독 마귀의 보고서에 유성룡과 이원익이 가토 기요마사와 접촉하고 투항했다는 충격적인 내용이 담겨 있다. 그러나 당시 유성룡은 아무런 설명 없이 진주성 전투에 불참했다. 그 결과 진주 시민과 호남 의병 등 6만여 명이 희생당했다.

    그는 조선인 통사(通事) 박인검(朴仁儉)과 명나라 경략(經略)의 찬획(贊畫) 유황상(劉黃裳) 사이에 나눈 대화를 전했다.

    김수가 올린 장계에 따르면, 박인검이 "왕자(임해군과 순화군)는 언제 풀려날지 아십니까?"라고 묻자, 유황상이 "머지않아 석방될 것이라 하였소."라고 답했다. 박인검이 다시 "가토 기요마사는 지금 어디에 있습니까?"라고 묻자, 유황상이 "부산에 있으나, 그도 철수 준비를 하고 떠날 예정이라 하였소."라고 답하였다.[570]

    이들 기록을 종합하면, 유성룡을 포함한 조선 조정의 주요 인사들

---

570) 『선조실록』, 선조 26년(1593) 6월 4일 김수가 심 유격이 일본에 간 일, 왕자의 석방 등을 장계하다

이 2차 진주성 전투 직전 의도적으로 전장을 피하거나, 일본군과의 모종의 교섭을 시도했을 가능성이 제기된다. 특히, 유성룡이 진주성을 구원하지 않고 고향으로 떠난 행적, 권율과 이원익이 전투가 벌어질 진주를 벗어난 정황 등은 단순한 우연으로 보기 어렵다.

유성룡의 졸기에도 이런 정황이 나온다.

"그는 적극적으로 화의를 주장하며 왜군에게 굴욕적인 태도를 보였다. 이로 인해, 복수를 망각하고 치욕을 참은 죄는 천추의 한이 되었다. 의로운 선비들은 분개하였으며, 많은 사람이 그를 비난하였다."[571]

경리 양호는 이러한 보고들이 사실이겠냐며 자신조차도 믿기 어렵다는 반응을 보였지만, 유성룡과 관련된 명나라 측 보고서들, 즉 군문 장수 형개의 기록과 명나라 제독 마귀의 당보에는 조선과 일본 간 내통 정황이 분명히 명시되어 있었다.

이는 단순한 소문이 아니라 명나라 조정에도 공식적으로 보고된 내용이었다. 이러한 기록들은 유성룡이 왜장 가토 기요마사와 내통하며 2차 진주성 전투를 내버려 뒀을 가능성을 강하게 시사한다.

유성룡이 내통했다는 가토 기요마사는 임진왜란 당시 일본군 제2군을 이끌며 조선을 침략한 대표적 장수로, 전투와 강화 교섭 등 전쟁의 주요 국면에서 막대한 영향을 끼친 인물이었다. 그는 조선 전역에서 공세를 펼쳤으며, 진주성 전투에서 보여준 전략과 조선 내부 주요 인물들과의 관계 또한 주목할 만하다. 특히, 2차 진주성 전투 당시

---

571) 「선조실록」, 선조 40년(1607년) 5월 13일 전 의정부 영의정 풍원 부원군 유성룡의 졸기 力主和議, 通信求媚, 使忘讐忍恥之罪, 貽羞恨於千古, 由是, 義士憤惋, 言者藉口.

유성룡과 그의 측근들이 보인 태도는 의혹을 불러일으킨다.

1593년 2차 진주성 전투에서 가장 눈에 띄는 점은 영남 의병들의 철저한 방관이었다. 특히, 이는 유성룡의 내통설과 맞물려 더욱 충격적으로 다가온다. 영남 지역 의병, 특히 동인계 의병들이 진주성 전투에 참여하지 않았다는 사실은 단순한 우연으로 보기 어렵다. 유성룡과의 내통설과 연결된 것이 아닌가 하는 강한 의문을 불러일으킨다.

당시 의병들의 방관은 전쟁 이후 책임 논란으로 이어졌고, 생원 구용과 문인 권필은 상소를 올려 유성룡과 이산해를 강력히 비판하며 그들의 처벌을 요구했다. 그들은 유성룡의 강화 주장과 이산해의 국정 농단이 진회와 양국충의 사례와 같다고 비유하며, 이들의 목을 베어 백성들에게 사죄하게 해야 한다[572]고 주장했다.

유성룡의 강화 주장과 2차 진주성 전투 방기는 단순한 실수나 판단 착오로 보기 어렵다.

진주성이 함락된 지 20여 일이 지난 1593년 7월 21일, 지원 부재에 대한 책임자 처벌 문제가 본격적으로 제기되었다. 사헌부는 진주성 전투에서 구원하지 않은 주요 인사들을 군율에 따라 처벌할 것을 요청했다. 기록에 따르면, 전 첨지중추부사 최원과 전라 병사 선거이는 진주성이 포위된 위급한 상황에서 많은 군사를 이끌고 산골짜기로 도망쳐 끝내 구원하지 않았다. 이로 인해 성안의 백성들이 모두 학살당했다.

그러나 이 사건의 핵심 책임자로 지목된 유성룡의 행동은 더욱 큰

---

572) 이긍익, 『연려실기술』, 제15권 / 선조조 고사본말(宣祖朝故事本末) 임진왜란 임금의 행차가 서도(西道)로 파천(播遷)가다

의문을 자아냈다. 그는 오히려 다른 이들의 처벌을 논의하는 자리에 참여하며 자신의 책임을 회피하려 했다. 특히 진주성 전투 당시 그의 행적이 불분명했음에도 불구하고, 책임을 인정하기보다는 다른 사람들에게 전가하는 태도를 보였다.

게다가 유성룡은 가토 기요마사(清正)와 고니시 유키나가(行長)의 의도를 "그들이 원하는 것은 조공(通貢)일 뿐"[573]이라며 일본군의 침략 의도를 축소했다. 그러나 가토 기요마사는 진주성 전투에서 조선을 짓밟고 조선 백성과 의병 7만여 명을 학살한 침략자였다. 그는 조선을 일본 영토로 삼기 위해 적극적으로 활동한 인물이었다.

그런데도 유성룡은 가토 기요마사를 두둔하는 듯한 태도를 보였다. 특히 그와 내통했다는 의혹이 있는 상황에서, 진주성이 함락된 지 불과 4개월 만에 이런 발언을 한 것은 매우 의미심장하다.

유성룡은 진주성 전투에 참여하지 않았으며, 병력 지원조차 소극적이었다. 이로 인해 그가 진주성의 희생을 방관했다는 비판이 제기되었다. 이를 고려하면 그의 태도는 더욱 의심스럽다.

유성룡에 대한 임진왜란 책임론은 끊임없이 제기되었으며, 대간들은 그를 집요하게 탄핵했다. 당시 조정에서는 "유성룡을 모두가 함께 제거해야 할 간신으로 여기고 있다"[574]는 강한 비난까지 나왔다. 그는 임진왜란 당시 행적에 대한 전면적인 비판에 직면했으며, 시간이 지날수록 책임론은 더욱 격화되었다.

---

573) 『선조실록』, 선조실록 43권, 선조 26년(1593) 10월 22일 임인 1번째 기사 임금이 편전에 나아가 대신들과 함께 왜적에 대한 대책 등을 논의하다 淸正,行長, 其志豈貢欲犯中原哉? 所望不過通貢而已.(청정(淸正)과 행장(行長)의 뜻이 어찌 진정으로 중국을 침범하려는 것이겠습니까? 그들이 원하는 것은 다만 조공(通貢)을 허락받는 것뿐입니다.)
574) 『선조실록』, 선조실록 115권, 선조 32년(1599년) 7월 26일 5번째 기사 이호민이 유성룡의 일로 해직을 청하나, 윤허하지 않다 況朝論方以柳成龍, 爲所共疾之奸.

오독 오판

1593 유성룡 복귀 직후 … 정철 탄핵에 올인

　1593년 9월, 유성룡이 행재소로 복귀하고, 10월 영의정에 재임명됐다. 복귀 직후, 유성룡이 가장 먼저 착수한 일은 정적 제거였다. 타깃은 송강 정철이었다. 유성룡은 정철이 사은사로 명나라에 갔을 때 "왜적은 모두 물러났다"고 말해 명 조정이 추가 파병을 주저하게 했다고 주장하며, 탄핵을 주도했다. 그러나 이는 정치적 의도가 짙은 공격이었다. 이전에도 유성룡은 정철을 세자 책봉 문제로 공격해 파직·유배시킨 전력이 있다. 이번 역시 그 연장선이었다.

　정철을 향한 동인의 공세는 이미 진행 중이었다. 1592년 말, 정철이 체찰사로 수원까지 진군했을 때, 동인계 전라감사 권율은 "직접 군을 지휘하지 않았다"는 허위 보고를 올렸고,[575] 이어 역시 동인계

---

[575]　정철 『송강집』 松江別集卷之三 / 附錄 年譜下 『선조수정실록』 선조 25년(1592) 12월 1일 전라 순찰사 권율이 수원의 독성으로 군사를 진출시키다

인 유영길도 "술에 취해 군무를 해이했다"고 상소[576]했다. 이에 조정 대신들은 오히려 유영길의 파직을 요구[577]했지만, 동인계가 장악한 조정 분위기는 이미 정철에게 불리했다.

양산숙은 이런 파당적인 공격 정치를 우려해 전라감사에 권율은 마땅치 않고, 오히려 신잡을 보내달라고 요청[578]한 바 있다.

문제는 임금 선조였다. 그는 정철을 보호하지 않았다. 오히려 정철에 냉담했다. 유성룡 조정은 양사와 대간을 동원해 정철을 집중 탄핵했고, 정철이 억울함을 호소했지만 받아들여지지 않았다. 결국 정철은 정치적으로 고립되어 파직됐다.

이번 탄핵 또한 유성룡의 철저한 정치적 계산 아래 이루어진 것이나 마찬가지였다. 당시 명나라 조정은 왜군이 조선에서 퇴각했다는 오판을 하고 있었는데, 조선 조정은 그 판단의 배경을 추궁했다. 이 틈을 타 유성룡은 정철을 책임자로 지목했고, 자신이 장악한 조정을 통해 '정철이 허위 보고로 명나라를 기만했다'며 탄핵을 주도했다.

"왜적이 모두 물러갔다"는 말이 정철의 외교 사행 중에 나왔다[579]는 것으로 몰아갔다. 이에 대해 정철은 억울함을 강하게 호소했다. 그는 상소에서 "나는 오히려 명나라 병조에 왜적의 수상한 움직임을 자세히 보고했고, 그들의 재침 가능성까지 경고한 바 있다"며, "그런 나를 '왜적이 모두 물러갔다'는 말을 했다고 모는 것은 부당하다"고 항변했다. 정철은 심지어 명나라 병부상서 석상서와 나눈 대화 내용까지 상세히 제시하며, 자신이 그런 발언을 했을 이유도, 상황도 없

---

576) 『선조실록』 선조 25년(1592) 11월 25일 유영길·김수를 인견하고 적병의 숫자, 영·호남의 전투 상황 등을 묻다
577) 정철 『송강집』 松江別集卷之三 / 附錄 年譜下
578) 『선조실록』 선조 25년(1592) 7월 24일 정철 등을 인견하고 군량 조달 등을 논의하다 박동량, 『기재사초』 기재사초 하, 임진일록 3(壬辰日錄三) 遂以鄭澈爲都體察使, 山璹等之意, 欲得申磼董, 而朝廷遽遣鄭澈, 山璹等深以爲不滿焉.
579) 정철 『송강집』 松江別集卷之三 / 附錄 年譜下

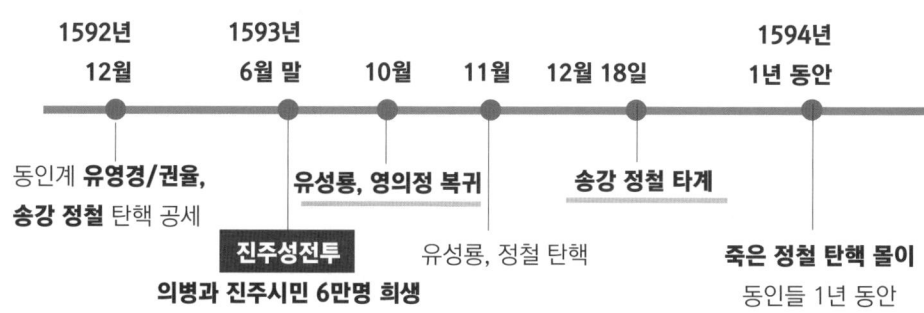

었다고 해명했다.[580] 그러나 이미 판은 기울어 있었다. 조정의 실권은 유성룡에게 있었고, 여론 또한 그의 입장에 기울고 있었다.

당시 병조판서였던 이항복은 유성룡과는 달리 "사은을 먼저 하고, 위급한 보고는 그 뒤에 하는 것이 낫다"는 신중론을 폈지만 받아들여지지 않았다. 정철은 제대로 보고도 마치기 전에 모든 책임을 뒤집어쓴 채 강화도로 물러났고, 결국 1593년 12월 18일, 그곳 송정촌에서 아들 정종명 곁에서 생을 마쳤다.[581] 임종을 앞둔 그는 친구들에게 편지를 남겼다. 유언이었다. 친구인 우계 성혼에게는 이렇게 토로했다.

"유성룡이 저를 '중국 외교를 망친 자'로 몰아가고 있습니다. 자신이 '왜적이 퇴각했다'는 보고를 해놓고, 그 말을 명나라 사신에게 흘린 장본인으로 저를 만들고 있습니다."[582]

그는 친구 노재 이희삼에게 절박한 속내를 토로했다.

"북경에서 병을 얻어 죽을 뻔했고, 보고를 마친 뒤에도 병석에 누워 있었습니다. 그런데 제 한 마디가 '왜적 퇴각'의 증거로 둔갑해 탄핵당했습니다."[583]

580) 정철 『송강집』 松江別集卷之三 / 附錄 年譜下
581) 위와 같음
582) 위와 같음
583) 위와 같음

오독 오판 | 291

1594 유성룡, 전쟁 중 1년 내내 죽은 정철 탄핵

유성룡은 집요했다. 전쟁보다 정철 공격이 더 중요했던 걸까?

임진왜란이 한창이던 시기, 유성룡이 장악한 조정은 외적보다 정철을 향한 탄핵에 더 집중했다. 전쟁 중에도, 심지어 정철이 사망한 이후에도 공격은 멈추지 않았다. 정철의 졸기에는 이런 모욕적인 평까지 남겼다.

"성품이 편협하고, 말이 망령되며, 행동은 경솔하고, 농담을 즐겨 스스로 원망을 자초했다."[584]

이처럼 유성룡의 공세는 전시 중이라는 상황조차 고려하지 않은 채 집요하게 이어졌다. 1594년, 그는 이미 사망한 정철의 관작을 박탈하자는 논의를 직접 주도한다. 외적과 싸워야 할 시기였지만, 그의

---

584) 『선조실록』 선조 26년 계사(1593) 12월 21일 인성 부원군 정철의 졸기

집념은 살아 있는 적이 아닌, 죽은 정적을 향했다.

1593년 10월, 유성룡이 영의정으로 복귀한 뒤부터 1년이 넘도록 조정은 거의 매일같이 "정철의 관작을 박탈하라"는 주장을 반복했다. 전쟁 중이라는 사실이 무색할 정도였다. 정쟁의 열기는 전란보다 뜨거웠고, 조정은 정적 제거에만 몰두했다.

유성룡 복귀 이전까지만 해도 조정은 전쟁 수습에 집중하는 분위기였다. 그러나 그의 복귀 이후, 정쟁이 다시 조정을 장악했다. 1594년 5월 27일, 대사간 이기는 "정철은 성격이 괴팍하고, 보복심이 강하며, 어진 이를 시기하는 자"라며 관작 박탈을 주장했다.[585]

이에 대해 양식 있는 인사들이 공개적으로 반발했고, 그 중심에는 정언 박동열(朴東說)이 있었다. 당시 박동열은 대과 장원 출신으로, 성균관 전적을 거쳐 사간원 정언에 임명된 31세의 젊은 관료였다. 그는 대사간 이기의 주장에 정면으로 맞섰다. 같은 해, 한 전직 재상이 유배에서 복직하려 하자, 그의 친족이 정철을 공격하는 장계를 올려 길을 트려 했다. 박동열은 이를 '무고'라고 지적하며 공격을 막았다.[586] 시대의 왜곡을 바로잡기 위해 직접 나선 것이다.

그러나 당시 조정은 바른 말을 하는 이가 오히려 공격받는 분위기였다. 박동열도 몇 년간 조정에서 뜻을 펴지 못했다.[587] 그럼에도 그는 유성룡이 주도한 조정에서 이미 사망한 정철을 다시 공격하는 부당함에 맞섰고, 억울함을 풀기 위해 적극적으로 나섰다.

박동열은 "정철은 오히려 최영경을 구명하고 변호했던 인물"[588]

---

585) 『선조실록』 선조 27년(1594) 5월 27일   대사간 이기 등이 정철의 죄상을 아뢰며 파척을 청하다
586) 신흠, 『상촌집』 상촌선생집 제28권 / 신도비명(神道碑銘)   관찰사 박공 신도비명(觀察使朴公神道碑銘)
587) 신흠, 『상촌집』 상촌선생집 제28권 / 신도비명(神道碑銘)   관찰사 박공 신도비명(觀察使朴公神道碑銘)
588) 『선조실록』 선조 27년(1594) 5월 27일   정언 박동열이 최영경의 일로 정철의 죄를 논박할 때는 대신으로 진정시키지 못했다는 것으로 논해야 한다고 아뢰다

이라며, 이기의 주장에 정면으로 반박했다.

"전하께서 '최영경은 어떤 인물이냐'고 물으셨을 때, 정철은 '효우를 실천한 사람'이라 답했고, 전하께서도 그의 글을 보고 인품을 인정하셨습니다. 또 정철은 윤두수가 대사헌에 임명되었을 때, 젊은 자들이 이 문제를 들고일어나니 억제해야 한다는 내용의 편지를 보낸 바도 있습니다. 이 모든 정황을 볼 때, 정철이 대신으로서 사태를 충분히 수습하지 못한 책임은 있을 수 있지만, 그를 고의로 모함한 자로 단죄하는 것은 지나치고 억울한 일입니다."[589]

그러나 선조는 박동열의 직언에 핵심을 피해가는 답변만 내놓았다.

"나는 그 일의 내막도, 누가 무슨 짓을 했는지도 모른다. 최영경이 억울하게 죽은 것은 안타까운 일이다. 이제 나도 머지않아 물러날 사람이다. 살아 있는 동안 그 억울함만은 풀고 싶다. 훗날 저 세상에서 그를 만나더라도 부끄럽지 않게 말이다. 내 뜻은 거기에 있을 뿐이다. 그 일이 옳고 그름인지는 공론에 맡겨야 한다. 한 사람의 말로 세상의 눈을 가릴 수는 없다. 나는 어리석고 무능하니 더 묻지 말라."[590]

하지만 유성룡이 권력을 장악한 조정에서, 이미 타계한 정철을 두둔했다는 이유만으로 죄가 됐다. 박동열은 집중 공격 받았다. 정철이 살아 있었다면 얼마든지 해명할 수 있었을 일이었지만, 그가 세상 세상을 떠난 뒤라 공세가 더 격해졌다. 유성룡의 측근인 지평 황시(黃是)가 박동열을 다시 공격[591]하자, 박동열은 정면으로 맞섰다.

"정철이 최영경을 고의로 모함했다고 단죄한다면, 그건 지나친 억울함을 남

---

589) 위와 같음
590) 『선조실록』 선조 27년(1594) 5월 27일 정언 박동열이 최영경의 일로 정철의 죄를 논박할 때는 대신으로 진정시키지 못했다는 것으로 논해야 한다고 아뢰다
591) 『선조실록』 선조 27년(1594) 5월 27일 지평 황시가 정철의 관직을 추삭할 것과 박동열을 체차할 것을 아뢰다

기는 일 아닙니까?"[592]

그러나 대사간 이기는 "정철이 겉으로는 구제하려는 말을 했더라도, 속으로는 달랐을 것"이라는 의혹을 제기하며 박동열의 파직을 요청한다. 결국 임금은 동인의 손을 들어주면서도 아리송한 말을 거듭한다.

"최영경의 일은 전적으로 나의 죄일 뿐이다. 다른 이에게 책임을 묻지 말라."[593]

박동열은 조정에서 밀려나게 된다. 오죽했으면 그의 묘지에 다음과 같은 문장을 남겼다.

"권세에 아첨하던 무리들이 박공을 끊임없이 공격했고, 조정의 실세들 역시 그를 불편해하여 오래 머물지 못하게 했다. 수년 동안 자리를 전전하는 고초 속에서도, 박공은 한 번도 표정을 흐트러뜨리지 않고 묵묵히 직책을 다하였다."[594]

물러난 이는 박동열뿐만이 아니었다. 서인계 인사들이 줄줄이 낙마했다. 그 자리는 동인들로 채워졌다. 세를 불린 동인들은 이미 죽은 정철을 상대로 탄핵몰이에 나섰다. 1년 내내 정철 공세에 나섰다.

5월 28일부터 6월 초까지 사간원과 사헌부는 연일 상소를 올렸다. 6월 1일에는 지평 박승종이, 6월 2일에는 사간 이상의가 합세해 탄핵 상소를 올렸다. 온 조정이 "정철 탄핵!"을 외치는 광풍에 휩싸였고, 이는 '집요함'이라는 말 외엔 설명이 어려웠다.

6월 3일, 사간 이상의는 "정철이 아직도 관직에 있는 것은 부당하다"며 다시 상소했고, 8월에는 신흠이 정철 탄핵에 동조하지 않았다

---

592) 『선조실록』 선조 27년(1594) 5월 27일 지평 황시가 정철의 관작을 추삭할 것과 박동열을 체차할 것을 아뢰다
593) 위와 같음
594) 김상헌, 『청음집』 淸陰先生集卷之三十五 / 墓誌銘 十首 黃海道觀察使南郭朴公墓誌銘

오독 오판 | 295

는 이유로 비판받았다. 이에 신흠은 "정철이 최영경의 억울한 죽음을 막지 못한 책임은 있지만, 이를 두고 '겉으로는 도우면서 실제론 억눌렀다'는 식의 비난은 지나치다"[595]고 말했다. 그는 "지금 전쟁 때인데 망자가 된 정철의 일을 곡해해 처벌을 논의할 때냐"[596]고 일갈했다.

"지금은 국경에 적이 들이닥치고, 백성은 도살당하고, 사직은 무너졌다. 형세는 위태롭기 짝이 없어, 열에 아홉은 절망의 문턱에 서 있다. 이는 마치 새는 배를 몰고 광풍과 폭우 속을 헤쳐 나가는 형국이다. 어디서 어떻게 파멸당할지 모르는 절체절명의 시기다. 그런데도 군신이 위아래로 나뉘어 분열되어 있으니, 이런 상황에서 어찌 위기를 헤쳐 나갈 수 있겠는가? 지금은 오직 뜻을 모아 함께 일어나고, 전쟁의 고통을 감내할 각오로, 구국의 일념 하나로 뭉쳐야 할 때다. 이런 때에 사소한 문제로 논쟁을 벌일 겨를이 어디에 있겠는가? 당면한 국정 현안만으로도 산더미 같은데, 왈가왈부할 때냐?"[597]

대사헌 김우옹과 장령 기자헌은 이 말에 아랑곳하지 않았다. 오히려 "본바탕이 음험하고 야박하다"[598]고 인신공격했다.

매일 논의가 그치지 않았다. 이쯤 되면 영의정 유성룡이 조장한 측면이 있다고 봐야 한다. 정적에 대한 정치적 복수였고, 증오였다.

8월 7일, 대사간 이기와 정언 김용,[599] 8일에는 부제학 김늑까지 나서 정철과 그를 감싼 이들을 비난했고, 9일에는 사헌부가 정엽까지 싸잡아 공격했다. 정치는 전쟁 대비가 아니라 정쟁의 장이 되었고, 결국 정철을 옹호한 이경함과 조수익까지 파직되었다. 이경함의

---

595) 『선조실록』, 선조 27년(1594) 8월 6일   신흠이 정엽의 정철 파직 주장을 비판하고 시무에 힘쓸 것을 건의하다
596) 위와 같음
597) 위와 같음
598) 『선조실록』, 선조 27년(1594) 8월 6일   대사헌 김우옹・장령 기자헌이 정엽을 비판하다
599) 『선조실록』, 선조 27년(1594) 8월 7일   대사간 이기가 정엽을 비판하다

묘지에 이날의 정치를 이렇게 기록했다.

"정철의 관복을 박탈하자는 무리한 탄핵이 벌어졌고, 이에 반대하는 자는 모두 공격당했다. 이에 두려워 감히 입을 열지 못했다."[600]

"박동선은 정언이 되어, 정철을 일방적으로 공격하는 것은 부당하다고 비판했다. 이로 인해 강한 반발을 샀고, 곧바로 봉상시 주부로 좌천되었다."[601]

이런 정치에 환멸을 느껴 유성룡의 종사관 출신이자 동인계 인사인 이시발마저 탄식했다.

"지금 가장 급한 일은 왜적을 물리치는 것 아닌가? 조정의 분열이 계속되면 나라가 위태롭다. 당파 싸움을 멈추고 힘을 모으자!"[602]

그러나 유성룡 등의 공세는 멈추지 않았다. 10월에도 사간원은 정철 비난을 이어갔고, 이에 반대한 신경진마저 파면 압력을 받았다. 그는 "이미 죽은 자에게 죄를 뒤집어씌우는 것은 인격살인이며, 전쟁 중에 할 일이 아니다"라고 반박했지만, 조정은 외면했다.[603]

1593년 10월 13일, 정언 박동선은 "정철을 죄인으로 몰면 억울함이 최영경과 다를 바 없다"고 직언했다.[604] 그는 또 "왜적이 물러가지 않았고, 백성은 불안에 떨고 있다. 이럴 때 당파 싸움에 몰두한다면 나라를 망하게 하겠다는 것이냐"고[605] 강하게 비판했다.

정철을 변호하는 목소리가 커지자 유성룡은 10월 14일 "정철 문

---

600) 김진규, 『죽천집』 竹泉集卷之三十三 / 墓誌銘　兵曹參判李公墓誌銘
601) 조복양, 『송곡집』 松谷先生集卷之十 / 行狀 二首　議政府左參贊朴公行狀
602) 『선조실록』 선조 27년(1594) 8월 7일　정업 이시발이 정철을 논죄하는 것을 그만두고 왜적 토벌에 힘쓸것을 아뢰다
603) 『선조실록』 선조 27년(1594) 10월 12일　사간 신경진이 정철·최영경의 일로 사직을 청하다
604) 『선조실록』 선조 27년(1594) 10월 13일　정언 박동선이 정철의 일에 대하여 최관, 정경세와 의견이 다름을 아뢰다
605) 『선조실록』 선조 27년(1594) 10월 13일　정언 박동선이 정철의 일에 대하여 최관, 정경세와 의견이 다름을 아뢰다

제로 조정이 시끄럽다"[606]며 개입을 피하는 듯한 태도를 보였다.

그러나 10월 27일, 정철의 아들 정진명이 "부친은 최영경과 무관하다"고 반박[607]하자, 이틀 뒤인 10월 29일 유성룡이 나서 "정진명이 아비의 죄를 감추려 한다"며 정철을 죄인으로 몰았다.[608]

유성룡의 이 발언은 곧 동인의 공세 신호탄이 되었다.

11월 6일부터 양사는 연일 "정철의 관작을 추탈하라"는 상소를 올렸다. 김늑, 정경세, 김우옹 등 유성룡 측근들이 앞장섰다. 전쟁 중인데도 사헌부와 사간원은 매일같이 정철 공격에 몰두했다.

당시 "지금 정쟁을 할 때냐! 왜적 토벌에 집중하자!"는 외침이 오히려 이상하게 들릴 정도였다. 결국, 11월 13일, 선조는 동인의 끈질긴 공세에 굴복했고, 정철의 관작은 추탈되었다.[609]

정철 공세가 끝나자 이번에는 그 화살이 좌의정 윤두수에게 향했다. 그의 죄목은 단 하나, '정철과 가깝다'는 것이었다. 유성룡도 여기에 가세했고 그의 제자들도 합세했다.[610] 10월 29일 회의에서는 윤선각, 김늑, 정경세가 일제히 윤두수를 공격했고, 유성룡 역시 그의 파직을 요구했다.[611] 유성룡의 조카 사위인 정6품 정언 노경임도 윤두수를 정면으로 공격하며 파당적 행보에 나선다.

"체찰사 윤두수는 대신의 직분으로 변경을 통솔하고 있었음에도, 패배 사실을 제대로 보고하지 않았습니다. 파직시키거나, 최소한 감봉 조치라도 해야 합니다."[612]

이에 임금은 "대신을 어찌 함부로 파직할 수 있겠는가?"[613]라며 꾸짖었다.

606) 『선조실록』, 선조 27년(1594) 10월 14일 영의정 유성룡 등과 전황, 동서인의 다툼, 조세견감, 군역 등에 대하여 논의하다
607) 『선조실록』, 선조 27년(1594) 10월 27일 정철의 아들 정진명이 최영경의 일에 대하여 아버지를 변호하다
608) 『선조실록』, 선조 27년(1594) 10월 29일 영의정 유성룡 등을 인견하여 윤두수처리·허욱의 장계·정진명의 상소 등을 논의하다
609) 『선조실록』, 선조 27년(1594) 11월 13일 양사가 합계하여 정철의 관작 추탈을 청하니 따르다
610) 『선조실록』, 선조 27년(1594) 10월 20일 사헌부가 좌의정 윤두수를 탄핵하다
611) 『선조실록』, 선조 27년(1594) 10월 29일 영의정 유성룡 등을 인견하여 윤두수처리·허욱의 장계·정진명의 상소 등을 논의하다
612) 『선조실록』, 조실록58권, 선조 27년(1594) 12월 1일 4번째 기사 권율 등의 처벌과 원균의 체직 등에 대해 논의하다
613) 위와 같음

유성룡, "남 탓" 민낯…『운암잡록』에 담긴 이중성

유성룡은 자신의 저서 『운암잡록』에서 율곡 이이, 우계 성혼, 송강 정철에 대해 전기 형식으로 서술했지만, 그 내용은 인품·사상·행적 전반을 집요하게 비판하고 깎아내리는 날선 정치 공격으로 가득하다. 이는 『징비록』에서도 드러나는 그의 일관된 태도—자신의 반성과 책임은 없고, 남 탓만 가득한 역사 인식—와 다르지 않다.

가장 놀라운 점은, 자신이 동서분당의 핵심 주역이었음에도 이를 완전히 외면하고, 마치 갈등과 무관한 제3자인 양 묘사한다는 점이다. 『운암잡록』에서 그는 이렇게 말한다.

"근일에 동인(東人)이니 서인(西人)이니 하는 설은 금상 초년 심의겸과 김효원에게서 시작되고, 이이와 정철에 이르러 성해졌으며, 이산해에 이르러 극도에 달하였다. 나라를 망치고 집안을 망친 전례가 한 수레바퀴의 자국과 같은데, 시간이 갈수록 더욱 치열해져서 마침내 그칠 때가 없으니, 아, 슬픈 일이로다."[614]

이 구절은 겉보기엔 당파 싸움을 한탄하는 듯한 표현이지만, 실제로는 자신의 책임을 은폐하고, 이미 죽은 인물들에게 모든 책임을 전가하는 자기세탁형 서술이다. 게다가 실상은 정반대였다. 조정 내 동서 분열은 유성룡과 그의 동문 그룹—김성일, 홍여순, 허봉, 송응개, 김우옹, 이산해, 권문해 등—이 중심이 되어 동인당을 형성하고, 이에 비협조적이거나 비판적인 인물들을 매우 심하게 공격하며 "서인"으로 몰아세운 것에서 시작되었다.

특히 유성룡은 동인당의 선두에 서서 정권을 장악한 이후에도 서인들과 비주류 동인들을 지속적으로 탄압했다. 특히 그는 정철·이이·성혼·양산숙·조헌 등을 정치적으로 제거하거나 불이익을 주는 데 핵심적 역할을 했다.

그럼에도 그는 『운암잡록』에서 모든 책임을 이이, 정철, 성혼, 이산해 등에게 돌리고, 자신은 분열을 막으려 했던 사람처럼 연출한다. 『운암잡록』은 이런 점에서 유성룡 자신의 정치적 입장을 은폐하고, 상대를 정죄하는 데 활용된 기록이라 말한다.

이러한 태도는 이후 그가 남긴 인물 평가 글에서 뚜렷하게 반복된다. 이이는 위험한 기행과 정통성 결여를 지닌 인물로, 성혼은 무능하고 음모적인 관료로, 정철은 복수심에 찬 소인배로 묘사되며, 유성룡 자신은 언제나 객관적이고 공정한 인물로 포장했다.

그러나 동시대 인물인 백사 이항복의 기록이나 최영경의 옥사 과

---

614) 유성룡, 『운암잡록』, 近日東西之說, 起於今上初年, 始於沈義謙金孝元, 盛於李珥鄭澈, 而極於李山海, 亡國敗家, 如出一轍, 而火烈水深, 了無已時, 嗚呼可悲也夫

정을 통해 드러나는 진실은, 유성룡 역시 당쟁과 정치적 타살의 중심에 서 있었던 인물임을 분명히 보여준다.

유성룡 "율곡을 왕안석에 비유"… 이이의 삶을 폄하하고 비판 쏟아내

우선 유성룡이 율곡 이이를 묘사하는 방식은 처음부터 부정적이다. 그는 이이가 어머니를 여읜 뒤 아버지의 애첩 문제로 분개해 "달아나 중이 되어 의암이라 이름하고, 풍악산·오대산 등 여러 산을 유람하였다"615)고 적었다. 이는 중이었던 과거를 문제 삼아 유교적 정통성을 정면으로 흔드는 묘사다.

이어 유성룡은 이이가 세속으로 돌아와 지은 시를 인용하며, 그를 기이하고 방랑적인 인물 계보에 포함시킨다.

"전신은 분명 김시습이요 / 이 세상에선 도로 가낭선이 되었구나"616)라는 구절을 통해, 이이를 괴짜나 편벽된 문사와 같은 인물로 낙인찍는다. 또한 성균관 입궐이 유생들에 의해 거부당한 사건617)을 상세히 적었다.

갑자년 생원시에 장원한 이이가 임금을 알현하려 하였다. 그러나 관아에 머물던 여러 생원들이 율곡 이이가 한때 승려였다는 이유로 그를 거부하고 받아들이지 않았다. 결국 이이는 같은 과거에 급제한 이들과 함께 벽송정(碧松亭)에 앉아 있었고, 날이 저물도록 들어갈 수 없었다.618)

승려였다는 점을 적시하며 이이가 "태연히 이야기하고 웃으며 부

---
615) 유성룡, 『운암잡록』, 李珥字叔獻, 少喪母, 父元秀有愛妾, 遇之不善, 珥發憤逃去, 入山爲僧, 名義庵, 遍遊楓岳五臺諸山.
616) 유성룡, 『운암잡록』, 有前身定是金時習, 今世還爲賈浪仙之句..
617) 유성룡, 『운암잡록』, 甲子生員壯元, 欲謁聖, 館中諸生, 以珥曾爲僧, 拒不納, 珥與同榜坐碧松亭, 日晚不得入.
618) 위와 같음

끄러워하지 않았다"⁶¹⁹⁾고 험하게 서술한다. 이는 곧 체면을 모르는 뻔뻔한 인물로 몰아가는 서술이다.

이이가 과거 장원으로 급제하고 문장 실력으로 이름을 날렸다는 대목에서도 유성룡은 "종이와 붓을 청해 물 흐르듯 문장을 써 조금도 막히지 않았다"⁶²⁰⁾고 적으며, 겉만 화려한 기교형 문장가, 다시 말해 실속 없는 인물로 간접적으로 평가절하한다.

벼슬길을 언급하며 호조판서, 병조판서를 거쳐 우찬성에 올랐다는 출세 이력을 소개하는 듯하지만, 끝에 결정타를 남긴다.

"말년에 사람들의 공격을 받았는데, 어떤 이는 그를 왕안석에 비유하였다."⁶²¹⁾

왕안석은 북송에서 급진적 변법을 추진하다 보수 유학자들의 강한 반발을 받은 대표적 인물이다. 결국 유성룡은 이이를 질서를 뒤흔드는 위험인물, 정통에서 벗어난 인물로 매도하며 글을 마무리한다.

유성룡, 우계 성혼에 호종 외면부터 정릉 사건까지 전방위 비판

유성룡은 『운암잡록』에서 우계 성혼에 대해 무책임한 정치인, 비겁함, 음모적, 무능함을 조목조목 끄집어내며 철저히 평가절하한다.

우선 그는 성혼이 도성에 불려 임금 앞에서 "대도(大道)의 요점을 물으니, 대답에 그다지 특이한 것은 없었다"⁶²²⁾고 썼다. 이는 조정이 기대한 인물의 실제 역량이 실망스러웠다는 점을 드러내는 구

---

619) 유성룡, 『운암잡록』. 談笑自若, 無怍色
620) 유성룡, 『운암잡록』. 章剳日上, 珥每至, 同僚束筆, 不辭, 呼紙筆, 文翰如流, 略無碍滯。
621) 유성룡, 『운암잡록』. 晩年爲人所攻, 或比之王安石云。
622) 유성룡, 『운암잡록』. 上引見, 問大道之要, 渾對無甚異者。

절이다. 이어 "포의(布衣)로서 재상의 반열에 이른 경우는 근세에 없던 일이었다"며, 성혼이 실력보다 명망과 평판으로 벼슬에 오른 인물[623]이라고 은근히 깎아내린다.

특히 임진왜란 발발 당시, 성혼이 왕의 피난 행렬을 호종하지 않았던 점을 집중적으로 문제 삼는다. "임금은 성혼이 나와 호종하리라 여겼으나, 나오지 않자 매우 섭섭해하였다"[624]는 표현으로, 국난의 순간에 직무를 회피한 인물로 각인시킨다.

이후 성혼이 뒤늦게 세자를 따라 성천에 갔을 때에도 유성룡은 왕의 말이라며 "한때의 일이 무슨 관계가 있겠는가"[625]를 인용하고, 이는 "성혼이 의병이라 자처한 것을 임금이 기롱한 것"이라 단정[626]한다. 의병 활동조차 조롱받을 행동이었다는 식의 해석으로, 성혼을 철저히 무기력한 인물로 몰아간다.

가장 강도 높은 비판은 이른바 '정릉 사건'이다. 유성룡은 성혼이 도굴된 정릉 시신의 진위 여부를 조사하고 돌아오는 길에, "그 시신은 가짜이며 다른 시체를 가져다 공을 세우려는 시도였다"[627]는 내용의 보고를 승지를 통해 은밀히 올렸다고 한다. 그는 이 보고의 의도를 "나를 모함하려는 데 있었다"[628]고 단정하며, 성혼을 정치적 음모의 주범으로 지목한다.

이는 단순한 사실 기록이 아니라, 의도적으로 상대를 함정에 빠뜨리려 한 권모술수의 인물로 성혼을 규정하는 공격이다.

---

623) 유성룡, 『운암잡록』, 陞通政嘉善, 爲吏曹參判, 以布衣至宰列, 近世所未有也.
624) 유성룡, 『운암잡록』, 壬辰車駕播遷, 過坡州, 意渾出扈駕, 旣而不至, 上甚歉之.
625) 유성룡, 『운암잡록』, 一時事何關.
626) 유성룡, 『운암잡록』, 渾在坡州, 曾率鄕人稱義兵, 故上譏之.
627) 유성룡, 『운암잡록』, 假他尸以邀功, 使白其事.
628) 유성룡, 『운암잡록』, 意在陷余.

또한 유성룡은 성혼이 "왜적과 화친해야 한다"고 주장했다가 왕의 분노를 사 해임당했다[629]는 주장도 구체적으로 기록한다. 이는 전란의 위기 상황에서 정세 판단을 그르친 무책임한 인물로 성혼을 묘사하기 위한 서술이다. 실제는 정반대였다. 여러 기록에 일본과 화친을 주장한 인물이 바로 유성룡 자신이었다는 기록들이 많다. 진주성 전투 전에는 왜장 가토기요마사에 투항했다는 첩보도 있을 정도였다.

그는 성혼의 죽음까지도 불길한 기이한 현상으로 마무리한다. "임종 직전 큰 범이 지붕에 올라가 으르렁거려 집이 진동했다"[630]는 장면은 마치 천벌을 암시하는 듯한 분위기를 풍긴다. 이는 죽은 인물에 대해 예를 갖추기보다, 삶과 죽음 모두 어긋난 인물로 각인시키려는 의도된 연출이다.

유성룡, 송강 정철을 권력형 복수자이자 소인배로 몰아

유성룡은 『운암잡록』에서 송강 정철을 단순히 비판하는 수준을 넘어서, 철저히 매도한다. 이는 율곡 이이나 우계 성혼에 대한 비판보다 훨씬 노골적이며, 정철의 인격 자체를 부정하는 수준에 가깝다.

그는 정철이 율곡 이이, 우계 성혼과 함께 동인 제거에 앞장섰다[631]고 단정짓고, "심의겸을 시켜 김효원을 공격하게 했다"고 기술한다.[632] 정철이 권력을 위해 사람을 조종한 정치 음모가라는 주장을 펼친 것이다. 1583년 허봉 등이 탄핵된 사건도 "정철의 영향력 때

---

629) 유성룡, 『운암잡록』, 渾從入城登對, 言賊可和, 上怒斥其非, 渾惶恐出門待命, 解職而歸.
630) 유성룡, 『운암잡록』, 臨死有大虎登其屋, 撤蓋茨大呌, 聲振山谷, 如此連夜, 家中人持兵杖自衛僅免, 數日乃死.
631) 유성룡, 『운암잡록』, 鄭澈字季涵, 與李珥成渾最親.
632) 유성룡, 『운암잡록』, 又敎沈義謙, 力攻金孝元

문"⁶³³⁾이라며, 동인 탄압의 핵심 배후로 강조한다.

더 나아가 유성룡은 기대승이 생전에 정철을 두고 "그가 권세를 잡으면 반드시 나라를 그르칠 것"이라고 말했다고 소개⁶³⁴⁾한다. 그러나 이는 어디까지나 유성룡의 일방적 주장일 뿐, 명확한 근거는 없다. 이어서 유성룡은 정철의 성격을 "강직하나 치우치고, 남의 허물을 들추기 좋아하며, 은혜와 원한이 분명해 원한을 절대 잊지 못하는 인물"이라며 낙인⁶³⁵⁾찍는다. 이는 객관적 평이 아니라, 악의적 인신공격이다.

정철에 대한 비난의 절정은 1589년 기축옥사와 관련된 내용에서 드러난다. 유성룡은 정철이 추관(推官)이 되어 당파가 다른 자들을 다수 모함하고 제거했다⁶³⁶⁾고 주장한다. 심지어 "사람들이 그를 소인이라 불렀다"⁶³⁷⁾는 말까지 덧붙여, 조정의 여론까지 끌어다 비난의 정당성을 확보하려 한다.

특히 유성룡은 자신은 최영경을 구하려 했고, 정철이 이를 방해했다는 식으로 서술하며 정철을 이중적이고 잔혹한 인물로 묘사한다. 그는 정철이 술에 취해 왼손으로 자신의 목을 잡고 오른손으로 찌르는 시늉을 하며 "이 자가 나를 이렇게 하려 했다"고 말하는 장면을 연출⁶³⁸⁾한다. 이는 정철이 사적 감정을 국정에 반영한 인물임을 강조하기 위한 설정으로 보인다.

최영경이 석방된 뒤에도,⁶³⁹⁾ 유성룡은 정철이 대간을 뒤에서 조종

---

633) 유성룡, 『운암잡록』, 癸未許篈等得罪, 澈有力焉.
634) 유성룡, 『운암잡록』, 然大升嘗曰, 季涵得志, 必誤國.
635) 유성룡, 『운암잡록』, 爲人剛偏, 喜訐人過, 恩讎分明, 人有不平于心者, 終不能忘, 以此敗.
636) 유성룡, 『운암잡록』, 己丑逆獄起, 爲推官, 乘時多陷異己.
637) 유성룡, 『운암잡록』, 人目爲小人.
638) 유성룡, 『운암잡록』, 澈素輕, 又被酒, 忽以左手自執其項, 右手爲衝刺狀, 連聲言, 此人平日向我欲如此如此.
639) 유성룡, 『운암잡록』, 數日永慶果赦出獄.

해 다시 탄핵하게 만들었다[640]고 주장한다. 결국 최영경이 고문과 병으로 사망하자, 유성룡은 "자살로 처리되었으나 실제로는 정철의 책임"이라고 단정한다. 그리고 정철이 죽은 후에도 관작이 추탈되었다고 기록하는데,[641] 이는 1594년 유성룡 자신이 영의정으로서 직접 주도한 일이었다. 살아 있을 때 수차례 함정을 파고 정철을 공격했던 유성룡은, 죽은 정철에게조차 분을 풀지 못하고 정치적으로 완전히 매장한 것이다.

그러나 이러한 유성룡의 서술은 백사 이항복의 증언과 정면으로 충돌한다. 이항복에 따르면, 정철은 최영경의 억울함을 알고 직접 상소문을 작성했으며, 이항복은 또 유성룡에게도 "함께 최영경을 구원하라"고 제안했다.[642] 그러나 유성룡은 "세상 인심이 험하다"며 침묵을 택했다.[643] 결국 최영경은 죽었고, 유성룡은 『운암잡록』에서 자신의 침묵은 철저히 감춘 채, 모든 책임을 정철에게 돌린다.

유성룡은 『운암잡록』에서 기축옥사와 율곡 이이, 우계 성혼, 송강 정철 등의 인물 평가를 기록하며 자신에게 돌아올 역사의 심판을 피하려 했다. 그러나 그가 쓴 기록 안에는 철저히 조작된 시선, 자기 합리화, 책임 전가, 그리고 정치적 가면을 쓴 냉혹한 권력자 유성룡의 본모습이 고스란히 드러난다. 이 기록은 결코 단순한 의도적인 행동이 아니다. 자신의 죄를 역사에서 완전히 지우려는 흔적이라 할 수 있다.

---

640) 유성룡, 『운암잡록』, 人疑澈雖外示公議, 陽爲解釋, 而陰使其黨論之.
641) 유성룡, 『운암잡록』, 司憲府又啓, 永慶自知其罪, 飮毒死, 罷當直都事, 人甚之其罪澈得罪
642) 이긍익, 『연려실기술』, 제14권, 선조 고사본말 기축년 정여립의 옥사, 《백사집(白沙集)》《기축기사(己丑記事)》
643) 위와 같음

1594 무서운 정치…유성룡 의병장을 죽이다

정유재란 당시에도, 유성룡은 전쟁보다 정적 제거에 집중했다

정유재란 당시, 영의정 유성룡은 국정을 총괄하는 최고 책임자였다. 그는 전쟁을 지휘해야 할 위치에 있었지만, 정쟁을 조장해 상대를 몰아내고, 결국 조선을 지킬 네 명의 뛰어난 장군을 희생시키는 결정을 내린다.

그 세 사람은 의병장 이산겸, 김덕령과 김언욱, 그리고 이순신이었다. 이 결정은 조선 민중에게 깊은 상처를 남긴 역사적 비극으로 기록되었다.

유성룡이 과거 이순신을 발탁한 공이 있다고 해도, 그를 모함과 억울한 처벌로 몰아넣고 하옥시킨 책임을 벗어날 수 없다.

1597년, 삼도수군통제사 이순신이 해직되어 백의종군하게 된 사

건 또한 유성룡의 책임이 결정적이었다.

가장 먼저 희생된 인물은 의병장 이산겸이었다.

1594년 2월, 그는 '송유진 역모 사건'에 연루되어 억울하게 처형당한다. 이 사건은 이몽학의 난이 일어나기 2년 6개월 전인 1594년 1월에 발생한 일로, 유성룡의 발언이 이산겸의 사형에 결정적인 영향을 미쳤다.

당시 조선은 전쟁, 기근, 역병이 겹쳐 백성들의 삶은 극도로 피폐해졌고, 민심은 극도로 흔들리고 있었다. 《선조실록》에 따르면, 당시 경기와 하삼도(충청·전라·경상)의 상황은 참혹했다.[644]

기근과 역병으로 인해 사람들은 서로 잡아먹는 지경에 이르렀고, 거리에는 살점이 도려진 시체들이 널려 있었다. 심지어 살아 있는 사람을 도살해 내장과 뇌수까지 먹는 일도 있었다. 조정은 이러한 현실을 이상하게 여기지도 않았다.[645]

이처럼 절망이 극에 달하던 가운데, 1594년 1월 '송유진 역모 사건'이 터졌다. 이는 전쟁에 지친 백성들의 분노가 폭발한 상징적인 사건이었다.

그러나 조정의 대응은 백성들의 기대를 완전히 배반했다.

영의정 유성룡이 주도하는 비변사는 이 사건을 민란이 아닌 '역모'로 규정하며 정치적 희생양을 찾기에 급급했다. 민심을 수습하기보다 책임 전가에만 몰두한 결과, 엉뚱하게도 충직한 의병장 이산겸이 희생양이 되었다.

비변사는 이산겸을 사건의 '괴수'로 지목했고, 체포와 처벌을 강행했다.[646]

---

644) 『선조수정실록』, 선조 27년(1594) 1월 1일 경기 및 하삼도에 심한 흉년이 들다
645) 『선조실록』, 선조 27년(1594) 1월 17일 기근으로 사람을 잡아 먹는 일을 엄금할 것을 명하다
646) 『선조실록』, 선조 27년(1594) 1월 17일 비변사에서 송유진 역모의 괴수로 이산겸을 지목하고 체포할 것을 청하다

"유성룡의 오판이 초래한 네 장군의 비극: 이산겸/김덕령/김언욱/이순신 사건"			
사건	이산겸의 죽음	김덕령 김언욱의 죽음	이순신의 체포
발생 연도	1594년	1596년	1597년
사건 배경	-송유진 역모사건 후 -이산겸, 역모자로 체포	-이몽학의 난 진압 후 -김덕령-김언욱, 체포	-출장하라는 명령 불복 -이순신 공격-원균 두둔
사건경과	-유성룡 위관 맡아 심문 -이산겸 죄 없다 주장 -이산겸, 연관없음 주장 -유성룡 "역모자" 몰아 -이산겸, 혹독한 고문사	-동인 김덕령 김언욱 추포 -유성룡, 무죄에 부정적 -유성룡, "의심할 만한 일" -유성룡, 송유진 역모 언급 -김덕령-김언욱, 혹독한 고문	-정탁, 이순신 두둔, -유성룡, 이순신 비판 -유성룡, 임금 의견 동조 -이순신, 체포,구금 -이후, 이순신 백의종군
결과	-이산겸, 고문 끝 사망 -민심에 큰 상처를 남김 -이후 의병활동 위축	-김덕령-김언욱, 고문끝사망 -민심에 큰 상처를 남김 -이후 의병활동 위축	-조선 수군에 큰 손실 -원균 패전 자초 -조선 수군 붕괴
역사평가	-유성룡, 잘못된 판단 -의병장을 누명 씌워 죽임 -국가권력 피해자가 됨	-유성룡, 잘못된 판단 -누명으로 의병장을 죽임 -국가권력 피해자가 됨	-유성룡, 잘못된 판단 -전시 리더십 상실 -조선 수군에 큰 피해

　　이산겸은 억울함을 호소했으나, 가혹한 고문 끝에 끝내 처형당했다. 나라를 위해 목숨을 바쳤던 의병장이 정적 제거와 정치적 계산의 희생양이 되어 '역적'으로 죽임을 당한 것이다.

　　이산겸의 처형은 조정을 장악한 유성룡과 위정자들이 민중의 분노를 희석하기 위해 의도적으로 만들어낸 희생이었다. 백성들이 겪는 고통과 불만을 해결하기보다는, 죄 없는 인물을 제거하는 방식으로 위기를 모면하려 했다.

또 유성룡의 결정은 어처구니없는 정치적 술수였다. 그는 민중의 봉기를 정적을 숙청하는 도구로 활용했다. 결국, 조선을 지키기 위해 싸운 의병장 중에서도 서인계에 속한 이산겸이 희생양이 되었다.

특히 1593년 진주성 전투에서 서인 세력이 대거 전사하면서, 서인들은 이산겸을 지켜낼 힘조차 없었다. 결국, 동인이 장악한 정국에서 유성룡의 결정은 서인 계열 의병장들의 숙청으로 이어졌고, 조선을 위해 헌신했던 의병들과 백성들에게 깊은 상처를 남겼다. 이는 단순한 실책이 아니라, 전란 속에서 나라를 지키려 했던 장수들을 무너뜨린 정치적 만행이었다. 그는 백성을 위한 정치를 한 것이 아니라, 당쟁과 권력 유지에 집착하며 조선의 위기를 더욱 심화시킨 인물로 기억되어야 마땅하다.

이 사건을 더욱 깊이 들여다보자. 1594년 1월 11일, 충청도 조도 어사 강첨은 송유진과 그의 동조자들이 도적과 결탁해 반란을 계획했다고 보고했다. 이들은 청계산, 춘천, 해주 등에 군진을 형성하고 1월 20일 반란을 일으킬 계획이었다. 당시 충청도와 전라도에는 도적들이 횡행하며 군량과 무기를 탈취하고 있었기에, 조정은 이를 매우 우려했다. 이에 선조는 도적을 체포하고 잔당을 해산하라는 명령을 내렸다.

1월 12일, 송유진과 주요 반란 인물들이 체포되었으며, 사건의 발단은 송유진이 민생의 어려움과 부역의 과중함을 비판하는 밀서를 작성한 데서 비롯되었다. 그는 조정의 당쟁과 부패를 비판하며 반란을 정당화하려 했으나, 고변으로 인해 체포되어 처형되었다. 이 사건은 이몽학의 난 이전부터 민중의 불만이 심각했음을 보여준다.

이 사건에 연루된 인물 중에는 의병장 김덕령과 이산겸이 있었다. 이산겸(李山謙)은 서얼 출신이었지만, 임진왜란 당시 의병을 지휘하며 충청 지역을 방어하는 데 큰 공을 세운 의병장이었다. 그는 토정 이지함(李之菡, 1517-1578)의 서자로, 전 영의정 이산해, 전 이조판서 이산보의 사촌 동생이기도 했다.

기록에 따르면, 이산겸은 의기와 강개함으로 많은 이들의 신임을 받았다.[647] 임진왜란이 발발하자 그는 충청도에서 의병을 일으켜 조헌의 막하에서 별장(別將)으로 활약했다. 조헌이 금산 전투에서 전사한 후, 그는 흩어진 의병을 수습하여 명군을 도왔다. 1593년에는 조정의 명령에 따라 의병 25명을 거느리고 경상도로 내려가 싸웠으며, 심수경의 지휘를 받다가 부대가 해산되자 김덕령의 의병대에 합류했다. 그러나 그는 송유진의 난에 연루되었다는 이유로 체포된 후 혹독한 국문을 받았다. 국문 과정에서 그는 "반역한 사실이 없다"고 주장했고, 지인들 또한 "그는 역모에 가담하지 않았다"고 결백을 호소했다.

심지어 임금 선조조차 의문을 품으며 말했다.

"충청감사가 이 사람이 적의 우두머리라고 하며 의심할 바가 없다고 했는데, 무엇을 근거로 그렇게 말했는지 알 수 없다. 만약 도적들과 그들의 자백만으로 판단했다면, 이는 명확한 증거가 부족하다. 역적의 중죄를 억측으로 판단해서는 안 된다."[648]

장운익도 의문을 제기했고, 임금이 이에 동조했다.

"'별로 의심될 만한 점은 없지만, 충청감사에게 물어보는 게 좋겠습니다."[649]

"그리하라. 충청감사에게 하문하라. 그가 송유진의 문서를 땅에 묻었다고 주

---

647) 『선조실록』, 선조 25년 임진(1592) 11월 16일 사간원이 중국군의 조속한 출동, 의병의 각도 순찰사 분속 등을 아뢰다
648) 『선조실록』, 선조 27년 1594년 2월 6일 송유진 역모와 관련된 죄인 이산겸 등을 친국하다
649) 위와 같음

장했지만, 이후 아무런 증거도 나오지 않았으니 그 사실도 함께 물어보라."[650]

장운익은 다시 조사해야 한다고 주장했다.

"이산겸이 자백할 때 부역한 사람의 이름과 나이를 밝히지 않았는데도 바로 국문에 넘겼으니, 그 일을 맡은 낭청에게 조사하고 다시 확인하게 하는 것이 좋겠습니다."[651]

그러나 이산겸을 죽음으로 몰고 간 결정적 인물은 영의정 유성룡이었다. 그는 이산겸을 자신의 정적 조헌과 연결해 의혹을 제기하며 몰아갔다. 이는 마치 1589년 기축옥사 당시 유성룡이 권력을 잡고 수사를 이끌며 벌어진 참혹한 사태의 재현이었다.

"조헌도 사람들에게 시기를 받았습니다. 이산겸이 그의 부하였으니, 쉽게 믿기 어렵습니다. 그 사람은 예전부터 말이 많았던 인물이라, 다른 사람들이 꺼리거나 의심하게 했을 가능성도 있습니다."[652]

유성룡의 주장은 터무니없었다. 그는 심지어, 이미 세상을 떠난 조헌의 이름까지 끌어들였다. 이는 자신에게 비판적이었던 조헌과 가까운 사람들은 절대 가만두지 않겠다는 의도를 드러낸 것이었다.

조헌은 유성룡이 개혁을 가로막고 선비들을 괴롭힌다며 강하게 반발했던 인물이었다. 특히 1589년에는 유성룡의 무능함과 무책임한 정치를 공개적으로 비판하기도 했다. 이런 조헌과 뜻을 같이했던 충청도의 의병장 이산겸이 역모 혐의로 잡혔을 때, 유성룡은 이산겸

650) 『선조실록』, 선조 27년 1594년 2월 6일 송유진 역모와 관련된 죄인 이산겸 등을 친국하다
651) 위와 같음
652) 위와 같음

을 조헌의 사람으로 지목해 처벌하려 했다. 이는 단순한 개인에 대한 대응이 아니라, 조헌을 따르던 의병 세력 전체에 대한 정치적 탄압이었다.

유성룡은 "이산겸은 의심받을 사람이 아니다"라는 주장조차 받아들이지 않았다. 그는 직접 위관(심문 책임자)이 되어 이산겸을 거세게 추궁했고, 이산겸이 끝내 자백하지 않자 이렇게 말하며 더 강한 고문을 요청했다.

"이산겸을 곧바로 엄히 국문하는 것이 어떻겠습니까?"[653]

이후 유성룡은 이산겸을 역모로 몰아가려는 데 실패하자, 공개적으로 인신공격을 시작했다. 하지만 유성룡은 누구보다도 이산겸이 어떤 인물인지 잘 알고 있었다.

1593년 4월 20일, 한양이 수복된 직후 명나라 제독 왕필적의 대군이 서울로 입성하자, 유성룡은 직접 충청 의병장 이산겸의 진영에 정찰병 36명을 보내 적의 동태를 살피도록 지시했다.[654]

이는 유성룡 본인이 이산겸이 실질적으로 전선에서 의병 활동을 하고 있음을 분명히 인정한 기록이며, 『서애집』에도 그대로 적혀 있다. 그러나 불과 1년 뒤인 1594년 2월, 유성룡은 태도를 바꿨다.

"이산겸이 의병장이 되었을 때, 백성들 사이에서는 '왜군을 토벌하지 않고 병사들만 모아놓고 있다'는 말이 돌았습니다."[655]

---

653) 『선조실록』, 선조 27년 1594년 2월 6일 신곡·신기일 등을 국문하다
654) 유성룡, 『서애집』, 서애선생문집 제16권 / 잡저(雜著) 임진년(1592, 선조25) 이후 청병(請兵)한 사실을 기록함
655) 『선조실록』, 선조 27년 1594년 2월 22일 대신들과 송유진 역옥에 대한 일을 논의하다

급기야 출신과 성장 배경까지 문제 삼았다.

"이산겸의 아버지 이지함이 아들을 데리고 섬에 들어가 키웠고, 사람들이 이상하게 여겼습니다."[656]

"이산겸이 비범해서 속세에 두지 않으려 했다는 말도 있고, 상업을 배우게 하려 했다는 말도 있습니다."[657]

이는 근거 없는 출생설과 성장설을 부각하려는 정치적 공격의 전형이었다. 3월에도 이산겸에 대한 추궁과 고문은 계속됐다. 결국, 유성룡은 압사(눌러 죽이는 형벌)까지 주장했다.

"다시 압사시키는 것이 마땅합니다."[658]

임금은 그 제안을 받아들이며, 유성룡이 부풀린 의혹을 묻는다.

"이산겸이 의병장이 되었을 때 왜적을 한 명도 잡지 않았다는 것이 사실인가?"[659]

유성룡의 비난은 날조된 거짓이었다. 이산겸은 의병을 이끌며 왜군과 싸웠고, 신뢰를 받고 있었다. 이산겸의 공적을 기록했을 정도다.

"나라가 오늘날까지 존속할 수 있었던 것은 모두 의병의 힘 덕분이었습니다. … 충청도 의병장 이산겸은 의기와 강개한 기상을 지닌 인물입니다. 의병들이 장수로 그로 삼은 것은 반드시 그에 대한 여론과 신망이 있었기 때문이다."[660]

이산겸은 압사를 당하면서도 끝내 자백하지 않았다. 유성룡은 이산

---

656) 『선조실록』, 선조 27년 1594년 2월 22일 대신들과 송유진 역옥에 대한 일을 논의하다
657) 위와 같음
658) 『선조실록』, 선조 27년 1594년 3월 14일(임진) 이산겸을 추국하다
659) 위와 같음
660) 『선조실록』, 선조 25년 1592년 11월 16일 사간원이 중군의 조속한 출동, 의병의 각도 순찰사 분속 등을 아뢰다

의병장 이산겸에게 가했던 압슬형(壓膝刑)
영의정 유성룡 주도로 의병장 이산겸에게 가했던 압슬형 모습이다. 자백시키기 위하여 행하던 혹독한 고문이었다. 죄인을 기둥에 묶어 사금파리를 깔아 놓은 자리에 무릎을 꿇게 하고 그 위에 압슬기나 무거운 돌을 얹어서 자백을 강요하였다.

겸이 "상태가 너무 심각해"[661]라며 고문을 멈췄다.

참혹한 광경이었다. 기축옥사의 잔혹함을 넘어 또 하나의 비극이 벌어졌다. 의병장을 죽이는 살인 현장이었다. 그 비극의 총책임자는 선조와 영의정 유성룡이었다. 이산겸은 고문으로 생을 마감했다.

1594년 실록에는 이산겸의 처참한 죽음을 이렇게 기록하고 있다.

"의병장 이산겸은 역모를 꾸민 자들에게 누명을 쓰고 체포되어 감옥에 갇혔다. 역모를 꾸민 자들과 대질 신문을 했으나, 그들의 말이 거짓임이 드러났음에도 그는 오랫동안 풀려나지 못했다. 어떤 이가 '이산겸이 의병을 해산하지 않고 유지했으니 의심스럽다'고 주장하며 고문을 명했고, 결국 이산겸은 고문 끝에 매를 맞아 죽었다. 많은 사람이 그의 죽음을 억울하게 여기며 안타까워했다."[662]

유성룡이 주도한 추국(推鞠)은 공포 그 자체였다.

---
661) 『선조실록』, 선조 27년 1594년 3월 14일(임진) 이산겸을 추국하다
662) 『선조수정실록』, 선조 27년 1594년 1월 1일 의병장 이산겸이 역적의 무고로 죽으니 사람들이 원통하게 여기다

희생된 것은 이산겸 한 사람만이 아니었다. 기축옥사 때와 마찬가지로 수많은 무고한 이들이 연루되어 죽음을 맞이했다. 이들 가운데는 이산겸의 가족도 있었고, 그의 의병 활동을 도왔던 선량한 사람들도 다수 포함되어 있었다. 이산겸의 75세 된 장인 신곡(申鵠)과 25세의 젊은 처남 신기일도 모진 고문 끝에 죽음을 맞았다. 또한, 의병 활동에 간접적으로 참여했던 사람들, 군량을 조달하거나 식량을 지원했던 자들까지 끔찍한 고문을 당했다. 심충겸은 당시의 상황을 이렇게 토로했다.

"의병으로 활약할 때 양곡을 지원한 자와 이산겸과 함께 출정했던 자들까지 모두 체포되어 피해 범위가 점점 넓어지고 있습니다. 관련된 자를 무리하게 처벌하면 많은 무고한 이들이 피해를 보게 될까 염려됩니다."[663]

심수경 또한 걱정한다.

"속사정을 모르는 자들까지 연루되어 피해를 보고 있습니다. 생원 이희참은 양곡을 냈다는 이유로 보령에 수감되었고, 조원(趙瑗) 또한 감금되었습니다."[664]

그러나 유성룡은 끝내 자신의 잘못을 인정하지 않았다. 오히려 이산겸을 향해 인신공격성 발언을 퍼부으며 그의 명예를 훼손했다.

"이산겸은 조헌의 의병을 이끌면서도 왜적을 물리치려는 의지가 없었습니다. 한 번도 왜적과 싸우지 않았으니, 이는 매우 악랄한 행위로 사람들의 분노를 일으켰습니다."[665]

663) 『선조실록』, 선조 27년(1594) 2월 27일 비변사 유사 당상을 인견하여 중국에 있는 군량의 운반·송유진 역옥의 처리 등을 논의하다
664) 위와 같음
665) 『선조실록』, 선조 27년(1594) 2월 27일 비변사 유사 당상을 인견하여 중국에 있는 군량의 운반·송유진 역옥의 처리 등을 논의하다

하지만 이는 아무런 근거 없는 비방이었다. 유성룡은 이산겸을 몰아세우며 사건을 정치적으로 이용하기 시작했다. 마침내 그 화살은 서인계 인사들에게로 향했다. 율곡 이이와 우계 성혼과 가까웠던 서인 계열 부수찬 정엽이, 단지 이산겸을 도왔다는 이유로 탄핵당한 것이다.

이후 이산겸과 연관된 인물들이 잇달아 체포되었고, 잔인한 고문이 이어졌다. 그러나 이산겸이 반란에 가담했다는 명확한 증거는 끝내 나오지 않았다. 그런데도 가족과 친지들까지 끌려가 고통을 겪었다. 그의 장인 신곡은 병약하여 사위의 활동조차 알기 어려웠다고 진술했고, 처남 신기일은 학질을 앓아 의병 활동에 나설 수 없었다고 밝혔다. 그러나 두 사람 모두 고문을 피할 수 없었다.

심지어 이산겸의 장인과 성이 같다는 이유만으로 끌려온 신응희(辛應希)는 "나는 신(辛)씨이지, 장인의 성인 신(申)씨가 아니다"라고 항변[666]했지만, 이미 고문을 당한 뒤였다. 사건은 마치 기축옥사의 재현이었다. 과거 '건저의 사건'으로 정철이 실각했을 때, 유성룡은 좌의정으로서 이발의 노모와 어린 자식에게 압슬형을 가한 바 있다. 이번에도 그는 아무런 증거 없이 이산겸의 장인과 처남 등 관련자들에게 가혹한 고문을 가했다.

이에 그치지 않았다. 조정은 이산겸의 반역 혐의를 추궁하면서, 조헌과 함께했던 인물들까지 무리하게 연루시켜 고문을 자행했다. 전직(田稹), 안준도, 원수심 모두 조헌과의 인연이 있다는 이유만으로 고문

---

[666] 위와 같음

을 당했다. 원수심은 조헌 의병 시절의 군관이었고, 안준도는 이산겸과 오랫동안 연락이 끊겼다고 해명했지만 조헌과의 관계 때문에 고문을 피하지 못했다. 전직도 마찬가지로 조헌과 이산겸과의 관계를 문제 삼아 고문당했다. 심지어 하인 막동(莫同)까지 형신을 당했다.[667]

이 일련의 고문과 탄압은 유성룡이 정적을 제거하고 정치적 목적을 이루기 위해 벌인 것이 아닌지 강한 의혹을 불러일으켰다. 특히 조헌과 이산겸의 관계를 빌미로 수많은 인물들이 희생되었기에 그 의심은 더욱 짙어졌다.

유성룡이 전사한 조헌에 대해 노골적인 감정을 품고 있었다는 정황도 있다. 조정이 조헌과 아들 조완기의 충절을 기려 둘째 아들 조완도(趙完堵)를 태릉 참봉에 임명하려 하자, 조완도는 상소를 올려 사양하며 이렇게 밝혔다.

"아버지를 따라 싸우다 죽은 군사들조차 포상받지 못했는데 저 혼자 벼슬을 받는 것은 옳지 않습니다. 아버지의 공은 분명했지만, 유성룡은 오히려 그 공을 억누르고 폄훼했습니다. 저는 그 사실이 몹시 괴롭고 슬픕니다."[668]

이처럼 많은 사람들은 유성룡이 철저히 당파적 시각으로 정국을 주도하여 수많은 사람들을 죽음으로 몰아갔다.

---

[667] 『선조실록』, 선조 27년 1594년 2월 6일 신곡·신기일 등을 국문하다
[668] 조헌, 『중봉집』, 重峯先生文集附錄卷之一 / [附錄] 年譜 三十三年乙巳。命錄先生子完堵爲泰陵參奉。時命錄完堵爲泰陵參奉。完堵抗疏以爲從戰義士。未霑恩命。而臣獨先之。飫極不安。a054_464b且先臣功烈。實爲輝赫。而爲相臣柳成龍所沮抑。臣實痛焉。遂不拜。

1596 의병장 김덕령과 김언욱, 김응회를 죽이다

이 사건에 연이어 반란이 발생했다. 1594년(선조 27년) 4월 초 '변하복의 반란 사건', 그리고 같은 해 9월 '여진족 반추(叛酋) 역수(易水)의 반란'이 그것이다. 변하복의 역모 사건 역시 이산겸 수사처럼 강압적인 수사가 이루어졌다. 변하복은 기축옥사 당시 정여립의 일당으로 지목된 변숭복의 동생이었으나, 이번 사건도 석연치 않았다.

밀고자의 증언은 일관성이 없었고, 신체가 허약한 백성이나 어린 아이들까지 피의자로 포함되었다. 이들은 가혹한 형문 속에서도 억울함을 호소했으며, 심문을 담당한 관리조차 "혐의점을 찾기 어려운 무리한 수사"라며 오히려 "백성들의 분노"를 우려할 정도였다.

"신들이 보기에 형문을 받은 자들은 모두 어리석고 무지한 백성들일 뿐입니다. 특히 삼손(三孫)과 청금(青今) 등은 신체가 허약하고 나이가 어려, 이전 조사에서도 곤장을 맞고도 자백한 적이 없습니다. 그런데 이번처럼 가혹한 형문이

가해지자 오히려 억울함을 호소하며 끝까지 죄를 인정하지 않고 있어, 상황이 매우 기이합니다. 또한 밀고자의 증언도 일관성이 부족하며, 결정적인 증거로 제시된 문서 역시 조직원의 명단이 나뉘어 기록되었을 뿐, 날짜나 서명이 없어 신뢰하기 어렵습니다. 따라서 강림(姜霖) 등을 체포하여 심문한 후, 피고들이 감추고 있는 내용을 밝혀야만 형벌이 정당화될 수 있으며, 그래야 신명(神明; 억울하게 희생된 원혼들)과 백성들의 분노도 해소될 것입니다. 현재처럼 동시에 가혹한 형문을 지속하면 사망자가 속출하여 오히려 사건의 진상을 밝히기 더욱 어려워질 것입니다."[669]

그리고 2년 뒤, 또다시 두 명의 의병장이 억울하게 죽임을 당했다. 이번에도 이몽학의 난에 연루되었다는 누명을 씌워, 충직한 의병장을 역모의 종사자로 몰아 처형한 것이다. 이산겸이 억울하게 죽었을 때처럼, 이번 사건의 중심에도 선조와 영의정 유성룡이 있었다.

이몽학의 난은 1596년 7월, 서얼 출신 이몽학과 한현이 주도한 반란으로, 임진왜란 이후 흔들린 민심과 서얼들의 불만이 폭발한 사건이었다. 서얼들의 차별 문제를 개혁하려 했던 율곡 이이의 '서얼 허통' 제안이 동인에 의해 좌절되면서, 서얼들의 분노는 극에 달해 있었다. 이몽학은 이를 이용해 충청도에서 반란을 일으켰다. 당시 조선 사회는 연이은 흉년과 전란, 지배층의 착취로 인해 민중의 삶이 극도로 어려운 상황이었다. 이몽학은 이러한 백성들의 불만을 활용해 홍산과 임천을 빠르게 점령하며 세력을 확대했다. 그는 김덕령, 최담령, 홍계남 등의 이름을 내세워 자신의 반란을 정당화하며 백성들을 현혹했.

김덕령과 김언욱, 김응회는 이몽학의 난을 진압하기 위해 출전했으

---

669) 『선조실록』, 선조 27년(1594) 4월 3일: 추국청이 김응천·김옥겸 등의 2차 형문한 결과를 아뢰다

나, 반란이 이미 진압된 것을 확인하고 회군했다. 그러나 이 회군이 화근이 되어, 이몽학과 내통했다는 누명을 쓰고 체포되었다. 그들을 체포한 이는 동인계의 권율이었다. 반란에 연루된 인물로 곽재우 등의 이름도 거론되었지만, 당시 조정을 장악하고 있던 동인의 영수 유성룡이 영의정으로 있었기에 같은 동인인 곽재우는 별다른 처벌을 받지 않았다. 반면 서인 계열의 김덕령과 김언욱은 유성룡의 집중 공격을 받았다. 이는 단순한 법적 판단이 아니라, 유성룡이 서인을 견제하고 정치적 적수를 제거하기 위해 김덕령을 희생양으로 삼았다고 해석할 수 있다.

김덕령의 죽음에 결정적인 역할을 한 이는 바로 유성룡이었다. 유성룡은 김덕령 등을 풀어주지 말아야 한다고 주장하며 그를 궁지로 몰았다. 우의정 정탁과 최황만이 김덕령의 결백을 주장하며 신중한 처리를 요청했으나, 유성룡은 이를 묵살했다. 정탁은 "최담령과 김덕령은 당분간 가두어 두었다가 뒷날 철저히 추국하는 것이 어떻겠습니까?"[670]라고 건의했으나, 유성룡은 이를 무시하며 "김덕령은 송유진 사건 당시에도 자주 역적들의 공초에 등장했다. 그런데 이번에도 한현의 초사(초안) 속에 다시 나왔으니, 이는 의심할 만한 일이다."라며 김덕령을 몰아세웠다.

김덕령은 여섯 차례에 걸친 혹독한 고문[671]을 받았다. 정강이뼈가 부러지고 온몸이 망가졌지만, 그는 끝까지 결백을 주장했다. 그러나 유성룡은 집요하게 압박했고, 결국 김덕령은 스물서너 해의 젊은 나이에 비극적으로 생을 마감했다. 김덕령 뿐만이 아니었다. 김덕령의 매형인 김응회(金應會, 1555-1597)도 혹독한 고문을 받았다.[672]

670) 「선조실록」, 선조 29년 1596년 8월 8일   최담령을 친국하다
671) 「선조실록」, 선조 29년 1596년 8월 21일   김덕령을 6차 형문했으나 자복하지 않다
672) 김종후, 「本庵集」, 歸厚署別坐金公行狀

김응회는 감옥에 갇혔다가 왜적이 다시 준동하여 남원을 함락시키자 겨우 풀려났다.[673] 모진 고문의 휴유증으로 죽는다.

이때 양산숙이 그토록 아꼈던 담양 출신 김언욱(金彦勖, 1545-1596)마저 김덕령과 함께 고문[674] 끝에 죽임을 당했다. 양산숙은 스승인 우계 성혼에게 "내가 아는 사람 중, 학문에 가장 전념하고 성실한 이가 김언욱"[675]이라며 그를 자랑스러워했다. 함께 아버지 송천에게 배웠다. 그렇지만, 결국 그는 억울한 죽음을 피하지 못했다.

유성룡의 교묘한 계산은 김덕령과 김언욱, 김응회를 포함한 수많은 의병장을 제거하는 데 작용했다. 그는 "김덕령이 왜적을 제대로 토벌하지 않았다"는 주장을 내세워 민심을 흔들었고, 이를 발판 삼아 서인계 인사를 숙청하려 했다.

남도 지역의 군민들은 김덕령의 죽음을 깊이 애도하며 "적은 왜적뿐만이 아니었다"는 말로 조정의 부패와 폭정을 비판했다. 김덕령의 죽음은 조선 의병운동 전체에 큰 충격을 주었고, 그 뒤로 용맹한 이들이 의병에 나서는 것을 꺼리는[676] 분위기를 만들었다.

이처럼 유성룡은 이산겸의 죽음에 이어 김덕령과 김언욱, 김응회의 죽음에도 깊이 관여했다. 그는 법을 도구로 삼아 의병장을 제거했고, 이는 조선 사회에 지울 수 없는 상처를 남겼다. 반복되는 비극 속에서 드러나는 유성룡의 행보는 단순한 실수가 아닌, 권력을 공고히 하기 위한 치밀한 계산이었다. 이러한 역사적 반복은 당시 조선 사회의 균열이 얼마나 심각했는지를 여실히 보여준다.

---

673) 김종후, 「本庵集」, 歸厚署別坐金公行狀
674) 「선조실록」, 선조 29년(1596) 8월 14일 김덕령의 참모들을 먼저 지체없이 추국하되 내통 여부를 살펴 회계하도록 전교하다
675) 성혼, 「우계집」, 우계연보보유 제1권 답문(答問)
676) 「선조수정실록」, 선조 29년(1596) 8월 1일 김덕령이 옥에서 고문 받다가 죽으니 남도의 군민들이 원통하게 여기다

1597 이순신까지…유성룡의 치명적 오판

1594년과 1596년, 유성룡은 역모 사건을 빌미로 서인계 의병장들을 연이어 숙청했다. 그리고 1597년, 그 칼끝은 마침내 조선 수군의 핵심, 이순신에게 향했다.

정유년 1월, 가토 기요마사와 고니시 유키나가는 거짓 전투를 벌이며 요시라를 간자로 보내 이순신을 유인했다. 조정은 이 허위 정보를 믿고 이순신에게 출병을 재촉했다. 그러나 이순신은 적의 계략임을 간파하고 신중히 대응했다. 이에 언관들은 '명령 불복종'을 이유로 탄핵했고, 2월 이순신은 결국 하옥되었다.[677]

의병장 숙청 방식과 유사했다. 유성룡과 선조는 "(이순신이)명령을 따르지 않는다"고 문제를 제기하고, 이를 사간원을 통해 여론화한

---

677) 이순신, 『충무공전서』, 李忠武公全書卷之十 / 附錄二 神道碑[領議政金堉]

뒤, 최측근을 통해 체포, 구금, 사형으로 실행에 옮기는 방식이었다.

이순신 체포와 구금, 그리고 사형 논의 역시 유성룡의 제자이자 조카사위인 김홍미가 맡았다. 유성룡의 입김이 강하게 작용한 것이다.

중추부사 정탁이 "지금 같은 위기 속에 장수를 바꾸는 것은 부당하다"고[678] 만류했지만, 유성룡은 오히려 이순신의 처벌론에 편승했다.

"이순신은 한산도에 오래 머물며 아무 일도 하지 않았고, 지금도 공격하지 않으니 어찌 죄가 없겠습니까?"[679]

이순신의 신중함은 '소극성'으로 몰렸고, 그에게 내려졌던 포상도 문제 삼았다.

"그 작위는 지나칩니다. 무장은 의기양양해지기 쉬운데, 그러면 쓸 수 없습니다."[680]

반면 유성룡은 원균에 대해서는 전혀 다른 평가를 내렸다.

"나라를 위한 진정성이 있다."[681]

"상당산성을 쌓을 때 흙집을 짓고 머무르며 직접 감독했다."[682]

유성룡은 이순신을 자만에 빠진 장수로, 원균을 성실한 인물로 몰아갔다.

유성룡의 발언은 이순신 몰락의 결정타가 되었고, 마침내 선조는 말했다.

---

678) 『선조실록』, 선조 30년 1597년 1월 27일 수군의 작전 통제권을 가지고 대신들과 논의하다
679) 위와 같음
680) 위와 같음
681) 위와 같음
682) 위와 같음

1597년, 이순신 제거 시도… 유성룡과 김홍미의 책임

1597년 1월, 고니시 유키나가의 계략에 선조가 속아 이순신은 "적을 막지 않았다"는 이유로 파직됐다. 유성룡은 이순신 제거 분위기를 조장하며 침묵했고, 유성룡 조카사위 김홍미는 이순신 체포에 앞장섰다. 사형까지 거론되며 조선 수군은 붕괴 직전에 몰렸다. 명량대첩 7~8개월 전, 유성룡과 김홍미의 오판은 조선을 최대 위기로 몰아넣었다.

"이순신은 끌어내려야 한다."

영의정 유성룡이 이 말에 동조하자, 이순신은 곧 체포되고 감옥에 갇혔으며, 관직도 박탈당했다. 선조는 분노에 찬 목소리로 말했다.

"이순신은 털끝만큼도 용서할 수 없다. 무장이 조정을 우습게 여기는 풍조는 반드시 다스려야 한다."[683]

김홍미에게 전한 체포 지시는 아주 구체적이었다.

"이순신 체포 시, 선전관의 표신과 밀부를 함께 전달해 집행하라. 만일 전투 중이면 부적절하니, 전투가 끝난 틈을 이용하라."[684]

이순신이 물러난 자리는 원균이 차지했고, 그는 삼도수군통제사

---

[683] 『선조실록』, 선조 30년 1597년 1월 27일 수군의 작전 통제권을 가지고 대신들과 논의하다
[684] 『선조실록』, 선조실록85권, 선조 30년(1597년) 2월 6일 3번째 기사   이순신을 잡아오도록 김홍미에게 전교하다

오독 오판

에 임명되었다.[685] 이순신은 옥에 갇힌 후 사형 선고까지 받았다.[686]

"이순신은 조정을 속이고 군주를 무시했으며, 도적을 방치하고 토벌하지 않아 나라를 저버렸다. 남의 공을 빼앗고 무고한 이를 죄에 빠뜨렸다. 죄상이 명백하니 율령에 따라 마땅히 처형해야 한다. 신하 된 자가 임금을 속였으니 용서할 수 없다."[687]

이순신을 죽이라는 명령은 다름 아닌 영의정 유성룡의 조카사위 김홍미에게 내려졌다. 김홍미는 당시 정3품 당상관이자 임금의 최측근인 우부승지였다. 이는 유성룡이 앞서 의병장 이산겸과 김덕령을 제거할 때 썼던 방식과 매우 흡사하다. 이순신은 가까스로 죽음을 면했지만, 모든 관직을 박탈당하고 무명의 처지로 전락했다.

이미 유성룡은 그 이전부터 비겁하고 위선적인 태도를 보여온 바 있다. 1587년, 이순신이 녹둔도 전투 이후 억울한 죄를 뒤집어쓰고 좌천당했던 사건에서도, 유성룡은 내내 침묵했다. 그러나 훗날 이순신이 복귀한 뒤에는, 자신이 마치 구원의 손길을 내민 인물인 것처럼 역사를 꾸미기에 급급했다.

1587년, 이순신은 조산 만호로서 두만강 하류의 녹둔도에서 여진족의 기습을 받아 전투를 벌였다. 열악한 조건 속에서도 그는 분투했고, 비록 조선인 10여 명이 전사하고 군민 160여 명이 납치되는 피해를 입었지만, 부사 이경록과 함께 즉각 추격해 적의 목을 베고 50여 명을 구해내는 기지를 발휘했다.

그러나 병사(兵使) 이일은 이 모든 책임을 이순신에게 뒤집어씌

---

685) 『선조실록』, 선조 30년 1597년 1월 27일 수군을 강화하는 것에 대해 대신 및 비변사 유사 당상과 논의하다
686) 정탁, 『약포집』, 제2권 / 차(劄) 이순신을 구원해야 함을 논하는 차자 (論救李舜臣劄)
687) 『선조실록』, 선조실록86권, 선조 30년(1597년) 3월 13일 2번째 기사 이순신에게 벌하는 것을 대신들에게 의논하도록 하다

우며 자신은 빠져나가려 했다. 병력 부족과 녹둔도의 열악한 상황은 무시한 채, 그는 형틀까지 준비해 이순신을 참수하려 했다. 사지에 몰린 이순신은 "이미 증원을 요청했으나 병사 이일이 거부했다는 공문이 있다"고 절규했고, 간신히 목숨을 구할 수 있었다.

임금은 이순신에게 백의종군하여 공을 세우라고 명했고, 그는 1588년 마침내 복귀하게 된다. 이 극적인 복귀 과정에서 유성룡은 어떤 도움도 주지 않았다. 이순신이 억울한 누명을 쓰고 고통받을 때, 유성룡은 없었다.

그리고 이듬해인 1589년 1월 21일, 비변사는 유능한 무관을 특별히 발탁하기로 결정하고 대신들의 추천을 받았다. 이산해와 정언신은 이순신을 포함한 유능한 인물들을 적극 천거했다.[688] 특히 정언신은 녹둔도 둔전 시절의 인연으로 이순신을 강력히 추천했다. 심수경, 유홍 등 다른 대신들도 각기 유능한 인물들을 추천했다. 그러나 추천자 명단 속에 유성룡의 이름은 없었다. 이순신의 복귀와 재등용은 온전히 이산해와 정언신, 그리고 동료들의 노력이 있었기에 가능했던 것이다. 1589년 12월 이순신이 조방장이 되고 정읍현감으로 자리잡기까지에는 전라도 관찰사 이광과 영의정 유전의 도움도 있었다. 이순신이 관찰사 이광의 군관(軍官)이었는데, 이광이 이순신의 재주를 높이 사 임금께 아뢰어 종9품 조방장(助防將)으로 삼았고,[689] 하급 관리에 머물고 있던 이순신을 종6품 정읍현감으로 발탁한 것은 영의정 유전이었다.[690] 1591년 2월, 진도군수였던 이순신이 전라좌수사

---

688) 『선조실록』, 선조 22년(1589년) 1월 21일 비변사에서 무인을 불차 채용한다고 하자 각 신료들이 올린 명단
689) 『선조수정실록』, 선조 22년(1589년) 12월 1일 이순신을 정읍 현감으로 삼다
690) 성해응, 『研經齋全集』, 유전 행장

로 발탁된 것도 실판서 최흥원 등의 공로가 있었다. 게다가 이 때 임금이 이순신에게 과거의 자잘못을 만회하도록 기회를 줬다.

그러나 전쟁이 시작되고 이순신의 위상이 높아지자, 유성룡의 본색이 서서히 드러났다. 그는 『징비록』을 집필하며, 마치 자신만이 이순신을 천거한 인물인 양 역사적 사실을 미화했다.

"임금이 비변사에 명하여 장수가 될 만한 인물을 천거하라고 하기에 내가 이순신을 추천했다. 그가 정읍현감에서 수사로 차례를 뛰어넘어 임명되자, 사람들이 그 갑작스러운 승진을 질시했다"[691]고 적은 것이다. 이는 이순신의 눈부신 활약이 만천하에 알려진 이후, 모든 공을 자신에게 돌리려 한 기록이다.

그런데 1597년 정유재란 당시 이순신이 모함으로 몰려 벼랑 끝에 내몰렸을 때, 당시 영의정이었던 유성룡은 구명 노력조차 하지 않았다. 오히려 이순신을 죽이라는 활동은 유성룡의 조카사위인 김홍미를 중심으로 펼쳐졌다. 김홍미가 이순신을 체포하러 갔고,[692] 또 사형 논의도 김홍미가 주도했다.[693]

이런 일들은 권력의 최 상단에 있던 영의정 유성룡의 승낙없이 할 수 없는 일이었다. 그러나 오판했던 유성룡은 『징비록』 어디에도 이 사건에 대한 반성이나 언급은 찾아볼 수 없다. '잘한 일은 내 덕, 잘못은 모두 남 탓'-『징비록』은 바로 그 부끄러운 사관(史觀)의 전형을 보여주는 책이다. 유성룡이 자신의 과오는 감추고, 남의 공을 가로채려 했던 사실이 분명하게 드러난다.

---

691) 유성룡, 『징비록』.
692) 『선조실록』, 선조 30년(1597년) 2월 6일 이순신을 잡아오도록 김홍미에게 전교하다
693) 『선조실록』, 선조 30년(1597년) 3월 13일 이순신에게 벌하는 것을 대신들에게 의논하도록 하다

1594 의병에 충격적인 막말 … 유성룡의 민낯

유성룡이 깊이 개입한 이순신 사형 시도는 조선 수군에 치명적인 타격을 안겼다. 이순신의 해임과 원균의 중용은 곧 해상 방어력 약화로 이어졌고, 결국 조선은 다시 전면적 위기에 빠졌다. 유성룡의 이 판단은 국가를 벼랑 끝으로 몰아넣은 중대한 실책이었다.

그의 무책임한 공세는 서인계 의병들에게도 이어졌다. 살아 있는 의병장은 '정적'이라며 죽이고, 이미 전사한 이들에겐 막말을 퍼부어 명예를 짓밟았다. 그 결과, 유성룡이 영의정으로 재직하던 시기, 국가와 백성을 살리기 위해 싸운 의병들은 정당한 평가를 받지 못하고 조롱의 대상이 되었다. 의병을 나가 죽으니 사람들이 원통하게 여겼고,[694] 더이상 의병으로 나서기를 꺼렸을 정도였다.

남도의 군민들은 늘 김덕령을 의지하며 소중히 여겼다. 그런데 그가 억울하

---

[694] 「선조수정실록」, 선조 27년(1594) 1월 1일 의병장 이산겸이 역적의 무고로 죽으니 사람들이 원통하게 여기다

오독 오판 | 329

김천일 군대에 대한 비난
"김천일의 군대는 대부분 시장 상인과 같은 일반인들로 이루어져 있었습니다. 이러한 군대로 성을 지킬 수 있었겠습니까?"
"어느 겨를에 병사를 훈련시켰겠습니까? 더구나 그는 성격이 지나치게 고지식하고 답답한 사람이었습니다."
"김천일은 그릇이 협소하고 기량이 부족하여 난세를 바로잡고 시대를 구할 만한 인재가 아니었다.."

진주성 함락에 대한 비난
"북문을 지키던 김천일의 군대가 성이 함락되었다고 생각하고 먼저 무너져버렸다."

게 죽자, 소문을 들은 사람마다 원통해하며 가슴 아파했다. 그 일 이후, 남도의 선비와 백성들은 김덕령의 죽음을 교훈 삼아 의병 길을 꺼렸고, 용맹한 이들은 모두 숨었으며, 다시는 의병을 일으키려 하지 않았다.[695]

임금 선조는 물론, 국정의 최고 책임자인 유성룡조차 의병의 공을 폄하하거나 축소했으며, 때로는 의병들을 하찮게 여겼다. 그런 태도는 숨기려는 기색조차 없었다.

더 심각한 문제는, 유성룡이 자신의 권력을 이용해 의병장을 직접 처벌하거나 죽음으로 내몰았다는 점이다. 그는 이산겸을 죽음으로 몰고,[696] 김덕령을 옥사하게 만들었으며, 의병을 경멸하는 발언도 서슴지 않았다. 심지어 의병장을 탄압하던 추국청에서 위관으로 직접 수사를 총괄하기도 했다.[697]

---

695) 『선조수정실록』, 선조 29년(1596) 8월 1일   김덕령이 옥에서 고문 받다가 죽으니 남도의 군민들이 원통하게 여기다
696) 『선조실록』, 선조 27년 1594년 3월 14일   이산겸을 추국하다
697) 『선조실록』, 선조 27년(1594) 2월 10일   추국청에서 송유진 역옥과 관련, 지나치게 많은 사람을 가두니 선별할 것을 청하다

"김천일이 거느린 군사들은 모두 서울 바닥에서 불러 모은 무리였고, 김천일 자신도 군대의 일을 모르면서 자만과 독선이 너무 심하였다."

"김천일이 평소 서예원을 싫어해서 주인(서예원)과 손님(김천일)이 서로 시기하였고, 명령도 서로 어긋났기 때문에 크게 패하고 말았다."

성안의 혼란에 대한 비난

"여러 장수가 객병(客兵)을 거느리고 한 성안에 많이 모였으나 통제하는 사람이 없어 각각 제 주장만 고집하여 혼란하게 된 것이 잘못이다."

유성룡 발언들

진주성 전투에서 장렬히 전사한 김천일과 양산숙에 대해서도 유성룡은 비난을 멈추지 않았다. 조국을 위해 싸우다 산화한 이들의 숭고한 희생을 기리기는커녕, 오히려 의병 전체의 명예를 짓밟는 언행을 일삼았다.

1594년 3월 20일 《선조실록》에 기록된 유성룡의 발언은 충격적이다. 그는 진주성 전투의 패배 책임을 외부에서 온 지원군, 특히 의병들에게 돌리며 이렇게 말했다.

"진주성이 함락될 당시, 여러 객군(客軍)이 성 안에 많이 들어와 있었고, 호령이 일치되지 않아 결국 패배로 이어졌습니다. 만약 인력이 충분했더라면, 진주는 큰 고을이므로 함락될 일이 없었을 것입니다."[698]

---

698) 「선조실록」, 선조 27년 1594년 3월 20일 중국에서 식량과 군병을 지원받는 문제·흉년으로 백성이 식인하는 문제 등을 대신 등과 의논하다

이에 선조가 김천일을 두둔하며 말했다.

"김천일이 강화도에 있을 때 병사들을 훈련시키지 않았던가?"[699]

그러나 유성룡은 비난을 멈추지 않았다.

"그가 어느 틈에 병사를 훈련시켰겠습니까? 더구나 그는 성격이 지나치게 고지식하고 답답한 사람이었습니다."[700]

이 대화는 충격을 넘어 분노를 자아낸다. 김천일은 국가를 위해 자신을 온전히 바친 의병장이었고, 그의 군대는 절망적인 상황에서도 끝까지 싸웠다. 그러나 유성룡은 그들을 "시장 무뢰배"라고 폄하하며, 진주성 전투의 패배 책임을 오히려 그들에게 전가했다.

유성룡의 발언은 지도자로서 책임을 외면한 행위로밖에 보이지 않는다. 그는 전투가 임박한 상황임을 알고도 현장을 떠나 고향으로 돌아갔으며, 이후 실제로 전장에서 헌신한 김천일과 그의 군대를 비난했다. 이는 오늘날로 치면, 재난 현장을 이탈한 책임자가 희생자들에게 모든 책임을 전가하는 것과 다르지 않다.

김천일은 나라를 위해 목숨을 바친 의병장이었다. 조선이 절망에 빠진 그 시기에도 끝까지 책임을 다했다. 그런데 유성룡은 김천일과 의병들의 헌신을 폄하했을 뿐 아니라, 의병 운동 자체를 부정하는 듯한 태도를 보였다.

699) 『선조실록』, 선조 27년 1594년 3월 20일 중국에서 식량과 군병을 지원받는 문제 · 흉년으로 백성이 식인하는 문제 등을 대신 등과 의논하다
700) 위와 같음

만약 오늘날 국가적 재난 상황에서 지도자가 "희생자들이 무능했다"는 식의 발언을 했다면, 그에 대한 국민적 분노는 상상 이상이었을 것이다. 세월호 참사나 이태원 참사와 같은 비극 이후, 만약 당시 책임자들이 "죽은 이들이 무책임했다"거나 "구조자들이 무능했다"고 말했다면, 국민은 결코 이를 용납하지 않았을 것이다.

유성룡의 발언은 분명 의병들의 희생을 존중하지 않은 채, 전투 실패의 책임을 떠넘기려는 모습으로 읽힐 수밖에 없다. 그는 《징비록》을 통해 자신을 임진왜란의 영웅, 명재상으로 포장했지만, 실제 그의 언행은 지도자로서 책임과 도덕성을 저버린 것이었다. 진주성을 지키기 위해 목숨을 바친 김천일과 그 의병들은 조선의 자랑이다. 그들의 희생은 폄하가 아니라 마땅히 존경받아야 한다. 유성룡의 발언은 지도자의 무책임한 민낯을 보여주는 역사적 증언이다.

유성룡의 이러한 태도는 당대에도 비판을 받았다. 백성의 정서와도 어긋나는 언행이었기 때문이다. 훗날 윤두수의 동생 윤근수는 유성룡의 《징비록》이 공정하지 않다고 강하게 비판했다.

"서애의 《징비록》은 진주성 함락이 전적으로 김천일의 잘못된 전략 때문이라고 적었다. 또 그가 전사할 때 마치 죽음을 두려워한 자처럼 통곡했다고 묘사했는데, 이는 실로 이상한 일이다. 공적 역사서에서는 김천일을 극찬하고 있는데 《징비록》에서는 전혀 다르게 기록되어 있다. 참으로 기이하고 기이한 일이다."[701]

---

701) 이식, 「택당집」, 택당선생 별집 제18권 / 서(書) 별지(別紙) 西厓懲毖錄以爲晉州之陷, 全由於金倡義失策, 又謂死時痛哭若畏死者然, 何耶, 史則極贊之, 而外史却如此, 可怪可怪.

유성룡의 왜곡된 시선과는 달리, 명나라 장수 오종도는 김천일의 죽음을 기리며 도리어 유성룡을 질타했다.

"김천일 장군은 최경회 장군과 함께 남은 병력으로 진주성을 지켰습니다. 성이 함락된 뒤에도 뻔뻔하게 의관을 차려 입고 있는 자들을 보건대, 그들이 비록 살아있다 한들 어찌 장군의 죽음만 하겠습니까?"[702]

유성룡의 진주성 전투에 대한 인식은 분명히 왜곡되어 있었다. 그의 발언과 기록은 책임 회피와 정파적 이익을 위한 행보로 비쳤고, 그가 권율과 곽재우 등 동인계 장수들에게 진주성 구원을 외면하라는 지시를 내린 것이 아닌가 하는 의혹까지 불러일으켰다.

2차 진주성 전투는 동인과 서인의 분열이 명확히 드러난 사건이었다. 동인 의병장 곽재우는 스스로는 물론 황진이 진주성에 들어가는 것조차 만류했다. 이는 진주성 전투가 호남 의병을 주축으로, 극히 소수 병력만으로 외부 지원 없이 10만 왜군과 맞선 전투였음을 보여준다.

《징비록》에서 유성룡은 진주성 전투를 외면한 이유로 '효도를 위해 병든 어머니를 간호하느라 몸이 지쳐 있었다'고 해명했다. 그러나 그는 전투 상황을 충분히 알고 있었음에도 전장에 나타나지 않았다. 당시 많은 이들이 유성룡의 이런 태도를 비판했다.

그는 전쟁 중 목숨을 바친 의병들의 명예를 훼손했을 뿐 아니라, 조선을 지키기 위해 모든 것을 바친 이들의 헌신을 외면하며 백성들에게 깊은 실망을 안겨주었다.

---

702) 이정형, 「동각잡기」, 동각잡기 하(東閣雜記下) 본조선원보록 2

누가 영웅인가?

教旨
贈通政大夫承政院
左副承旨兼經筵參
贊官梁山璹贈資憲
大夫吏曹判書兼知
義禁府事五衛都摠
府都摠管者

傳
忠節卓異 贈職事承

嘉慶二十四年五月二十九日

1597 진주성의 숨겨진 영웅, 양산숙!

제2차 진주성 전투가 끝나면서 임진왜란의 전반부는 사실상 막을 내렸다. 이때 유성룡의 형 유운룡은 어머니를 모시고 안전한 봉화로 거처를 옮기고, 가족 100여 명을 돌보며 철저히 대비하고 있었다. 반면 호남에 남아 있던 양산숙의 형 양산룡은 어머니를 모시다 끔찍한 비극을 겪게 된다.

1597년 9월 17일,[703] 명량해전이 벌어지기 한 달 전의 일이었다. 양산룡과 그의 동생 양산축은 어머니 박씨 부인을 모시고 주남 삼향포로 피난하던 중이었다. 그러나 바다를 건너기도 전에 왜적의 배가 갑자기 들이닥쳤다.[704] 어머니 박씨는 피할 수 없다는 것을 직감하고 단호히 말했다.

"나는 대부의 아내다. 치욕을 당할 수는 없다."[705]

703) 양응정, 「송천유집」, 松川先生遺集卷之六 / 附錄中 孝子生員公行狀 坡平尹舜擧_謹撰
704) 양응정, 「송천유집」, 부록상(附錄上) (송천집 권5) 송천선생 행장(松川先生 行狀)
705) 위와 같음

그는 곧바로 바다로 몸을 던졌다. 자식들이 깜짝 놀라 황급히 건져 냈지만, 어머니는 노하여 다시 말했다.

"내 결심은 이미 섰다. 구하지 말라."[706]

그리고는 다시 바다로 뛰어들었다. 아들 양산룡과 양산축도 어머니를 따라 바다로 몸을 던져 함께 순절하였다.[707] 당시 양산룡의 나이는 마흔다섯, 양산축은 스물여섯이었다.

그 모습을 지켜보던 가족들도 잇따라 바다에 몸을 던졌다. 양산룡의 아내 유씨, 여동생이자 진사 김광운의 부인, 그리고 족질녀 김두남의 부인까지 모두 같은 날 순절하였다. 양산숙의 아내 이씨와 양산축의 아내 고씨는 비복들과 함께 포구 근처 갈대밭에 몸을 숨긴 채, 물이 빠지기를 기다려 시신을 수습할 계획이었다. 하지만 왜적이 다시 산을 수색하자, 이씨는 비복이 차고 있던 칼을 건네받아 스스로 목을 찔러 순절하였다. 동서를 지키기 위한 극단적인 선택이었다. 이 장면을 목격한 왜적들은 그 처참함에 더는 뒤쫓지 못하고 물러났다. 이씨는 남편 양산숙의 신주를 등에 지고 있었다.[708]

다음 날 아침, 가족들의 시신은 바다 위에 떠올랐다. 어머니의 시신을 부둥켜안고 떠 있거나, 흩어진 채 물결 위에 떠 있는 모습은 보는 이들에게 참담하고 처절한 장면이 되었다.[709]

같은 날, 장소는 달랐지만 양산룡의 딸이자 현령 임환의 부인도

---

706) 양응정, 「송천유집」, 부록상(附錄上) [송천집 권5] 송천선생 행장(松川先生 行狀)
707) 위와 같음
708) 위와 같음
709) 양응정, 「송천유집」, 松川先生遺集卷之六 / 附錄中 孝子生員公行狀 坡平尹舜擧.謹撰

이항복이 쓴 〈백사집〉에 절의 으뜸으로 양산숙과 김천일을 꼽았다
세상에서는 절의한 인물로 몇 사람을 들고 모두 같은 선상에서 평가하곤 하는데, 이는 정확한 논평이라 보기는 어렵다. 진정으로 의연히 죽음을 맞이하고, 자기의 도리를 잃지 않은 이는 오직 양산숙과 김천일 두 사람뿐이다.

왜적을 피해 도망치다 바다에 몸을 던져 순절하였다. 그녀는 열일곱 살, 결혼한 지 얼마 되지 않은 나이였다.[710]

이처럼 하루 만에 절의를 지키며 생을 마친 이가 모두 여덟이었다.[711] 포로로 잡혀 순천으로 향하던 강항(姜沆)에게도 이 슬픈 소식이 전해졌다.

"양우상(梁宇翔, 우상 양산룡)의 온 가족이 몰살당했다는 소식을 들었다."[712]

조정에서는 이들의 의로운 죽음을 기리기 위해 마을을 '삼강의 마을(三綱之閭)'로 지정하고 표창하였다. 충성, 효도, 절개가 한 가문

710) 양응정, 『송천유집』, 松川先生遺集卷之六 / 附錄中 孝子生員公行狀 坡平尹舜擧, 謹撰
711) 위와 같음
712) 강항, 『간양록』, 적중 봉소(賊中封疏) / 난리를 겪은 사적[涉亂事迹], 始聞梁宇翔全家之沒.

안에서 모두 드러난 사례는 조선 역사에서도 드물었다.[713]

　그러나 이로 인해 양산숙의 집안은 거의 전멸하고 말았다. 이는 말로 다할 수 없는 비극이었다. 더구나 가문 대대로 전해지던 문서와 서책들은 한 배에 실려 있었는데, 그 배가 수몰되며 함께 사라졌다. 학문과 절의로 이름 높았던 학포 양팽손과 송천 양응정의 글들도 대부분 이때 잃어버렸다. 어찌 이 일을 통탄하지 않을 수 있겠는가.[714]

　홍탁 등은 임금에게 상소를 올려 양산숙 가문의 충절과 효행, 그리고 정절을 기리며 그들의 공적을 공식적으로 표창해 줄 것을 요청하였다.[715]

　백사 이항복 또한 양산숙의 의로움을 높이 평가했다. 그는 임진왜란이라는 전쟁을 승리로 이끈 영웅들을 평하면서 양산숙과 김천일을 조선에서 절의가 가장 높았던 인물로 평가하였다.[716]

　임금(선조)께서 수륙 제장들의 공을 논하면서 이렇게 말씀하셨다. "이순신은 바다에서의 맹렬한 전투, 권율은 행주에서의 대승. 이 두 사람의 공은 으뜸이니, 이는 바꿀 수 없는 정론이다." 그러나 그 안의 곡절과 진실은 모두 드러나지 않았다. 권율이 나에게 말했다. 크고 작은 전투가 많았는데, 전라도 웅치(熊峙)의 전투가 가장 크고, 행주는 그 다음이다. …… 이순신의 공은 당연히 수군(水軍)에서는 으뜸이다.…… 성(城)을 지킨 공으로는, 세상 사람들이 이정암만을 칭송하고 있지만, 진주성의 김시민(金時敏)에 견줄 수 없다.…… 세상에서는 절의한 인물로 몇 사람을 들고 모두 같은 선상에서 평가하곤 하는데, 이는 정확한 논평

---

713) 『인조실록』, 부인조 13년 1635년 3월 10일 충효 정렬로 순절한 양산룡 가의 9인에 대하여 정표하여 줄 것을 청하는 전라도 생원 홍탁 등의 상소
714) 양응정, 『송천유집』, 松川先生遺集卷之六 / 附錄中 孝子生員公行狀 坡平尹瞬擧,謹撰
715) 위와 같음
716) 이항복, 『백사집』, 백사별집 제4권 / 잡기(雜記) 꿈을 기록하다

백사 이항복이 평가한 임진왜란 4대 으뜸 영웅(출처 백사집)			
영웅	분야	전투/행적	이항복의 평가
이순신	수군 으뜸	수군을 지휘하며 연전연승, 적 압도	수군 중 으뜸, 분명한 전공
김시민	성지킴 으뜸	진주성에서 대군을 상대로 끝까지 성 방어	진정한 성 지킴이
양산숙	절의 으뜸	전쟁 대비 활동/조정에 직언/의병 창의/의주 행재소 보고/진주성 전투 명나아 참전 외교 활동/진주성 지켜내며 순절	지조와 실천을 겸비한 진정한 절의
김천일		진주성 끝까지 지키고, 순절	충절의 상징

이라 보기는 어렵다. 진정으로 의연히 죽음을 맞이하고, 자기의 도리를 잃지 않은 이는 오직 양산숙과 김천일 두 사람뿐이다. 양산숙은 본래 무명의 선비였다. 전쟁에서 살아남아도 이상하지 않을 사람이었다. 게다가 김천일이 "그대는 성 밖으로 나가 함께 죽지 말라"고 했지만, 양산숙은 "이미 함께 싸운 이상 함께 죽는 것이 마땅하다"며 결국 김천일과 함께 순절했다. 평소 지조와 실천이 굳건하지 않았다면 도저히 할 수 없는 선택이었다.[717]

조선 후기 금석학의 대가 홍양호 역시 양산숙의 의로운 행적을 높이 기렸다.

양산숙의 가문은 임진왜란과 정유재란 속에서 큰 희생을 겪었다. 어머니, 아내, 형제 등 가족 9명이 전란 속에서 모두 순절한 것이다. 특히 그의 형 양산룡은 호남 지역에서 의병 활동을 도왔고, 마침내 가족과 함께 바다에서 순절하였다.[718]

그러나 임금 선조와 영의정 유성룡이 권력을 쥐고 있던 당시, 양산

---

[717] 이항복, 「백사집」, 백사별집 제4권 / 잡기(雜記) 꿈을 기록하다　雖從死可也,雖不死亦可也,千鎰勸使出城,毋令同死,則以為飢與同事,當與同死,卒從千鎰死,非素履篤實者,能如是乎.
[718] 홍양호, 「이계집(耳溪集)」, 제26권 신도비(神道碑) 공조 좌랑 양공 신도비 병서(工曹佐郎梁公神道碑 幷序)

숙의 공적은 거의 무시되었다. 1604년, 임진왜란 공신을 책봉할 때에도 양산숙, 김천일, 최경회, 고종후, 이종인 등 의병장들의 이름은 빠졌다. 오히려 선무공신보다 왕실 호위를 했던 호성공신들이 대거 책봉되었다. 의병들의 피와 헌신은 그만큼 평가받지 못했다.

이 점을 안타깝게 여긴 조선 후기 금석학자 운석 조인영(趙寅永, 1782-1850)은 자신의 저서『운석유고(雲石遺稿)』에서 "양산숙의 이름은 반드시 역사에 기록되어 후세에 전해져야 한다"고 강조하였다. 그렇다면 조인영이 말한 양산숙의 '역사에 남길 비범함'은 무엇이었을까? 그것은 단순한 선비의 죽음이 아니라, 오직 의리와 지조만을 좇아 목숨을 던진 조선 최고의 절의(節義) 정신이었다.

양산숙은 탁월한 재능과 뛰어난 식견을 갖춘 인물이었다. 명문가 출신으로, 어릴 적부터 충(忠)과 효(孝)를 실천하며 자랐고, 우계 성혼의 문하에서 학문을 연마하며 의리와 정의의 도리를 깊이 깨우쳤다. 젊은 시절, 그는 도끼를 들고 궁궐 앞에 나아가 상소를 올리며 나라의 미래를 위한 대계와 자신의 포부를 호소했지만, 당시 조정은 그의 충언을 받아들이지 않았다.

그가 가장 우려했던 일은 왜구의 침입이었다. 그리고 실제로 임진왜란이 발발하자, 그는 검을 들고 직접 일어나 목숨을 걸고 나라를 지키겠다는 결심을 실천에 옮겼다. 그의 비장한 충성심과 강직한 기개는 임금을 감동시켰고, 병사들의 사기를 북돋아 호남 지역 방어의 중심 인물로 떠올랐다. 그의 희생은 조선이 다시 일어서는 데 결정적인 기여를 하였으며, 그는 의병 활동의 중심에서 빛나는 공훈을 세운 인물로 역사에 남게 되었다.

양산숙은 명나라 장수 유정이 출병하지 않는 상황에서도, 조선 장수들이 두려움에 떠는 상황에서도 물러서지 않았다. 그는 고립된 진주성에서 왜군의 대군에 맞서 끝까지 항전하였다. 결국 성은 함락되었지만, 그의 필사적인 저항은 왜군의 주력부대에 큰 타격을 입허 이후 전라도로의 진격을 막았다. 이는 당나라 말기 장순이 수양성에서 끝까지 싸우며 강남을 지켜낸 공훈과 비견될 만한 위업이었다.

조선의 명재상이자 학자인 오성 이항복은 당시 전란에서 순국한 인물들을 평가하며, "순순히 죽음을 받아들이고 의롭게 절개를 지킨 이는 오직 김천일과 양산숙뿐이었다"고 말했다. 양산숙은 평범한 선비처럼 죽지 않아도 될 위치에 있었다. 진주성이 함락되던 날, 김천일은 그에게 성 밖으로 나가 후일을 도모하자고 권했지만, 양산숙은 "나는 혼자 살아남을 수 없다!"고 단호히 거절한 뒤 먼저 강물에 몸을 던져 순절했다. 이는 평소 의지가 확고하지 않다면 결코 할 수 없는 행동이었다.

임진왜란 당시 많은 이들이 나라를 위해 목숨을 바쳤지만, 이항복이 유독 김천일과 양산숙을 따로 언급하며 극찬한 이유는 바로 그들의 절의가 유독 빛났기 때문이다. 양산숙의 희생과 업적은 당시 예조 산하의 태상시에도 보고되었으며, 후대에도 반드시 역사에 기록되어야 할 인물로 여겨졌다.[719]

양산숙이 선무원종공신으로 책봉된 것은 인조 9년(1631년)에 이르러서였다. 그마저도 한참 뒤였다. 이후에도 그의 공로는 제대로 평가받지 못했지만, 순조 19년(1819년)에 이르러서야 자헌대부, 이조판서, 지의금부사, 오위도총부도총관에 추증[720]되며 뒤늦은 예우를 받았다.

그의 이름은 조정에서도 오랫동안 회자되었고, 충절은 널리 존경받았다. 김천일과 함께 '진주 삼장사' 중 한 사람[721]으로 꼽히며, 나라를 위해 목숨을 바친 대표적 인물로 역사에 길이 남게 되었다.

---

719) 조인영, 「운석유고(雲石遺稿)」, 雲石遺稿卷之十七 / 諡狀　贈吏曹判書梁公 山璹 諡狀
720) 「순조실록」, 순조 19년 1819년 5월 25일 고 충신 양산숙에게 증직하다　양응정, 「송천유집(松川遺集)」, 권7, 「신도비명 병서(神道碑銘 幷序)」
721) 「순조실록」, 순조 17년 1817년 3월 14일 증(贈) 승지 양산숙(梁山璹)을 등급을 올려 추증하는 일은 이조로 하여금 내게 물어 처리하게 하라고 명하였다.

누가 나라를 지켰는가? 양산숙 vs 유성룡

　임진왜란이라는 거대한 역사 속에서 양산숙과 유성룡의 행적은 뚜렷하게 대비된다.
　충민공 양산숙은 임진왜란 이전부터 전쟁을 대비한 인물이었다.
　"양산숙의 자는 회원(會元)이며, 부윤 양응정의 아들이다. 그는 나주에 거주하며 성혼의 문하에서 배웠다. 당시 세상이 어지러움을 보고 과거를 포기하고 은둔하였다. 임진왜란이 발발하자, 수백 명의 병사를 모집하여 김천일을 따라 의병을 일으켰고, 의주 행재소로 가서 보고하였다. 그 공으로 공조좌랑에 임명되었다. 이후 진주로 가 명나라 장수 유정(劉綎)에게 군사 지원을 요청하였다. 비장한 어조로 간청하였고, 유정도 감탄하며 탄복하였다. 그러나 유정은 끝내 군사를 보내지 않았다. 그가 돌아왔을 때, 적군은 이미 진주성을 포위하고 있었다. 동료들은 모두 도망쳤으나, 양산숙은 '장수가 홀로 죽게 만드는 것이 옳은가?'라며 남강을 통해 성안으로 들어갔다. 그의 용기에 성안의 군사들이 모두 놀랐다. 진주성이 함

분류	내용
충민공 양산숙, "전쟁 대비/의병 활동/전국 의병보고/외교적 노력까지"	
전쟁 전 대비활동	-전란 대비: 아버지로부터 장차 전란이 있을 것 예견 듣고, 이를 대비. -의병 준비: 삼향포 등지에서 의병을 모집하며, 전란에 대비한 노력 기울임. -**일본의 침략 가능성 경고하며, 국방 강화 필요성 조정에 지속적으로 상소**. -국방 강화와 관련된 여러 대안 제시하고, 이를 통해 국방력 강화 모색함. -율곡 이이의 개혁책이 봉쇄당한 것에 대해 심각하게 인식하고, 대책 강구.
손죽도 왜변 활동 보고	-1587년 손죽도왜변 당시, 일본의 움직임을 주의 깊게 관찰하여 대책 강구 -조선에 대한 위협이 현실적임을 주장함 -**이대원 전사 사건을 통해 조선 지도부의 무능함과 국방력 부족을 지적** -이 사건을 계기로 임금과 조정에 상소하여, 국방 책임정치 추진을 촉구.
왜 사신 동태정보 수집	-1587년 일본 사신 방문 때, 이들의 동태를 철저히 관찰하고 정보를 수집. -**사신단에 위장 잠입해 일본 측의 의도를 파악**하고, 조선의 국방대응 촉구. -일본 침략 가능성에 대해 조정에 알리고, 국방력을 강화할 필요성을 제기.
도끼상소 정치개혁 요구	-도끼상소를 올리며, **"유성룡 등을 버려야 조선이 산다"며 정치개혁을 촉구**. -**국방강화를 위해 정치개혁이 필수임을 강조**하며, 조정의 안일한 태도 질타.
첫 창의 의병 조직	-임진왜란 발발 후, 전라도 지역에서 **첫 창의 의병**을 일으켜 왜적에 맞섬. -의병 조직으로 조선의 자주적 방어력을 확보하려고 노력. -전쟁 초기부터 **적극적인 의병 활동**을 통해 조선의 국방에 기여.
임금에 전국 의병 의주보고	-양산숙이 전국의 의병과 관군의 활동을 보고하기 위해 **의주행재소 방문**. -조선의 방어 전략과 전시 상황 보고 -왕실과 조정이 실질적인 대책을 마련할 수 있도록 도움. -**임금 선조, 전국에 교서를 보내 전쟁 분위기 바꾸고, 백성들을 하나로 결집**
명군 지원 요청 외교활동	-진주성전투 당시, 명군대의 참전을 요청해 조선의 국방력을 강화하고자 함. -**명군의 지원을 확보하기 위해 외교적 노력**을 기울였고, 이를 통해 조선의 방어력을 보강하려고 노력함.
의로운 순국정신	-양산숙은 **진주성 전투에서 끝까지 싸우다 의롭게 죽음** -의로운 죽음을 통해, 충성과 의리로 나라를 지킨 상징이 됨

| 유성룡의 20가지 큰 실책들: 국가 위기 속에서의 잘못된 행보 |

1 유성룡, 파당 정치로 분열 조장 / 군사·개혁안 반대로 국방 대비 방해

1569년	유성룡, **양명학을 막고** 실학의 길을 끊다 – 성리학 절대화 주장
1573년	유성룡, **사마소를 혁파**하여 젊은 선비들의 목소리를 억압
1575년	유성룡, 율곡 이이의 조정론을 거부하며 **동서 분당**을 심화
1582년	유성룡, 율곡 이이 "**경장하자!**" "**10만 양병!**" 제안을 반대하며 **개혁 차단**
1583년	율곡 이이의 **서얼 허통**과 **노비 면천법** 주장에 ⇒ 동인들 집단 "**반대!**"

2 유성룡, 기축옥사 때 권력 독점해 상대당 탄압, 임진왜란 대비 방해

1591년	유성룡, **좌의정+이조판서+대제학** 세 직책을 독점하며 **기축옥사 주도**
50세	유성룡, 김성일의 "**전쟁은 없다**"는 말을 두둔하고 ⇒ **전쟁 대비 방해**
	유성룡, 오억령이 보낸 **일본의 침략 경고를 무시**, 오히려 **오억령**을 해임시킴
	유성룡, '건저의'를 조작해 정철을 제거하고 서인 세력을 **대대적으로 숙청**

3 유성룡, 6만 명 희생된 진주성전투 외면 / 도체찰사로 적과 내통, 조선 백성 배신

1593년	유성룡, 진주성 전투 직전, **왜장 가토와 내통**했다는 의혹 발생
52세	유성룡, 전투가 일어날 것을 예견하고도 고향 안동으로 돌아가 **진주성 전투 외면**
	유성룡, **6만 명의 희생**이 있었지만, 외면했고 전투 이후에야 느긋하게 상주에 도착
	유성룡, 영의정 복귀하며 **파당 정치! 정적 탄압** 올인! 정철 탄핵–윤두수 탄핵 등

4 유성룡, 전쟁 중 파당 정치로 의병장·상대당 공격, 극단적 국론 분열 조장

1594년	유성룡, 전쟁 한가운데서도 정철의 관직 박탈을 주도하며 **정쟁에 몰두**
53세	유성룡, 의병장 김천일과 **의병들을 "시정잡배"**라 비하하는 막말
	유성룡, **양명학 수용을 끝까지 막으며** 조선의 다양성과 실학 토대 방해

5 유성룡, 전쟁 중 의병장 김덕령 이산겸 처형·이순신 투옥 / 조선에 치명타

1594,96년	유성룡, 송유진의 난, 이몽학의 난 수사 책임자로 **의병 탄압 주도**
1594년	유성룡, 의병장 **이산겸을 역모로 몰아 처형**
1596년	유성룡, **김덕령–김언욱**을 석방하자는 의견 무시하고 결국 죽음으로 몰아감
1597년	유성룡, 이순신을 가두고 원균을 두둔함. 조카 사위를 통해 **이순신 체포/사형 선고 논의**
	그 결과 **조선 수군** 사실상 **붕괴**되는 어처구니 없는 사태에 직면함

락되었을 때, 그는 탈출할 수도 있었으나, 끝내 김천일과 함께 순국하였다. 부인 이씨도 정유재란 때 적을 만나자 스스로 목을 그어 순절하였다."[722]

이 양산숙의 삶을 짧게 정리해 조선왕조실록에 쓴 기록, 즉 졸기(卒記)에 따르면, 양산숙은 전쟁을 미리 대비했으며, 발발 후에는 직접 의병을 조직하고 첫 출정을 주도했다. 또한, 그는 의주까지 달려가 임금에게 전황을 직접 보고하며 전세를 반전시키려 했다.

특히, 진주성 전투에서는 명나라 총병 유정을 만나 명군 참전을 독려했다. 그러나 명군이 지원하지 않자, 그는 후퇴하지 않고 직접 전장으로 뛰어들었다. 그는 진주성 전투에 참전하지 않아도 될 상황이었음에도 다시 전장으로 향했고, 성이 함락된 뒤에도 탈출할 수 있었지만, 끝까지 남아 전사했다.

양산숙은 전쟁이 발발하기 전부터 왜 사신의 움직임을 예리하게 관찰하고, 손죽도 왜변 당시 조정의 안일한 대응을 정면으로 비판했다. 그는 유성룡을 비롯한 조정 인사들의 악랄한 리더십을 신랄하게 질타하며, 이미 닥쳐오고 있는 위협에 대해 강하게 경고했다. 이 같은 기록들은 양산숙이 단순히 관료가 아니라, 나라의 운명을 걱정한 지도자였음을 보여준다. 그는 끝까지 의병을 이끌고 싸웠으며, 진정한 충신으로서 목숨을 바쳐 조선을 지켰다.

반면 유성룡은 조선 역사상 최대의 재난인 임진왜란을 막을 기회를 놓친 장본인이다. 그는 전쟁 전부터 국방 강화안을 외면했고, 전쟁 중에도 권력을 틀어쥔 채 정쟁에만 몰두했다. 그 결과 수많은 백

---

722) 『선조수정실록』, 27권, 선조 26년 6월 1일 甲申 13번째기사 1593년 공조 좌랑 양산숙의 졸기

양산숙의 큰 공헌들: 전쟁 대비와 의병장으로서의 활약

1 양산숙, 전쟁 대비 활동 전개

1587년	양산숙, **손죽도왜변 동태 파악**: 이대원 구원하지 않은 심암 처벌 상소
27세	양산숙, 일본 사신 방문 시 수행원으로 위장해 **왜사신의 동태를 탐지**

2 양산숙, 정치 개혁 강력 촉구 / 국정 운영 혁신 요구

1589년	양산숙, 귀양 간 중봉 조헌 석방 상소 / **충신 인사 촉구**
29세	양산숙, 도끼를 들고 상소 / **부패 정치세력 척결** 강력 요구
	양산숙, "유성룡 버려야 조선이 산다"고 주장

3 양산숙, 최초 창의 의병부대 결성 · 지휘

1592년	**임진왜란 발발** 4월 13일
32세	양산숙, **의병 창의**로 민중 결집 / 항일 투쟁의 불꽃 점화

4 양산숙, 의주에서 임금에 전황 보고 / 전쟁 분위기 반전, 백성 결집 촉진

7월	양산숙, **의주 행재소에서 최초 전황 보고** / 임금의 교서 발신 이끌어내다
32세	임금 교서	─ 전라도 백성에게 내리는 교서
		─ 충청도 백성에게 내리는 교서
		─ 경상도 백성에게 내리는 교서
		─ 함경도 관찰사 겸 도순찰사 윤탁연에게 내리는 교서
8월		─ 황해도 의병장 및 도내 크고 작은 백성들에게 내리는 교서
		─ 평안도 백성들에게 내리는 교서
		─ 경상도 의병장 정인홍과 김면 등에게 내리는 교서
		─ 충청도 의병장 봉상시 첨정 조헌에게 내리는 교서
		─ 서울 유민들을 위한 교서
		─ 왕세자가 국사를 대리하는 권한에 대한 교서

5 양산숙, 진주성 전투에 명군 참전을 성사시키기 위해 외교 총력전 펼침

1593년	2차 진주성 전투 직전,
5월	양산숙, 명나라 총병 유정을 만나 **참전을 설득**하고 독려하는 **외교 활동**
6월	명나라 참전 요청한 후 진주성으로 돌아가 **전투에 합류**
33세	양산숙, 치열한 전투 끝에 분전하다 **진주 남강에 투신해 순국**

성이 희생되었고, 나라 전체가 무너졌다. 그의 정치 이력에는 국운을 흔든 중대한 실책이 수두룩(p314 참조)하다. '반대'를 위한 '반대' 정치에 집착하였으며, 국가적 위기 앞에서도 파당적 이익을 우선시했다. 양명학의 유입을 막았고, 율곡 이이의 '10만 양병론'을 반대하며 전쟁 대비를 소홀히 했고, '노비 면천'과 '서얼 등에게 기회를 주자'는 개혁적 국방 강화책을 거부했다. "전쟁이 임박했다"는 황윤길과 오억령 등의 바른 보고를 무시했으며, 전쟁이 발발한 후에도 당쟁을 멈추지 않고 상대 당 인사를 제거하는 데 몰두했다. 그는 정철을 수차례 탄핵했고, 이산겸과 김덕령·김언욱 같은 의병장을 역모자로 몰아 죽이고, 수많은 의병을 제거했다. 이는 기축옥사 당시 무고한 인물들을 희생시킨 행태를 그대로 반복한 것이었다. 그는 임금 선조의 오판에 동조해 수군 책임자인 이순신마저 제거하는 데 주저하지 않았다.

전쟁이 끝난 뒤, 유성룡은 자신의 저서 『징비록』에서 실책을 반성하기는커녕 공을 자신에게 돌리고, 모든 책임을 타인에게 떠넘겼다.

오죽했으면 그의 졸기에 "임진왜란을 기록한 『징비록』 역시 자신의 잘못은 감추고 남을 탓한 글이라며, 식견 있는 이들의 비판을 받았다."[723]고 남겼을까.

기축옥사의 책임을 송강 정철에게 떠넘긴 것도 같은 방식이었다. 그는 전쟁의 책임을 회피하고 역사 속에서 자신의 이미지를 미화하는 데 집중했다. 철저히 정적을 미워하면서 그랬다. 예컨대 유성룡은 끝내 조헌을 인정하지 않았으면서 그와 가까운 의병장을 죽이기까지

---

723) 『선조수정실록』, 선조 40년1607년) 5월 1일 풍원 부원군 유성룡의 졸기

한다. "조헌이 인재를 발탁해 나라를 구할 수 있었다"는 말은 단 한 번도 하지 않았다. 조헌의 통찰력은 전쟁을 통해 증명되었다.

"조헌이 추천한 10여 명의 인물은 당시엔 무명이었지만, 임진왜란이 터진 뒤 큰 활약을 펼쳤다. 대표적인 인물이 바로 김시민(金時敏)과 조웅(趙熊)이다. 김시민은 목천현 출신으로 무과에 급제한 후, 임진년에 진주 판관으로 부임해 진주성을 끝까지 지켜낸 인물이다. 조웅은 충주 출신으로, 임진년에 500여 명의 병사를 모아 수백 명의 왜적을 물리친 의병장이었다."[724]

그러나 후대의 역사는 유성룡을 임진왜란의 영웅으로 미화했다.
이는 사실과 다르다. 왜곡된 서사는 진실을 덮고, 오히려 조선을 또다시 혼란으로 밀어 넣는 위험한 씨앗이 되었다.
역사는 진실을 외면해서는 안 된다. 지금이라도 바로잡아야 한다.
임진왜란 전후, 양산숙이 보여준 충의와 헌신, 그리고 유성룡이 주도한 파당적 정치와 무책임한 국정 운영은 정확히 구분되어야 한다.
이제 우리는 질문해야 한다.
누가 조선을 살렸는가, 그리고 누가 조선을 병들게 했는가?
이 질문은 단순히 과거 인물을 재조명하는 데서 그치지 않는다.
바로 지금, 이 시대를 살아가는 우리 모두에게 다시는 같은 실수를 반복하지 않기 위한 절박한 성찰로 다가와야 한다.
양산숙은 전란을 예견하고 철저히 대비했으며, 국가적 리더십의 부재를 탄식했고, 의병을 이끌고 전국을 누비며 싸웠다. 그가 의주 행재소에 올린 보고는 조정에 희망을 불어넣었고, 전시의 흐름을 단

---

724) 조헌, 『중봉집』, 重峯先生文集附錄卷之一 / [附錄] 年譜　正與此符合, 先生料敵之妙, 於此益驗, 至於備倭策中所薦十餘人, 在平時皆未知名, 及後亂作, 竟獲其用, 其中如金時敏 , 趙熊等, 尤表表可.

번에 바꾸어놓았다.

그러나 그의 이름은 역사에서 지워졌다. 반면 유성룡은 『징비록』 한 권으로 자신의 실패를 덮었고, 그 공백 위에 '구국의 영웅'이라는 가면을 씌웠다. 하지만 『징비록』은 진실만을 기록한 책이 아니다. 그가 감춘 기록, 외면한 책임을 우리는 다시 꺼내어 마주해야 한다. 그는 정치개혁과 국방개혁을 막고, 정적을 제거했으며, 조정을 분열시켰다. 또 전쟁 준비를 방해했고, 애국자를 역모자로 몰아 죽였다. 기축옥사, 송유진·이몽학 역모 사건, 원균-이순신 갈등의 뒤편에 늘 유성룡의 이름이 있었다. 정작 자신과 동인의 치명적 실책은 쉬쉬하며 넘기고, 정적의 사소한 흠에는 눈을 부라리며 가차 없이 몰아붙였다. 그런데도 그는 모든 비극을 남 탓으로 돌리며, 자신은 피해자로 포장했다. 그 결과가 바로 임진왜란이었다. 그리고 조선은 전체 인구의 60%가 사라지는 참혹한 재앙을 겪었다.

잘못된 영웅을 추켜세운 대가는 너무도 컸다. 역사는 반면교사여야 한다. 『징비록』에 갇힌 시선을 거두어내고, 그 너머에 가려졌던 진실을 직시해야 한다. 그 중심에는 양산숙과 유성룡, 유성룡과 양산숙이 정반대의 모습으로 나란히 서 있다.

이 책은 그들을 다시 역사 위로 불러세우기 위해 썼다.

진짜 영웅의 이름을 되찾기 위해, 그리고 다시는 잘못된 역사를 반복하지 않기 위해….

유성룡 양산숙

초판 1쇄 인쇄 2025년 8월 9일

글　　　　양성현
펴낸이　　양시우
펴낸 곳　　매거진U

출판등록　제 25100-2016-000056호
주소 경기도 하남시 위례대로 220　101-2105

도서문의　매거진U　F 0504-010-2446　E kdata@naver.com

ISBN 979-11-988107-3-1